U0543776

名师工程
名课解码系列

"国培计划"优秀成果出版工程
"国培计划"全国优秀研修成果数字出版平台

教师课堂提问的技巧与策略

丛书主编／范兆雄

邓胜兴　姚凤娟　王林发／著

JIAOSHI KETANG TIWEN DE
JIQIAO YU CELÜE

西南师范大学出版社
全国百佳图书出版单位　国家一级出版社

图书在版编目（CIP）数据

教师课堂提问的技巧与策略/邓胜兴，姚凤娟，王林发著. —重庆：西南师范大学出版社，2016.9
ISBN 978-7-5621-5480-8

Ⅰ.①教… Ⅱ.①邓… ②姚… ③王… Ⅲ.①课堂教学—教学研究 Ⅳ.①G424.21

中国版本图书馆CIP数据核字（2016）第231750号

教师课堂提问的技巧与策略
邓胜兴　姚凤娟　王林发　著

责任编辑：	郑先俐
特约编辑：	张晓兰
封面设计：	天之赋设计室
出版发行：	西南师范大学出版社 地址：重庆市北碚区天生路1号 邮编：400715　市场营销部电话：023-68868624 网址：http://www.xscbs.com
经　　销：	新华书店
印　　刷：	重庆荟文印务有限公司
开　　本：	720mm×1030mm　1/16
印　　张：	17
字　　数：	278千字
版　　次：	2017年5月　第1版
印　　次：	2021年1月　第3次
书　　号：	ISBN 978-7-5621-5480-8
定　　价：	48.00元

若有印装质量问题，请联系出版社调换
版权所有　翻印必究

《名师工程》
系列丛书

学术指导委员会

主　任　顾明远

委　员　陶西平　李吉林　钱梦龙　朱永新　顾泠沅　马　立
　　　　朱小蔓　张兰春　宋乃庆　陈时见　魏书生　田正平
　　　　张斌贤　靳玉乐　石中英　钱理群

编撰委员会

主　任　马　立　宋乃庆

编　委　卞金祥　曹子建　陈文　邓涛　窦桂梅　冯增俊
（按姓氏拼音排序）
　　　　高万祥　郭元祥　贺斌　侯一波　胡涛　黄爱华
　　　　蓝耿忠　李韦遴　李淑华　李远毅　李镇西　李力加
　　　　李国汉　刘良华　刘海涛　刘世斌　刘扬云　刘正生
　　　　林高明　鲁忠义　马艳文　缪水娟　闵乐夫　齐欣
　　　　沈旎　施建平　石国兴　孙建锋　孙志毅　陶继新
　　　　田福安　王斌兴　魏群　魏永田　吴勇　肖川
　　　　谢定兰　熊川武　徐斌　徐莉　徐勇　徐学福
　　　　徐永新　严永金　杨连山　杨志军　余文森　袁卫星
　　　　张爱华　张化万　张瑾琳　张明礼　张文质　张晓明
　　　　张晓沛　赵凯　赵青文　郑忠耀　周安平　周维强
　　　　周亚光　朱德全　朱乐平

《名师工程》系列丛书

征稿启事

  《名师工程》系列丛书是西南师范大学出版社策划、组织出版的大型系列教育丛书。丛书以新课程下的新教学为背景，以促进施教者的教育能力为落脚点，以提高教育质量、提升教师水平为宗旨。

  丛书首批推出的"名师讲述""教学提升""教学新突破""高中新课程""教师成长""大师讲坛""教育细节""创新语文教学""教育管理力""教师修炼""创新数学教学""教育通识""教育心理""创新课堂""思想者""名师名课""幼师提升""优化教学""教研提升""名校长核心思想""名校""高效课堂""创新班主任""教育探索者""陕西""名师解码""名师教学手记""国际视野"等系列，共160多个品种，其余系列也将陆续出版。为了让广大教师有一个交流、借鉴的机会，同时也为了给广大教师提供更多、更好的图书，《名师工程》系列丛书编辑出版委员会特向全国教育工作者征集稿件。

稿件要求：

1. 主题鲜明、新颖，有独创性。
2. 主题以提升教育能力为主，也可适当外延。
3. 主题要有一定规模、有典型案例支撑。
4. 案例要贴近教育实际，操作性强。
5. 文章、书稿结构清晰，语言精彩。

  书稿作者在选题确定之后，请及时与我们做好沟通，具体事宜确定好之后再进行创作；也欢迎用已经完稿的稿件投稿。一线教师如希望参与图书案例的创作，可联系我社策划机构，由策划机构备案，在适合的图书中参与创作。

  真诚欢迎各位教师踊跃投稿。

联系方式：

西南师范大学出版社高教分社
电话：023-68254356   E-mail：zcj@swu.cn
西南师范大学出版社高教分社北京策划部
电话：010-68403096
E-mail：guodejun1973@163.com

编者的话

当前，以人为本的教育理念正在逐步深化，素质教育以及基础教育课程改革不断推进。在这场深刻又艰苦的教育改革中，涌现了无数甘为人梯、乐于奉献的优秀教师。他们积极探索、更新观念、敢于创新、善于改革，在实践中创造性地发展、总结了很多先进的教育思想、教育理念；创造性地开发了很多新的教学模式、教学内容和教学方法。这些新思想、新模式、新方法在实践中极大地提高了教学质量，是教育改革实践中的新内涵和宝贵财富。这些优秀教师就是我们的名师，这些新内涵就是名师的核心教育力。整理、总结、发展、推广这些教育新内涵，是深化教育改革、完善教育体制、提高教育质量、提升教师水平的一件大事。

教育，是民族振兴的基石；教师，是教育发展的根基。

胡锦涛在全国优秀教师代表座谈会上指出："教师是人类文明的传承者。推动教育事业又好又快发展，培养高素质人才，教师是关键。没有高水平的教师队伍，就没有高质量的教育。"十七大报告又进一步强调了必须加强教师队伍建设，不断提高教师的素质。当今世界，社会进步一日千里，科技发展日新月异，知识更新的周期越来越短。教师作为"文明的传承者"更要与时俱进，刻苦钻研、奋发进取，尽快提升自身素质和能力，为推动教育事业的健康发展贡献自己的力量。

基于以上，西南师范大学出版社策划、组织出版了大型系列教育丛书——"名师工程"。希望通过总结名师的创新经验、先进理念，宣传名师的核心教育力，为广大教师职业生涯提供精神源泉和实践动力，在教育实践层面切实推动从教者职业素养的提升。通过"名师工程"实现"打造名师的工程"。

丛书在策划、创作过程中力求实现以下特色：

一、理念创新，体现教育的人本精神

教师角色在以人为本的教育理念下发生了重大的变化，教师的素质和能力也面临更高的要求。如何弘扬、培植学生的主体性、增强学生的主体意识、发展学生的主体能力、塑造学生的主体人格等问题成为教师在目前教育中亟待解决的难题。丛书以教育管理者和教师为主要读者对象，通过教师综合素质的提高而将人本教育的思想落实到教育实践中，真正实现教育培养人、塑造人、发展人的本质要求。

二、全面构建，系统提升教师的教育能力

丛书选题的最大特点就是系统、全面地针对教师教育能力的提升而展开。施教者的能力决定教育的效果，教育改革的落实、教育效果的提高无不体现在教师身上。丛书针对不同教育能力、不同教学要求、不同教育对象，有针对性地设置选题。棘手学生、课堂切入、引导艺术、班主任的教导力、互动艺术、课堂效率、心灵教育等等，这些鲜明的主题从教育的细节出发，从教育实际情况出发，有针对性地解决问题，让教师在阅读中学有所指、读有所获。

三、科学权威，体现教育的时代前沿性

丛书邀请全国各地著名的教育工作者执笔，汇集在教育改革与实践中涌现的先进理念、成果和方法，经过专家认真遴选、评点总结而成，代表了目前教育实践中先进的教育生产力，具有时代前沿性，是广大一线教师学习、借鉴的好素材。

四、注重实践，突出施教的实用价值

丛书采用了通俗的创作方法，把死板的道理鲜活化，把教条的写法改变为以案例为主，分析、评点为辅，把最先进的教育理念和方法融入有趣的情境中。经典的案例，情境式的叙述，流畅的语言，充满感情的评述，发人深省的剖析，娓娓道来、深入浅出，让教师更充分地领会先进、有效的教育方法。

在诸多教育、出版界同仁的支持与努力下，"名师工程"陆续推出了"名师讲述系列""教学提升系列""教学新突破系列""高中新课程系列""教师成长系列""大师讲坛系列""教育细节系列""创新语文教学系列""教育管理力系列""教师修炼系列""创新数学教学系列""教育通识系列""教育心理系列""创新课堂系列""思想者系列""名师名课系列""幼师提升系列""优化教学系列""教研提升系列""名校长核心思想系列""名校工程系列""高效课堂系列""创新班主任系列""教育探索者系列"等系列，共160多个品种，后续图书也将陆续出版。

丛书在出版创作过程中得到各地、各级教育部门与教育工作者的大力支持与帮助，在此一并表示感谢！

教育事业是全社会共同的事业，本丛书的出版一方面希望能对广大教育工作者有所帮助，共绘先进成果；另一方面也是抛砖引玉，希望更多的教育工作者参与到出版创作中来，百家争鸣、百花齐放，为促进教育事业的发展共同努力！

目　录

第一章　课堂提问的魅力

第一节　高效提问的"约法三章" ······ 4
第二节　高效提问的"六脉神剑" ······ 12
第三节　高效提问的"六合神拳" ······ 17
第四节　如何提高课堂提问的魅力 ······ 21

第二章　课堂提问的关键

第一节　有效提问的设计 ······ 31
第二节　有效提问的导答 ······ 37
第三节　有效提问的追问 ······ 43
第四节　如何把握课堂提问关键 ······ 49

第三章　课堂提问的方式

第一节　引趣式提问 ······ 57
第二节　比较式提问 ······ 62

第三节　连环式提问 …………………………………… 67
第四节　质疑式提问 …………………………………… 72
第五节　深究式提问 …………………………………… 79
第六节　如何选择课堂提问方式 ……………………… 84

第四章　课堂提问的策略

第一节　重视个体，循序渐进 ………………………… 94
第二节　激发兴趣，情意共振 ………………………… 98
第三节　方式多样，灵活妙用 ………………………… 104
第四节　发散思维，挖掘内涵 ………………………… 109
第五节　环环相扣，化解难点 ………………………… 113
第六节　开阔视野，着眼现实 ………………………… 119
第七节　拨开"云雾"，抓住关键 ……………………… 123
第八节　突出合力，群策群力 ………………………… 127
第九节　架桥开路，降低坡度 ………………………… 135
第十节　魅力细节，见微知著 ………………………… 140
第十一节　如何选择课堂提问策略 …………………… 144

第五章　课堂提问的艺术

第一节　创设情境，留有空白 ………………………… 153
第二节　设置层级，面向全体 ………………………… 159
第三节　精练概括，以一当十 ………………………… 162
第四节　急缓相间，错落有致 ………………………… 168
第五节　纵横联系，跨越学科 ………………………… 176

第六节	准确对接，心灵共振	187
第七节	捕捉契机，精彩生成	191
第八节	深题浅问，浅题深问	199
第九节	曲题直问，直题曲问	210
第十节	整题零问，零题整问	219
第十一节	如何提升提问艺术	223

第六章　课堂提问的技巧

第一节	以问激趣，创造思维亮点	231
第二节	以问过渡，构建知识体系	235
第三节	以问互动，激发思维活力	239
第四节	以问引导，铺设思维梯度	245
第五节	如何提高课堂提问技巧	249

后　记 …… 255

第一章

课堂提问的魅力

科研是件很美妙的事①

清华大学教育研究院曾经发布的一份研究报告表明，和美国的研究型大学相比，我国高校的学生表现最差的就是"课堂提问或参与讨论"：在"课上提问或参与讨论"题项上，选择"从未"的中国学生超过20%，只有10%的学生选择"经常"；而美国大学生做出这两项选择的百分比分别是3%和63%。为什么会这样呢？

颜宁②认为根源在"填鸭式"教育，或者说是听话式教育。从孩子刚懂事时起，他们听到家长说得最多的一句话，恐怕非"听话"莫属。而贯穿幼儿园和小学、中学的"填鸭式"教育，更强化了孩子们的听话意识，绝大多数教师不鼓励孩子质疑、提问，他们对孩子的最大要求，是"背"，是记住标准答案。"填鸭式"教育的恶果是，使学生丧失了提问、质疑的思维和能力，丧失了创新所需要的想象力和创造力。没有了想象力和创造力，还谈什么创新，谈什么创意？

"这些年，我的实验室积累了大量做膜蛋白的经验，更重要的是，培养了一批也热爱钻研膜蛋白结构生物学的年轻人。爱思考、能提问，是我对学生的最起码的要求。"颜宁解释说，对于提问的重要性，爱因斯坦曾有一个著名的论述，"提出一个问题往往比解决一个问题更重要"。因为解决一个问题也许是一个数学上或实验上的技能而已；而提出新的问题、新的可能性，从新的角度去看旧的问题，却需要有创造性的想象力，这标志着科学的真正进步。

美国教学法专家斯特林·G.卡尔汉认为，提问是教师促进学生思维、评价教学效果，以及推动学生实现预期目标的基本手段。课堂提问是实现师生交往互动、理解对话的重要方式，也是推进课堂教学、深化课程改革的重要方法。由此可见，课堂提问是教学的必备武器，它适用于课堂教学的任何一个环节。

---

① 王佳声.颜宁：科研是件很美妙的事情［N］.大众日报，2013—01—04.引用时有删改。
② 颜宁，山东莱芜人，清华大学年轻的教授、博导，主要从事膜蛋白和植物脱落酸受体的结构和生物学机理的研究，已独立或与人合作在《自然》《科学》《细胞》三大国际顶尖学术期刊上发表多篇论文。

第一节　高效提问的"约法三章"

一、课堂提问的内涵

课堂提问是在课堂教学过程中，根据教学目的、学情等设计问题进行问答的一种教学形式。教师根据教学需要提出问题，激发学生的思维，引导学生独立思考，促使学生积极参与教学活动，促进学生对教学内容的领悟与理解，并推进课堂教学活动的有序展开，从而完成教学任务。在学生对知识有了初步理解之后，教师可鼓励学生向自己或同学提问，也就是质疑问难，这样可以提高学生独立思考、深入理解的能力，也可以培养学生自主探究、合作交流的精神。在新课程理念下，课堂教学发生了重大变革，已经由以往的"以教师为主体"转变为今天的"以学生为主体"，更多地强调师生之间的相互沟通、相互交流和相互理解，而课堂提问正好能够达到这样的目的和效果。因此，在课堂教学中，教师应重视课堂提问。

二、课堂提问的形式

1. 引趣式提问

教师在教学中可依据教学内容，设计生动有趣的问题情境，激发学生的学习兴趣，引导学生积极思考。"兴趣是最好的老师"，恰当的提问可以激发学生的学习兴趣，使学生产生求知欲，成为"好知者"，自觉投入学习中。

托尔斯泰说："成功的教学需要的不是强制，而是激发学生的学习兴趣。"学生是学习的主人，是学习的主体。我们要倡导自主学习的学习方式，激发学生强烈的求知欲，营造良好的学习氛围，只有这样，他们才能主动地探究世界、自主地获取知识。在这期间，教师的任务就是唤醒。鲁迅说过："没有兴趣的学习，无异于一种苦役；没有兴趣的地方，就没有智慧和灵感。"入迷才能叩开思维的大门，智力和能力才能得到发展。学生只有在情感、思维、行为等方面自主地参与教学活动，学习的自主性才能得到体现。

成功的教学，需要教师一开课就把学生牢牢吸引住。在新课导入过程中，问题情境设计得好，就能唤起学生参与学习的热情，增强学生的学习动机，让课堂学习变成学生的需要。为了突出教学重点，教师应该根据教学需要，创设一种生动活泼、引人入胜的情境，激发学生的求知欲，让学生进入一种兴奋的学习状态中。当学生的知识结构发生根本性变化时，深度学习就自然开始了。

2. 引导式提问

为了让学生迅速进入学习状态，或为了突出教学重点、突破教学难点，或为了使学生改正错误、解开疑惑，教师可相机引导学生对问题进行深入思考。在引导学生深入思考时，教师要铺路搭桥，降低难度，循序渐进，通过师生、生生交流，使学生系统地掌握知识，深入地理解知识，快速地提高能力。

孟子说："引而不发，跃如也。"意即教射箭的人拉满弓，搭上箭，摆出要将箭射出去的样子，但并不射出，以便让学箭的人体会要领。在课堂教学中，教师不可能也没必要把每一个问题都阐释清楚，教师的作用在于指明途径、传授方法，充分发挥主导性，同时要突出学生的主体性。

引导式提问能够在学生"愤""悱"之时，通过提问启发，切中要害。对难度较大的问题，要化整为零、化难为易，循循善诱，方能鼓起学生的信心，起到水到渠成的作用。提问难度应设置在学生"跳一跳，摘到桃"的层次上。如哪些地方学生易于产生疑惑、为什么会产生疑惑、如何旁敲侧击令其去疑解惑等，这些问题都需要教师认真思考、精心设计，从而把学生的学习引入最佳状态。

3. 连环式提问

为了达成教学目标，教师可以精心设计环环相扣的问题，前一个问题是后一个问题的基础，后一个问题是前一个问题的延续。教学的实质是引导学生带着问题进行主动学习，由浅入深、由易到难地构建知识体系的过程。教师要善于根据教学目标，精心设计一个个前后关联、上下有层次的问题，以引领学生一步步接近知识的巅峰。

例如，在"价值规律的作用"教学中，教师以"可口可乐和百事可乐争霸赛"为例，提出了四个连环问题。

① 可口可乐和百事可乐竞争主要采取了什么手段？
②"价格战"会导致什么情形发生？
③ 假如你是可口可乐公司的老板，请谈谈你的发展战略。
④ 激烈竞争会导致什么结果？

这四个问题环环相扣，体现了层次性。在教学中，教师针对教学难点，通过逐步设置问题，减缓了知识的坡度，使学生拾级而上，不断深入，锻炼了解决问题的能力。

4. 想象式提问

教师可适时设计具有启发性的问题，引导学生展开丰富的想象，从而使学生深化内心体验，激发思考积极性，提高理解能力。爱因斯坦说："想象力比知识更重要，因为知识是有限的，而想象力概括着世界的一切。"由于想象力体现了创造性思维的特征，因而当智慧插上想象的翅膀时，就会飞向广阔的天空。在课堂教学中，教师要善于抓住时机，选取学生感兴趣的问题，运用想象式提问，让学生置身于新奇的情境之中，触动学生的心弦，激发学生的求知欲，使他们积极地投入探究性学习中。

想象的力量

一个寒冷的冬天，纽约一条繁华的大街上，有一个双目失明的乞丐。乞丐的脖子上挂着一块牌子，上面写着"自幼失明"。从他身边经过的人都没看见似的走开了。一个诗人走近他身旁，他便向诗人乞讨。诗人说："我也很穷，不过我给你点别的吧。"说完，他便随手在乞丐的牌子上写了一句话。那一天，乞丐得到很多人的同情和施舍。后来，他又碰到那个诗人，很奇怪地问："你给我写了什么？"诗人笑笑，念出牌子上他所写的话：……

问1：你们猜诗人给乞丐写了一句什么话？（学生思考后再读出："春天就要来了，可我不能见到它。"）

问2：为什么路人看了这句话都比较愿意献上自己的同情和施舍？当时正是"寒冷的冬天"，人们盼望严冬早日消逝，春天早日到来，诗人写的"春天就要来了"如同报晓金鸡的第一声高啼，唤起了人们对春天的憧憬和遐想，给人们带来了生机和希望，紧接着写的"可我不能见到它"真切地表达了乞丐痛苦、无比失望的心情，也表达了乞丐热爱生活、珍惜生命的思想，于是唤起了人们的同情、怜悯和关爱。这就是联想与想象带来的奇妙力量。

在进行想象式提问时，教师要积极营造民主和谐的课堂氛围，鼓励学生大胆发表自己的独立见解，鼓励学生质疑，对那些思维敏捷、敢于想象的学生予以表扬，使学生的个性得到彰显、创新精神得到培养。

5. 互动式提问

《基础教育课程改革纲要（试行）》指出："教师在教学过程中应与学生积极互动、共同发展，要处理好传授知识与培养能力的关系，注重培养学生的独立性和自主性，引导学生质疑、调查、探究，在实践中学习，促进学生在教师指导下主动地、富有个性地学习。"在互动式提问过程中，教师与学生双边互动、共同参与，教师成为学生学习活动的组织者、引导者和合作者，学生是学习活动的参与者。通过师生相互交往、相互影响、相互提问，学生在学习中忘记了师生差别，积极参与教学中的问题讨论与辨析，聪明才智得以充分发挥。教师只有与学生进行心灵的沟通、情感的交流，为学生创设民主和谐的学习氛围，才能促进学生情感、态度和价值观的形成。

在课堂教学中，教师要运用互动式提问的方法，首先要进行充分准备。课前，教师的指导作用主要体现在结合教学目标和学情，引导学生收集和整理资料，从而达到导疑、激趣、导思、导向的效果。其次要创设有效情境。每一个教学互动的过程都是由一个教学情境引发的。有效的教学情境不但能凸显问题，而且能激发学生学习的热情。在教学互动过程中，教师可以设计问题情境、竞猜情境、故事情境、探究情境等，有效地促进互动式提问的实施，提高课堂教学效率。

"石本无火，相击而发灵光。"师生互动、生生合作、教师引导、师生问答，在这样的课堂氛围中，学生思维活跃、畅抒己见。思维相互撞击，很容易擦出智慧的火花，从而培养学生的创造性思维，提高他们的探究能力和合作能力。

6. 深究式提问

事物的发展有其因果关系，为了解决问题，必须对事物发展的原因、过程和结果进行探索，以揭示事物的发展规律。深究式提问是在教师的启发下，对所提的问题进行探索和研究，通过讨论、观察、联想、实验、制作、演示等探究活动，让学生参与并体验知识的获得过程，得出结论，构建新知识，从而培养他们的科学探究精神和能力。

纵观人类社会发展的历史，科学上的突破、技术上的革新、艺术上的创作，无一不是从发现问题、提出问题开始的。在进行深究式教学时，教师需要创设问题情境，激发学生自主探究；学生在教师的启发、点拨和引导下，带着一种积极寻找问题、解决问题的强烈愿望，自主参与学习，从而达到解决疑问、掌握相应的知识与能力的目的。

例如，在"DNA的结构"一课的教学中，深究式提问得到了较好的运用。

① 请你观察DNA是由几条链构成的？它们的位置关系怎样？它们的方向一致吗？DNA具有怎样的立体结构？

② DNA的基本骨架是由哪些物质构成的？它们位于DNA的什么部位？

③ DNA中的碱基是如何配对的？它们位于DNA的什么部位？

④ 一个脱氧核苷酸分子是由什么组成的？它的三个组成成分是怎样链接起来的？

⑤ 脱氧核苷酸间是怎样链接的？

这几个问题从学生已有的基本概念出发，能使学生关注DNA分子组成的几个关键点。在初步形成对DNA分子结构的认识之后，教师可以让学生读课本中的结构模式图。图中的信息可以使学生全面了解DNA的组成、化学键的形成、配对方式、链的方向等相关知识，帮助学生理解复杂的概念，同时培养学生的空间想象能力，使之构建系统的知识体系。

教是为了不教。叶圣陶指出，教学"无非是教师帮着学生学习的一串过程"，使"学生能自为研索，自求解决"。在上例中，学生通过读图、画图、分析资料、构建模型等多种探究方式，在脑海中逐步构建DNA分子的结构模型以及相关的知识系统，牢固构建起DNA分子结构的基本概念，体会多种思维方式的变换。总之，在教学中，基于学生的知识水平和认识规律进行深究式提问，能成功地引导学生沿着"感知—分析—理解"的路径，正确地理解和运用知识，从而培养学生积极思考的意识和相互合作的精神。

7. 比较式提问

比较是一切思维和理解的基础，是确定研究对象之间共同特征和相异特性的思维过程和方法。比较是教学中最常用的方式，一般有列表法（列出表格进行各种项目的比较）、提纲法（根据要点，抓住内容本质，简要地用文字来表示，把所学的知识连接成线进行归纳比较）、图解法（借助图示直观、简捷的特点，通过分析现象，先按共性分组，再按个性区别）等多种方法。

比较式提问是指通过提问对事物的异同进行对比，最终发现和揭示事物的内在本质。

运用比较式提问，能使一些不容易直接从理论上理解的问题变得简单而直观，从而突破教学重难点。如在讲解例题、习题时，通过比较式提问让学生了解同一类型题的不同解题方法，以及不同类型题处理过程中相似的解题思路，促进知识的正迁移，使学生能从不同角度、对不同问题进行研究，充分调动学生参与课堂活动的积极性，促使学生触类旁通、举一反三，从而更好地拓展学生的思维，提升学生的综合素养。总的来说，利用好比较式提问，对教师的讲解及学生的学习都能起到事半功倍的作用。

8. 拓展式提问

"拓"是开辟、扩充的意思，"展"是张开的意思，"拓展"就是开拓、扩展的意思。拓展式提问是指教师在引导学生学完教材内容的基础上，及时对知识进行合理的拓展与延伸，以此激发学生的学习兴趣、开阔学生的视野、增长学生的见识，促进学科甚至是跨学科知识之间的合理渗透和整合，以举一反三的方式使课堂充满生命活力，促进学生能力的提高，最终取得事半功倍的奇效。

那么，具体来说，如何进行高效的拓展式提问呢？

（1）紧扣学生兴趣进行拓展

"兴趣是点燃智慧的火花，是探索知识的动力。"在教学中，教师恰当、及时地进行知识拓展能激发学生学习的兴趣。例如，收获的粮食为什么要晒干了才入仓？超市里的水果为何用保鲜膜包裹起来？腐烂的苹果为什么会散发酒味？米酒和葡萄酒酿造的原理是什么？通过这些与生活息息相关的问题引发学生思考，可以帮助学生对呼吸作用的原理、过程、外界影响因素、实际应用等一系列相关知识进行深入探讨。

(2) 围绕教学目标进行拓展

知识拓展要围绕本节课的教学目标进行，以使课堂鲜活起来，充满活力。例如，"昆虫的生殖发育"一节中，根据蝗虫的发育特点，灭蝗应选择在若虫期。教师可引入我国古代就有的"旱极而蝗"的记录，让学生了解"旱极而蝗"的主要原因是蝗虫喜欢温暖干燥的环境（温暖干燥的环境有利于蝗虫的繁殖、生长发育和存活），这样有助于学生达成学习目标。

(3) 基于学生认知进行拓展

进行知识拓展时不仅要了解学生的心理发展特点，还要了解他们现有的认知水平。这就要求教师既要认真钻研教材，领会教材中的思想内涵，又要广泛阅读各种资料，不断积累一些与教材有关的知识，在课堂教学中适时拓展，不断引进"知识活水"。

在课堂教学中，教师要把握好拓展式提问的尺度，科学地加以运用，引导学生进行深入探究，促进知识的整合与升华。这样就能开阔学生的视野，拓展学生的思维空间，激发学生的学习热情。

三、课堂提问的原则

人的思维是从问题开始的，教学中一个巧妙的提问，能吸引学生的注意力，唤起学生积极的智力活动，帮助学生打开思维的闸门，顺利完成教学任务。

1. 层次性原则

"为了每一位学生的发展"是新课程的核心理念。向学生提问题，应该面向全体，使学生各有所获。教师在设计问题时，应先分析不同层次的学生的知识基础和认知能力，对此做到了然于心；再按教材知识点的"难、中、易"恰当地提出问题，实施不同学情与知识点难易相对应的分层设问，使每个层面的学生均能在最近发展区内有所发展，调动学生学习的主动性，提高师生互动的有效性，及时获得教学信息反馈，提高教学质量。

2. 渐进性原则

每堂课都要有明确的目标，课堂提问必须紧紧围绕这个目标展开，紧扣重点和难点，让问题由浅入深实现"层递"，一环紧扣一环、一层递进一层，引导学生的思维不断向知识的深处发展，培养学生思维的深刻性。比如，认识长方体时，教师可以进行如下提问：长方体有几个面？每个面有什么特点？面与面之间有什么关系？符合什么条件的物体可称之为长方体？通过对这几个问题的思考，学生的认识由点到线、由线到面，逐步对长方体的概念形成了深入认识。这种循序渐进的提问能促进学生抽象思维的发展，提高他们的概括能力。

3. 启发性原则

苏霍姆林斯基认为："学生来到学校里，不仅仅是为了取得一份知识的行囊，更主要的是为了变得更聪明。"课堂提问是联系师生思维活动的纽带，是开启学生智慧之门的钥匙。有效的课堂提问能激发学生的求知欲，促进学生的思维发展，引发学生的探究活动，体现提问的启发价值。

4. 适时性原则

孔子说："不愤不启，不悱不发。"苏霍姆林斯基也有同样的认识："教育的技巧并不在于能预见课堂的所有细节，而在于根据当时的具体情况，巧妙地在学生不知不觉中做出相应的变动。"教师要在学生"心求通而未得，口欲言而不能"之时，抓住处于"愤""悱"状态的这一有利时机提出问题，引导学生去释疑，以达到对学习内容的理解和掌握。

在进行课堂提问时，教师要做到心中有学生、有目标、有策略。只有心中有学生，才能营造使学生主动参与学习的良好氛围，激发学生主动学习的动力；只有心中有目标，才能"粗中有细"，突出重点，突破难点；只有心中有策略，才能"长袖善舞"，切实提高课堂教学效率，进而提高教学质量。

第二节　高效提问的"六脉神剑"

提问是一门很大的学问。提问的意义在于让学生乐于接受知识，能记住并应用知识。若达不到这种效果，提问就没有意义，这样学生上课就会觉得无聊，课中走神，课后茫然，知识掌握不牢。怎样让提问有更好的效果呢？高效提问需要"六脉神剑"。

一、先声夺人，扣人心弦

苏联著名教育家、心理学家赞科夫指出："教学法一旦触及学生的情绪和意志领域，触及学生的精神需要，就能发挥高度有效的作用。"把教学中的问题附以生活背景，使其具有生命力、趣味性，是一种教学艺术。一堂生动活泼的好课犹如一支婉转悠扬的乐曲，扣人心弦，引人入胜，能激发学生的学习兴趣，激起学生的内在动力。

先声夺人[①]

我执教的课题是八年级思想品德第一课第三框"难报三春晖"。一开始上课，我就播放了电影《垂直极限》的片段：一家人在一次登山过程中发生了岩栓脱滑的意外，在千钧一发之际，父亲果断地命令儿子割断绳索，把生的希望留给了子女，把死毫不犹豫地留给了自己。伴随着儿女们撕心裂肺的喊声，父亲轰然坠入万丈山谷……电影先声夺人，摄人心魄，一下子就抓住了学生的心。我深情地说："生命是无价的！还有什么比生命更宝贵呢？父母把人世间最宝贵的东西都给了我们这些做儿女的，这恩情我们一辈子都难以报答！"顺势导入新课。接着我请学生敞开心扉，与大家分享父母给予我们的爱："哪位同学感受到的父母的爱最多、最真挚、最感人？请说说。"

在学生真诚地讲述后，我也来了个"真情告白"：热泪盈眶地讲述了母亲为了供我读书背着个小木箱走街串巷地卖冰棒、提着个竹篮子四处吆

[①] 吴又存. 教学需要激情澎湃 课堂需要真情涌动 [J]. 中学政治教学参考，2006（9）. 题目为作者所加，引用时有删改。

喝着卖馒头等历尽千辛万苦的故事,深深震撼了所有的学生和听课的老师,很多人潸然泪下。

"感人心者,莫先乎情。"在教学中,教师要适时营造爱的氛围,让爱不经意地流进学生的心灵,让学生心中充满爱。在上例中,在教师悲伤的语调和同学真诚的讲述中,学生感情的大门被打开,心灵得到净化,情操得到陶冶,智慧得到启迪。

二、多向互动,百花争艳

讨论与提问密不可分,最好是双向的(师生互提)或多向的(师生互提、生生互提)。这样,参与积极思考的人会增多,课堂气氛也会更活跃。引导学生参与讨论的核心是掌握提问的技巧,只要讨论在不断地进行,就需要有助于维持其动力的问题来支撑。教师的提问对讨论起着指导和调节的作用,即使是开放式的自由讨论,教师也应当相机以提问的方式介入,集中学生的注意力,引导学生思考的方向,从而促进学生与学生之间的讨论,使讨论保持持久的活力。

有位班主任针对学生追星现象,组织了一次班会课,以引导学生正确对待追星问题。教师播放有关林丽娟追星的视频,引导学生在仔细观看后回答问题。

师:你对林丽娟的这种追星行为有什么看法?

生1:病态!疯子!

生2:不可理喻!非常气愤!

师(追问):你为何很气愤?

生2:因为她追星追得太盲目了!一个不孝敬父母的人,怎能立于天地之间?父母为她付出了那么多,她竟然说刘德华比她父母更重要。

师:我们怎样才能学会理智而不盲目地追星呢?什么样的"星"才值得我们去追?追星,我们应追什么呢?

(师生交流互动。)

莎士比亚说:"一千个人眼里就有一千个哈姆雷特。"不同学生对同一个问题有不同的理解,教师要通过学生感兴趣、适合其年龄特点的问题引导他们进行讨论,在讨论过程中启发学生积极思考,通过相互启发、相互补充，让思想的火花在课堂中迸发，从而提高学生的分析能力，使其形成正确的世界观。

三、整体把握，不断深入

心理学认为，人类心理中最基本的特征是在意识经验中显现的整体性，而整体性也是我们直觉思维最显著的特征，直觉思维从认识过程一开始就把对象作为一个整体来观照。新课标也指出，在教学中尤其要重视培养学生整体把握的能力。所谓"整体把握"，就是指在感知过程中把一个客观对象当作一个整体来对待。而"整体把握教材"，就是师生在教与学中把握教材的整体结构，也就是把教材作为一个完整的、不可分割的统一体，对教材形成全方位的认知与感悟。

课堂提问应从整体出发加以考虑，由浅入深，由点到面，层层推进，步步提高，使问题之间彼此有着内在联系，形成系统。教师要深入研究教材，设计出围绕教材内容的核心问题、关键问题。设计的问题要环环相扣，以体现知识形成的过程。学生通过分析和理解这些问题，思维不断深化，最终形成能力。

如果教师缺乏从整体上把握教材的能力，课堂上问得"碎"，就会导致课堂提问缺少条理性，学生没有办法找到问题之间的逻辑关系，无法构建自己的知识体系。这样的提问，还会使学生的思维处于混乱状态，无助于学生学习能力的提高。因此，教师必须强化对教材整体的把握能力，正确处理好教材与其他教学资源的关系，努力全面理解教学内容，并充分利用学生原有的认知背景，指导学生学会整体把握学习内容，帮助他们从整体的角度去考虑问题，找到解决问题的线索，从而使"整体把握"的内涵和价值真正得以实现。

四、归纳梳理，形成系统

归纳就是归拢并使其有条理。教学中教师要用准确简练的语言，提纲挈领地把整节课的主要内容加以归纳总结，将学生所学的分散的知识"集结"起来，帮助他们厘清思路，使其对所学的知识了然于心，形成系统。归纳如同学习知识的助推器，可以使学生的思维再次掀起波澜，促进其对问题再思考、再探究。

比如，教学《展示华夏文化魅力》一文，教师可针对有关问题通过三步进行归纳。步骤一：无疑而问式——贝聿铭有哪些作品？步骤二：质疑式——有那么多爱国人士排除万难回到祖国、报效祖国，贝聿铭热爱祖国为什么还要加入美国国籍？步骤三：深究式——贝聿铭的中国心在他的作品中是如何体现的？这样梳理分类，就能对诸多问题进行有针对性的解决了。

归纳梳理，形成系统，有何方法？

其一，分类归纳法。在学习完一个模块或一个阶段的知识后，可以按照知识体系的不同，对同类知识内容进行归纳。

其二，按序归纳法。这是按照知识结构的内在联系对相关知识进行归纳的一种方法。这种归纳方法有利于帮助学生构建知识体系，有助于学生从整体上把握知识内容。

其三，绘表归纳法。这是按照知识类别及要点，使用表格对知识进行归纳的一种方法。这种方法能明显地体现出知识点之间的区别和联系，使人一目了然。

其四，列知识树法。这是以知识体系为基础，以知识概念为主干，对知识细类及细目进行层层分解的归纳方法。它体现了知识概念的等级次序，对从宏观上把握知识大有益处。

其五，题型归纳法。这是按照题型对相关知识进行归纳的一种方法，有助于提高解题速率和成功率，对考试复习至关重要。

归纳梳理能力是一个人必备的能力。对于工作人员来说，通过归纳梳理，可以找出工作中的优势和不足，总结经验，从而为下一步的工作做好准备。对于学习者来说，通过对所学知识进行归纳梳理，不仅可以巩固旧知识，还可以达到预习新知识的目的。同时，通过总结加强记忆、加深理解，有利于学生把知识转化为能力，为学习打下良好的基础。学生如果能及时总结知识系统、掌握知识联系、明晰知识规律，就能够更好地构建自己的知识体系。

五、注重探究，拓展延伸

我们处于一个飞速发展的信息时代，要适应这种急剧发展变化的形势，就必须具备自学的能力，必须坚持终身学习。因此，基础教育的一个重要任务，就是帮助学生学会学习，培养学生发现探究和开拓创新的能力。

在人的心灵深处，总有一种根深蒂固的需要，就是希望自己是一个发现者、研究者和探索者。在教学中，教师应想方设法满足学生的这种需要，拓展他们的思维空间，使他们的潜能得到最大限度的发挥。英国著名教育家斯宾塞指出："在教育中应该尽量鼓励个人发展的过程，应该引导儿童自己进行探讨，自己去推论。给他们讲的应该尽量少些，而引导他们去发现的应该尽量多些。"我们要给学生足够的时间和空间，让他们围绕需要探究的问题，自己决定探究的方向，以自己的思维方式自由、开放地探究知识的产生和发展的过程。教师应倡导探究式学习、发现式学习，并在学生理解知识的同时提出问题，或根据教学重点和难点设置疑问，诱发学生的求知欲，充分发挥学生自主学习的积极性和主动性。

新课程倡导学生主动参与，乐于探究。学生能从原有的认知出发，通过拓展延伸、深入探究，主动地学习新的知识，并将已有的知识迁移到新的情境中，对所学知识进行深入思考，从而形成对知识的理解和应用。这是学习型社会的要求，也是新课改的需要。

六、画龙点睛，深化主题

明朝著名诗人谢榛说："凡起句当如爆竹，骤响易彻；结句当如撞钟，清音有余。"课堂教学不仅要开头引人入胜，中间高潮迭起，而且结尾应该有画龙点睛之效。课堂总结往往在教学行将结束之时，教师要把握好学生在这个特殊时段的学习心理，精心预设问题，引导学生比较全面地回顾在本节课学习的知识与技能、掌握的过程与方法、获得的情感与态度。画龙点睛的提问，即在课的结尾提问，有利于教师掌握学生的学习情况，了解学生对哪些问题不太明白，有利于学生了解该节课的重点在什么地方，让学生总结出本节课所要掌握的知识要点，引导学生深刻体会学科的规律与特点，培养学生独立分析问题、解决问题的能力，使其充分体味到知识的无穷魅力，继而激发学习兴趣，促进课堂教学效率的提高。

第三节 高效提问的"六合神拳"

教师在备课和教学时如果能在提问上多下功夫，就能充分地调动学生的积极性，发挥学生的主体作用。那么，怎样根据教学内容和学生的实际情况设计问题呢？高效提问需要"六合神拳"。

一、整合教材，独辟蹊径

授课离不开教材，但是教师应该基于教材另辟蹊径，提出让学生更能了解知识点的问题，以特别的方法让学生学习知识。

例如，上《愚公移山》一课，有京城氏之子年纪虽小也去帮助愚公移山的内容，此处教师可以这样提问学生："孩子的父亲为什么不加以阻止呢？"提问独辟蹊径，旨在检查学生有没有理解课文中"孀妻""遗男"的含义，这个问题能使课堂气氛活跃起来。

二、关注生活，及时引导

中小学生正处于一个思维活跃的阶段，这是人生观和世界观形成的重要时期。教师要引导学生密切关注生活，鼓励学生通过电视、报纸、网络等媒介了解发生在身边的事，引导学生平时多讨论生活中的事，使之成为学生日常生活的一部分。

例如，在教学"思想道德修养与科学文化修养"时，可以引入这个热点新闻：2011年10月13日，在广东省佛山市，年仅两岁的小悦悦被一辆面包车两次碾压，几分钟后又被一辆小货车碾过。在短短的七分钟内，有十几个路人经过，却无一伸出援助之手。最后，一名拾荒阿姨陈贤妹把小悦悦抱到路边呼救并找到她的妈妈。经过几天的抢救，小悦悦还是因伤势过重，不治身亡。

女童被碾，路人漠视，人们究竟都怎么了？一名拾荒阿姨为什么敢于施救？贴近生活的问题最能激发学生的思维，学生纷纷发表自己的见解，同时提出了自己的顾虑：我们想去救人，又怕被人误解，当这两种心理同时占据主导地位时，其实更多的是在想自己救人之后被诬陷、被索赔怎办。课堂讨论空前热烈，通过生生互问，学生不但领悟了所学知识，而且增强了社会责任感和使命感。

三、鼓励质疑，思维碰撞

敢于质疑权威，不唯书，不唯上，是创新的表现。时代在不断变化，前人所留下的并不全都适用于不断发展的时代，教师应该鼓励学生敢于质疑。当学生有自己的想法时，一定要鼓励他们勇敢地表达出来。

这是一个需要质疑的时代，权威需要质疑，专家需要质疑，传统需要质疑。"尽信书不如无书。"要教会学生有自己的主见，不认为书本上的一切都是正确的。有质疑，证明对这个问题进行思考了，就算这个质疑是错的，也从中学习到了知识，并且解答了疑问，有利于学习的进步。

教师要鼓励学生质疑，在质疑中学会与同学探讨，让思维的火花互相碰撞，产生更多更好的想法。质疑会让学生懂得怎样更好地思考问题，取得更多进步；质疑会促使学生创新思维，敢于冲破樊篱，向权威挑战。

四、学会倾听，捕捉亮点

有这样一个故事。那是一个圣诞节，一个美国男人为了和家人团聚，兴冲冲地从异地乘飞机回家，一路上幻想着团聚的喜悦情景。然而老天变脸，这架飞机在空中遭遇了猛烈的暴风雪。飞机偏离航线，上下左右颠簸，随时有坠毁的可能。空姐也脸色煞白，惊恐万状地叮嘱乘客写好遗嘱。这时，飞机上所有的人都在祈祷。就在这万分危急的时刻，飞机在驾驶员的冷静驾驶下终于平安着陆了。这令美国男人异常兴奋，回家后他不停地向妻子描述在飞机上遇到的险情，并且满屋子转着、叫着、喊着。然而，他的妻子正和孩子兴致勃勃地分享着节日的愉悦，对他经历的险情没有丝毫兴趣。男人叫喊了一阵子，却发现没有人听他倾诉，他死里逃生的巨大喜悦与被冷落的处境形成了强烈的反差。在妻子准备蛋糕的时候，这个美国男人爬到阁楼，用上吊的古老方式结束了从险情中捡回的宝贵生命。

这个美国男人为什么会选择自杀呢？这里一个很重要的原因就是他的家人不懂得倾听，这种感情上的漠视和忽略，使他感到自己不被重视，让他觉得自己的存在没有价值。其实，倾听，是一门交际艺术。认真倾听是对别人的一种尊重、一分理解。课堂教学是教师和学生之间互动交流的过程，这种过程主要表现为师生之间的倾听与应答。教师要真诚地倾听，倾听学生从自身的知识、经验和感受出发表达的见解和观点，使学生感受到被尊重、被欣赏。如此一来，学生将满怀激情、更加投入地学习。正如美国哈佛大学著名学者达克沃斯所言："学生如果发现有人对他们自己的思想感兴趣，他们便会成为如饥似渴的学习者。"

在课堂教学中，教师和学生是平等的伙伴，应拥有平等的话语权。教师要舍得放权，时时想到自己是教学的组织者、引导者和促进者，教学是否有效主要不是看教师讲授多少知识或讲得好不好，而是看学生获得了多少知识、是否真正学会了学习。教师有了平等的观念，才能真正对学生表示尊重和欣赏；在平等、民主的学习氛围中，学生才能发出真实的声音，才能提出精彩的观点。

教师在学生发言时要保持专注，要注视说话的学生，经常用点头、微笑等方式表达自己的关注，适时加入一些话语，如"是吗""我明白了""哦！原来如此！……请接着说"等，表现出对他们所讲述的内容的兴趣，鼓励学生积极表达自己的想法和观点。

五、引思铺垫，变直为曲

课堂提问不能一味地直来直去，这样会缺乏启发性。久而久之，学生对这样的提问会感到索然无味，甚至产生排斥心理。假如我们把问题换成"曲问""活问"，就能促使学生开动脑筋，使学生"跳一跳"才能回答。在教学中进行"曲问"，能有效地提高学生思维的灵活性和创造性，极大地提高教学效率。

设身处地

教学人教版历史必修2第10课"中国民族资本主义的曲折发展"时，教师一开始就根据学生的作业情况和教学内容，让学生选出三位代表回答上节课留给学生思考的问题："假设你是一名近代的普通中国商人，你将如何经营你的生意？"这三位学生是这样回答的。

甲同学：我会投资纺织业，先从外国进一批洋纱洋布，与同行一起研究，研究出其中的技术，再在手工业中进行推广，将中国的土纱土布做得

更好，把洋纱洋布比下去。（方案一）

乙同学：我会开办一个轮船零件配制厂，原因是从经济实力和背景上说，我都远远不如官办和外商，所以我不开轮船厂。赚小钱的办法实用且没有太大的风险，不会树大招风、受到排挤，既获得了利润，又立于不败之地。（方案二）

丙同学：我会开一家饭馆，做到味美价廉，这样吃饭的人就多了，当然钱就来了。（方案三）

在这三位学生讲完以后，教师顺势提问哪一种方案可行，并说明原因。这下激起了学生的兴趣，在经过一番激烈的讨论后学生的意见如下。

方案一：可行，但不能用于手工业生产，因为手工业根本不能与机器生产抗衡这已被事实证明，还要有好的技术人员。（20票）

方案二：不可行，因为当时需要的资金大，而且当时的轮船主要控制在外商和官员手中，普通商人是不可能进入的。（5票）

方案三：可行，但利润太低。（10票）

紧接着，教师因势利导地提出："同学们，要验证你们的选择是否正确，下面我们一起阅读教材，研究当时中国民族资本主义发展的状况后，再来评析。"

在这节课问题的设置上，教师并不像我们以往那样直来直去地向学生发问："中国民族资本主义产生的原因是什么？有什么特点？"而是将学生带到一个特定的时代，让他们扮演那个时代的中国民族资本家，从而为学生自己去想象、去质疑创设了广阔的空间；再加上教师精当的点拨，不仅激起了学生思维的浪花，甚至产生了"投石击破水底天"的教学效果。

问题是思维的起点，也是思维的动力。在课堂教学中，教师如果能注重设问艺术，设问有"度"，使"问"真正起到牵线、搭桥和引路的效果，就能创设师生互动、生生互动的教学环境，培养学生的创新精神和实践能力，提高课堂教学效率，为推进新课改做出贡献。

六、适时留白，生成精彩

教学中的留白，是指根据教学需要，不直接把答案明确地告诉学生，而是通过提出问题的方式留下空白，引发学生在更广阔的时空里思考与探究，更好地发挥学生主体作用的一种教学策略。

适时留白是课堂教学的一种艺术。留白不是避而不谈，也不是简省，更不是避重就轻，而是引而不发，是铺垫和蓄势，是教学智慧的艺术表现。实践证明，教学中适时留白，有助于学生展示其丰富、独特的内心世界。适时留白，让学生在探究中充分发表意见、相互交流，进行思维碰撞，迸发出智慧的火花。

在教学重难点处留白，让学生享受探究过程的愉悦，鼓励学生自主参与，寻资料、找答案、搞调研，培养学生自主学习和自主探究的能力。这时，学生得到的不仅仅是简单的结果，还有探究过程的乐趣；学生不仅仅掌握了知识，更掌握了探究的能力。这种学习方式一旦成为习惯，学生将终身受益。

在想象处留白，给予学生充分的思考时间，并为学生提供可以尽情创造、分享、修改的环境，使得学生有一个展示自我、放飞自我的平台，让学生展开想象、开拓思维。

在知识拓展处留白，让学生有一个拓展的空间。教师应放下急功近利的心态，心甘情愿地为学生"看得更远一些"搭建梯子。这样，学生主动地用心去学，其效果自然要比教师填鸭式灌输的效果好得多。

留白是激发学生探究的发动机，通过学生对过程的亲身体验，其效果必然不同凡响；留白是学生能够"欲穷千里目"的新台阶，为学生的发展提供了一个广阔的空间。

第四节 如何提高课堂提问的魅力

一、教学案例

《乡愁》教学案例[①]

1. 创设情境，导入新课

师：人长大后，会去求学、工作、旅行，会离开自己的父母、家庭，

[①] 李浩，王林发. 中学阅读教学设计方案40例［M］. 北京：中国轻工业出版社，2012. 引用时有删改。

甚至会离开家乡故土到异国他乡去。我们当中就有同学已经离开父母到这里来求学了，夜深人静之时，特别是遇到不顺心的事的时候，你们是否总会泛起难以言明的思家、思乡情绪？这是一种无以排解的情结。家是我们的根，儿时的梦想、少年的情怀，总是无限美好，总是令人产生无限的怀念和思恋，谁又能忘记？于是，乡愁就成了诗歌咏唱的永恒主题。今天我们来学习余光中先生的《乡愁》，一起走进诗人那浓情似雾的乡愁世界，一起来倾听诗人内心的呼唤。请大家交流一下预习时收集到的关于作者和课文的资料，请每个小组派一名代表发言。

2. 朗读吟诵，披文入情

师：诗歌是文字跳动的音符，而欣赏诗歌则是将这一个个音符串成一段精美的华彩乐章。下面请各个小组展示预习成果。每个小组选两名同学负责在黑板上展示课文预习表格，另四名同学负责朗诵。

（学生开展小组活动，分工合作：有的在黑板上展示课文预习表格的内容；有的排练朗诵。）

师：请大家围绕下列问题进行自由讨论。

① 诗人的这种感情是不是突发偶感？在诗人漫长的生活经历中，那种对故乡绵绵的思念一直萦绕在诗人的心头，这一点可以从哪些词语看出来？

② 要把这种看不见、摸不着的抽象的感情具体表达出来，就要借助意象，意象就是诗中的形象。请同学们找找看，这首诗借助什么样的意象表达这浓浓的思乡之情？

③ 说说你由"小小的邮票""窄窄的船票""矮矮的坟墓""浅浅的海峡"产生了怎样的联想？

④ 为什么说海峡很浅？

3. 展开联想，漾起涟漪

师：交流结束，请各小组围绕前两个问题谈谈看法。

生："小时候""长大后""后来啊""而现在"四个时间序词，代表了人生的四个阶段。

生：这首诗借助"小小的邮票""窄窄的船票""矮矮的坟墓""浅浅的海峡"表达作者浓浓的思乡之情。

师：这两位同学回答得非常好。问题1：诗人以时间的变化来组诗，四个时间序词概括了诗人的整个人生，也就是浓浓的乡愁牵动了诗人的一生。问题2：这首诗借助"小小的邮票""窄窄的船票""矮矮的坟墓""浅浅的海峡"表达作者浓浓的思乡之情。

师：诗人通过"小小的邮票"联想到了什么？

生：诗人由"小小的邮票"想到寄信，寄信给母亲。他想母亲了，想家了。

生：一个少年，端坐在木桌前，如豆的灯火映照着他那双湿润的眼。窗外，清冷的月光如泻，他正在小心翼翼地粘贴着一枚小小的邮票，信封上是他母亲的名字。

师：由"窄窄的船票"联想到了什么？

生：少年的嘴角长出了短黑的胡须。此时，他正背手伫立在船舷边，遥望着远方，手中握着那张窄窄的船票。

师：他在遥望着什么呢？

生：他和新娘分离，想念她了！他回忆起迎娶新娘的喜庆场面。（全班大笑）

生：回忆起夫妻聚首恩爱团圆的甜蜜和家里可口的饭菜！

生：故乡渐渐地近了，近了，可一想到短暂的聚首后，仍是长久的分离，他不由得又握紧了手中那张窄窄的船票！

师：如何解释"矮矮的坟墓"呢？

生：母亲去世了。

师：此时的"乡愁"跟前面两节的有何不同？

生：前两节尽管也"愁"，但还可以和母亲见面，母亲死后，他的乡愁就永远无法排解了。

生：这矮矮的坟墓，活生生地将母子分隔开来，我在外头，母亲在里头！

生：老师，这里的"乡愁"是不是比前两节更浓了一些？

师：从生离到死别，确实是浓了。思念妈妈，眷恋新娘，怀念母亲，这些都比较容易理解。但"海峡"呢？大家对最后一节诗的理解又如何？能否也谈谈？

生：海峡隔开了大陆和台湾，诗人无法回到祖国大陆，思念自己的故乡。

师：大家有没有想过，诗人为何要用夸张手法，而不是实话实说呢？明明是一道难以跨越的海峡，他为什么要说是"浅浅的"？

生：我觉得，这是作者的一种想象，在他看来，这一弯海峡很浅。

师：为什么他会觉得浅？为什么他不回去看看自己的故乡呢？

生：由于政治上的原因，大陆和台湾分离。当时大陆和台湾之间不能通商、通航、通邮。

师：的确很难。由于政治上的原因，大陆和台湾分离，诗人想回，却无法回到大陆。这种愁思，令诗人很痛苦。但中华民族血浓于水，这些年来两岸人民和平统一的呼声越来越高，连战、宋楚瑜、马英九等人纷纷来大陆访问，民间的交流也十分频繁，双方的交往促进了经济、文化交流。

师：请同学们选择这首小诗的任何一小节，展开丰富的联想和想象，用细腻、优美、抒情的笔触描绘出属于你心中的那一幅优美的图画。

二、教学经验

1. 心桥飞架

陶行知说："真的教育是心心相印的活动，唯独从心里发出来的，才能达到心的深处。"家是我们的根，谁能忘记？于是，乡愁就成了诗歌咏唱的永恒主题。教师讲道："人长大后，会去求学、工作、旅行，会离开自己的父母、家庭，甚至会离开家乡故土到异国他乡去。我们当中就有同学已经离开父母到这里来求学了，夜深人静之时，特别是遇到不顺心的事的时候，你们是否总会泛起难以言明的思家、思乡情绪？……今天我们来学习余光中先生的《乡愁》，一起走进诗人那浓情似雾的乡愁世界，一起来倾听诗人内心的呼唤。"话语涓涓而流，心门徐徐洞开，身置此情此景，心桥飞架，对话变通途。

2. 师生信任

成功的教学依赖于真诚的理解和彼此信任的师生关系。良好的师生关系既是促进学生积极学习的动力,也是培养学生社会情感的重要载体。

在第三个环节中,师生一起对文本进行探讨。教师问:"思念妈妈,眷恋新娘,怀念母亲,这些都比较容易理解。但'海峡'呢?大家对最后一节诗的理解又如何?能否也谈谈?"经过交流讨论,学生纷纷发表自己的意见,说明海峡隔开了大陆和台湾,诗人无法回到祖国大陆,思念之情极其浓烈。教师进一步追问:"诗人为何要用夸张手法,而不是实话实说呢?明明是一道难以跨越的海峡,他为什么要说是'浅浅的'?"通过学生的回答和教师的补充,学生终于领悟了祖国的和平统一是每一个中华儿女的心愿。在这样气氛活跃的课堂中,生生之间、师生之间的思维不断碰撞,心灵之间的交流畅通无阻。

3. 引导联想

想象式提问是为了丰富学生的感情,加深学生内心的体验,发展学生的思维能力,引导学生展开丰富的联想。

"说说你由'小小的邮票''窄窄的船票''矮矮的坟墓''浅浅的海峡'产生了怎样的联想?"通过提问,促进学生联想,将自己置身于一幅幅美丽的图画中。第一幅画,一个少年端坐灯前粘贴邮票;第二幅画,迎娶新娘的喜庆场面;第三幅画,又一次回到故乡之时,竟是母子永别;第四幅画,已成为老人的作者站在台湾的高山上眺望祖国大陆。

学生通过联想,将诗的内容美化,呈现为美轮美奂的情境。在这个过程中,教师围绕诗眼,从不同方面提问,由表及里,由浅入深,纵横兼顾,点面结合,学生的想象得到了充分发挥。

4. 层层推进

在第二个环节中,教师设置了这样一组问题:①诗人的这种感情是不是突发偶感?在诗人漫长的生活经历中,那种对故乡绵绵的思念一直萦绕在诗人的心头,这一点可以从哪些词语看出来?②要把这种看不见、摸不着的抽象的感情具体表达出来,就要借助意象,意象就是诗中的形象。请同学们找找看,这首诗借助什么样的意象表达这浓浓的思乡之情?③说说你由"小小的邮票""窄窄的船票""矮矮的坟墓""浅浅的海峡"产生了怎样的联想?④为什么说海峡很浅?

这四个问题由浅入深、层层推进，令学生可以拾级而上，顺势而思。通过提问，学生被带入了与教学内容相应的情境之中，掀起了情感波澜，进而点燃了思维火花。整节课呈现出一种流畅美，犹如一首旋律优美的乐曲，跳动着活跃的音符，让学生的思维随着教师的提问在不知不觉中得到了发展。

5. **鼓励质疑**

教学要善于在无疑处设疑。宋代著名学者陆九渊说："为学患无疑，疑则有进。"只有质疑才能另辟蹊径，才能创新思维。对课文中的一些词句，学生朗读时往往一晃而过，不觉得有问题，而这些往往又是理解课文的关键所在。此时，教师故意设疑："这首诗借助什么样的意象表达这浓浓的思乡之情？"然后，教师引导学生体会作者借助"邮票""船票""坟墓""海峡"来表达思乡之情。可见，教师应让学生学而思、思而疑，于无中生有、有中生新。只有学生对知识内容产生强烈的好奇心，才能触及事物的本质。问题是学生探索奥秘的动力，问题能激发学生进取求知的欲望，有助于对学生创新精神的培养。

三、教学策略

1. **整体把握，形成认知**

整体决定成败，细节体现精彩。教学的关键之处，首先在于整体把握文本的意蕴，然后引导学生细细去品味、感悟和理解，最后形成系统的认知。如诗人以时间的变化来组诗，"小时候""长大后""后来啊""而现在"四个时间序词既概括了诗人的整个人生，又表明浓浓的乡愁牵动了诗人的一生。学生在回答问题中整理了整节课的知识点，对本节课的内容形成了整体的认知。这有利于学生主动地构建完整的知识体系，厘清知识之间的联系，在发展与完善中形成个性化的知识结构。

2. **拾级而上，螺旋上升**

新课程提倡对某些知识的教学如果不能一步到位，可以采用"螺旋上升"的策略，即引导学生对这些知识慢慢地、逐步地认识到位，以符合学生的认知规律。课堂教学是一个不断推进的动态过程。在学习中，学生需要独立思考，需要交流碰撞，需要展示成果，因此表现出的积极思考、大胆发言、相互补充，都充分凸显了学生的主体地位。课堂上，学生之间可以相互合作、相互启发，独立思考和感悟，以巩固新的知识体系。

3. 注重联想，拓展延伸

中小学生正处于一个思维活跃的阶段，喜欢发现、探索和思考。在教学中，教师要从学生原有的认知出发，通过发挥联想、拓展延伸、深入探究，激励学生主动地学习新的知识，并将已有的知识迁移到新的情境中，拓展他们的思维空间，使他们的潜能得到最大限度的发挥。

4. 适时留白，余音缭绕

在课末，教师让学生选择这首小诗的任何一小节，展开丰富的联想和想象，用细腻、优美、抒情的笔触描绘出属于自己心中的那一幅优美的图画。通过提出问题的方式留下空白，可以给学生提供更广阔的思考时空，能够更好地激发学生的创造潜能。

第二章
课堂提问的关键

高效的课堂教学应掌握好提问的关键。恰到好处的课堂提问，能起到设疑、激趣、引思的作用，也能收到彰显教学魅力的效果。相反，倘若对课堂提问把握不当，未能合理运用，便可能会出现变"满堂灌"为"满堂问"的现象，使课堂教学变得低效甚至无效。

德国一位学者有过一个精辟的比喻：将15克盐放在你的面前，你无论如何也难以下咽。但将15克盐放入一碗美味可口的汤中，你就能在享用佳肴时，将15克盐全部吸收了。情境之于知识，犹如汤之于盐。盐需溶入汤中，才能被吸收；知识需要融入情境之中，才能显示出活力和价值。

口味如此，课堂提问亦如此。要想让课堂提问高效，就要把握好课堂提问的关键。课堂提问的关键，首先是精心设计有效的问题，使问题能激发学生的探究兴趣，培养学生的创造思维，推动课堂教学的顺利展开；其次是善于引导学生思考问题和解析问题，达到提高学生思考能力、理解能力和运用能力的目的；最后是针对教学重点和难点进行提问，有的放矢，事半功倍，可以有效地提高课堂教学的效率。

第一节　有效提问的设计

一、有效提问的原则

有效的课堂提问能促使学生的大脑积极地展开思维，一改认识事物的被动性，积极、主动地投入到学习活动中去，很好地提高课堂教学的效率。教师提出的每一个问题都要精心设计，无论是课前预设的问题，还是课堂上生成的问题，都要与学生的学习活动、学习需求、学习能力有机结合起来，要能问出学生的成功点和成长点。提出的问题要有助于丰富学生的思维方式、提高学生的思维能力，并最终实现教学效益的最大化。那么，具体来说，问题设计应遵循怎样的原则？

1. 趣味性原则

生动有趣的提问有利于启迪学生的思维，调动学生学习的主动性。例如，问题"衰老细胞有什么特点？"可以换成"为什么老年人会满脸皱纹、满头白发？为什么会长老年斑？"这样一来，学生的兴趣一下就被激发了，分析后得出的结论也容易记住。

2. **目标性原则**

教师在课堂上提出的问题，所"问"之处应该是教学内容的重点、难点和学生认知的疑点。教师必须依据新课标、教材及考纲（或考试说明），从知识与技能、过程与方法、情感态度与价值观三个维度出发设计问题，力求使问题具有明确的指向性和适度性，尽量避免"灵机一动"提出问题，以减少提问的随意性。

3. **适中性原则**

设计问题要把握好知识的广度和深度。只有难易适中的问题才能激发学生探究的欲望，调动学生主动思考的积极性，从而发展学生的智力。问题的难易度要符合新课标的基本要求和学生的认知水平，太浅太易的问题，思维价值不高，不利于学生的智力发展；太深太难的问题，会挫伤学生学习的积极性，抑制学生创造性思维的发展。

4. **层次性原则**

新课标强调课堂教学要实现师生互动。因此，教师设计的问题要符合学生的身心特点和接受能力，要照顾到学生的个体差异，要具有梯度性和层次性。例如，对学困生要设计难度较小的问题，让他们增强学习的信心；对优等生可设计难度较大的问题，以发挥他们的聪明才智。问题设计要符合学生的认知发展规律，记忆、理解、应用性问题在先，分析、综合性问题次之，评价性问题在最后。只有充分尊重学生认知特点、心理特征和情感需求的提问，才能使每个学生都获得发展和成功的机会。

二、有效提问的作用

1. **激发学生的学习兴趣**

富有趣味性的提问，往往能激发学生学习的积极性，促使其愉悦地去学习，从而提高学习效率。

例如，教学"有理数的乘方"一课，教师带着一张纸进入课堂，说："这张纸厚约0.1毫米,现在对折3次厚度不足1毫米,如果对折30次,请同学们估计一下厚度为多少?"学生纷纷做出估计,有的说30毫米,有的说900毫米,胆子大一点儿的说100米。教师说:"经过计算,这厚度将超过10座珠穆朗玛峰叠起来的高度。"学生都惊讶不已,纷纷请教师教给他们计算方法。全班学生兴趣盎然,在轻松的氛围中进入探求新知识的境界。

2. 促进学生的思维发展

著名教育家苏霍姆林基斯说:"学生来到学校里,不仅仅是为了取得一份知识的行囊,更主要的是为了变得更聪明。因此他的主要智慧的努力就不应当用到记忆上,而应当用到思考上去。"的确,学生一旦掌握了科学的学习方法,智慧的翅膀就会展开,就会主动地投入学习中去。

例如,教学《陋室铭》一课,可设计这样几个问题:从文题看,本文采用什么写法?所托之物是什么?所言之志又是什么?作者是如何借助对陋室的描写来表达自己的志趣的?在这些问题的引导下,学生都会认真阅读、积极思考,考虑怎样归纳、总结自己的观点,并清楚地表达出来。此外,学生完全可以顺着问题这一线索,把握整篇文章的内容、主旨以及写作方法。此举大大促进了学生思维的发展,有利于教师收到预期的教学效果。

3. 培养学生的学习能力

自主探讨是学生化解疑难、掌握知识的重要途径。教师应组织学生进行协作学习(开展讨论与交流)和实验探究,提出适当的问题引导学生思考和讨论,在讨论中设法把问题引向深入,以加深学生对所学内容的理解,启发学生自己去探究规律,由被动接受式学习转变为主动探究式学习,使学习过程成为以已有知识经验为基础的主动建构活动。课堂上的精心提问,可以帮助学生构建知识、领悟方法、培养能力、创新思维。只有充分重视问题的设计并不断优化,才能真正使学生学得轻松、高效,从而成为学习的主人。

三、有效提问的方法

1. 以趣设问

孔子云:"知之者不如好之者,好之者不如乐之者。"学习兴趣是学生在心理上对学习活动产生爱好、追求和向往的倾向，是推动学生积极主动学习的直接动力，是学习活动中最现实、最活跃的成分，是学生学习最积极的因素。学生只有真正对一门学科感兴趣，才会积极主动地去学习、去探究。因此，对教学而言，激发学生的学习兴趣，可以达到事半功倍的效果。卢梭说："教育的艺术是使学生喜欢你所教的东西。"在教学中，以趣设问，往往能创设出一种具体生动的问题情境，激活学生的思维，提高教学效率。

例如，在教学"文化在继承中发展"这一课时，教师出示一口缸、一只鸭、一条狗的图片，这三样风马牛不相及的东西为什么会被放在一起？学生由于好奇被深深吸引了。接着，教师向学生介绍宁波市城隍庙步行街上中华老字号企业"缸鸭狗"的由来，及其衰落情况。然后，教师提问："当你看到中华老字号企业衰落时你会怎么想？"由此引出"传统文化在继承中发展"的内容。

利用问题情境挖掘学生的潜在兴趣已是一种共识。教师所提问题有生活性、经验性，学生就会产生兴趣，就乐于进行探究。换一句话说，问题越贴近生活、接近经验，学生的学习兴趣就越高。

2. 以需设问

苏联心理学家鲁宾斯基说："对于形成任何一种能力，都必须首先引起对某种类型活动的十分强烈的需要。"需要是动力产生的源泉，可以激发学生积极思考。一切都应从学生的需要出发，站在学生的角度，在学生难懂的和有疑虑的地方提出问题，引导学生思考，及时地帮助学生排除疑虑。学生的需要就是教学的方向，教师应该认真研究，实实在在地解除学生的困惑。也就是说，教学中应根据学生的认知水平和思维特点，以需设问，把学生需要学的变成教师自己要教的，最大限度地调动学生的积极性，真正做到以"学"为课堂中心，以学生的思维活动为主线，唤起学生的主体意识，落实学生的主体地位。

学习动机理论告诉我们，只有学生内心需要的学习才是高效的。从教学的角度来看，只有不断策划"唤醒、满足与转化"学生内心需要的教学活动，即从学生学习的需要出发来策划和开展教学活动，才能扎实地帮助学生构建他们自己的知识、情感和思想。

3. 以疑设问

问题是思维的起点，也是闪现智慧火花的开端。正如古人所说："学则须疑。"教师应精心设疑，巧妙地提出问题，设置"陷阱"，辅以激励诱导，点燃学生思维的火花，激起学生思考的热情。教师要鼓励学生大胆地觅疑求异、探幽索微、寻求真理。

"读书无疑者须教有疑。"在教学中，教师要提出一些新颖别致、富有启发性、引人入胜的问题，迅速抓住学生的注意力，使学生对新的学习内容产生浓厚的兴趣。

例如，教学《乌鸦喝水》一课，乌鸦口渴了，但它找到的瓶子口小、身高、水少，怎么也喝不到水。乌鸦应该怎样做？针对学生年龄小、知识储量少、表达和理解能力低的特点，教师可以这样提问："为什么把小石子放进瓶子里，里面的水位就慢慢升高了呢？"通过实验和讨论，学生明白了原来是小石子占据了水的位置，瓶子的四周有玻璃挡着，水只能向上移动，水位就升高了。

由于人类的思维总是和一定的问题情境相联系，所以我们所提的问题应立足社会生活，且富有启发性、目的性。"学起于思，思源于疑。"于无疑处设疑，有意识地掀起学生思维的波浪，使学生变单向思维为多向思维，全方位、多角度地去认识事物，形成创新思维。

4. 在认知冲突处设问

只有学生主动参与的教学，才有可能是高效的。如何最大限度地激发学生参与的积极性呢？从心理学角度来说，只有让学生在学习中产生"信息差""知识差"和"思维差"，让他们处在欲罢不能的状态，才能极大地调动他们探究思考的热情。因而，围绕学生的认知冲突设计问题，是教学设计的关键之处。

5. 在知识结合点设问

在教学新知识的过程中，教师要充分运用启发式教学，即在已有知识与新知识的结合点创设问题情境，架起桥梁来降低衔接的难度，逐步启发学生完成学习迁移。人只要学习就会产生学习迁移，在新旧知识间和所学知识与新问题间架起桥梁，使新知识、新问题纳入原有的认知结构中，这样，这个新知识、新问题就变成了"旧"知识、"旧"问题，减少了学生对新知识的陌生感，使他们在不自觉中实现了知识的迁移。运用迁移规律可以培养学生逻辑思维的灵活性，提高学生的概括能力。

新课标下的教学十分重视学习的迁移问题，重视培养学生灵活运用所学知识解决类似问题的能力和方法。高考特别看重对学生学习素质的考查，而学生迁移、运用所学知识解决实际问题的能力又是学习素质的核心。可见，培养学生知识迁移能力，是当前教学改革亟待解决的重要课题，是培养学生发现问题、分析问题和解决问题的良好方法。在知识结合点设问，可以促进学生思维能力的发展，避免学生对知识的死记硬背，实现知识点之间的贯通和转换，使学生构建完善的知识结构，提高解决问题的能力。

6. 在易错点设问

对那些易混淆、易错的知识点，以及难于掌握的基本技能，有效教学的方法之一就是有针对性地在此处设计问题，进行有意识的提问，让学生分析、对比和辨别，明白错误的原因，理解问题的关键。学生回答正确的，教师要进行及时的肯定和具体评价，以便于学生进行反思；学生回答错误的，教师要对学生进行引导和纠正，并通过问题引导学生找出自己犯错的原因，从而找出解决问题的方法。

例如，学习"函数的奇偶性"时，学生容易忽略定义域关于原点对称这一知识点，教师可以设计如下问题，供学生讨论解决。

① 判断函数 $y = x^2, x \in [-1, 2]$；$y = x^3, x \in [-1, 1]$ 的奇偶性。

② 你能否适当改变问题①中函数的定义域，使新函数具有奇偶性，并说明新函数是奇函数还是偶函数。

③ $y = f(x)$ 为奇函数，且定义域为 $[2a-2, 3a]$，求 a 的取值范围。

通过以上三个问题，学生考虑函数奇偶性问题时，就能首先考虑函数的定义域，理解函数奇偶性的定义，达到预期的教学效果。

当学生出现知识性的错误时，教师应设想错误形成的原因，引导学生发现自己错误的原因，并寻找解决的方法。这样在帮助学生纠正错误之余，还能拓宽学生的思路。此外，还可以让学生对知识的逻辑关系更明确。通过反思与理解，学生更能加深对学习内容的理解和对错误的印象，避免再次出现这样的错误。

7. 在深入探究时设问

科学探究既是学生的学习目标，又是重要的教学方式之一。科学探究过程是围绕着探究问题展开的，正是由于有了明确、具体的探究问题，探究过程才具有明确的方向，探究才能沿着合理的假设一步一步走下去。可以说，问题是各个探究环节的核心。学生由于知识水平、思维能力、观察能力的限制，在探究过程中容易出现偏差，这就要求教师依据学生的知识水平、思维特点及认知规律进行适时引导，提出问题，帮助学生完成科学探究。

课堂上教师提出的问题是否深刻，将直接影响学生的思维水平。问题有深度，学生才愿意深入思考。因此，课堂提问应富有挑战性，蕴藏较大的思维价值，以引发学生强烈的探究欲望，使学生的发散思维和创造力得到进一步发展。

例如，在探究滑动摩擦力大小与哪些因素有关时，可以这样提问：①在同一段路面上，比较重的和比较轻的箱子，哪个更容易被推动？②不同路面上的摩擦力为什么不同？为什么推重箱子费力？③研究其中的某一因素时，怎样避免其他因素对滑动摩擦力的影响？

在深入探究时提出问题，引导学生自己动手进行实验探究。在整个学习过程中，学生始终自主探究、独立思考，获得了这样的认识：影响滑动摩擦力大小的因素有接触面粗糙的程度、重力的大小、物体表面积的大小等，从而顺利地解决了问题，构建了知识。

第二节 有效提问的导答

一、有效提问导答的内涵

在课堂教学中，教师提出问题让学生回答，往往需要教师的引导。导答，就是启发诱导学生回答。《学记》说："故君子之教，喻也。道而弗牵，强而弗抑，开而弗达。""喻"，就是强调教学重在启发诱导，教师不要越俎代庖。为了启发学生独立思考，教师在课堂教学中要善于启发学生，运用教学智慧，创造性地把握学生、教材和生活三者之间的联系，并将其有机地统一起来。

二、有效提问导答的原则

问题是引发学生思维与探索活动的向导，在学生原有知识和经验的基础上，教师应积极引导，把知识的逻辑结构与学生的思维过程有机地结合起来，使知识的逻辑结构转化为学生的认知结构。通过引导，让学生不断主动探究，发现知识的内在规律，理解知识的本质。

1. 针对性

针对性是指教师要预设学生在回答问题中可能存在的错误想法或做法，针对学生思维中存在的问题，启发和引导学生思考、讨论，使学生通过辨析，形成正确的概念，从而准确地把握知识。

2. 启发性

教师要尊重学生的思维特点，不能置学生的心理状态和思维状态于不顾，不能强制学生按照自己的思路去思考问题。教师应善于因势利导，层层设疑，步步深入，朝着有利于学生发展的方向去启发与引导。

3. 主体性

新课程理念对教师的教和学生的学的方式提出了全新要求。它要求教师关注学生的学习过程和情感体验，充分尊重学生的主体地位，发挥学生的主观能动性。因此，教师的主要任务应体现在创设情境、启发思维、引导方法等方面上，要注重引导学生主动地参与探究知识的过程，进行情感体验。

三、有效提问导答的作用

1. 激发兴趣

教学艺术的本质不仅在于传授知识，而且在于激励、唤醒和鼓舞。求知欲是学生主动探索问题和深入研究问题的原动力，因此，教师在教学中根据情境积极引导，能激发学生的学习动机，满足学生的好奇心和求知欲，使学生对研究的问题充满兴趣，使学生进行学习活动的积极性得到极大的激发。

2. 调动热情

在课堂上，学习的主体是学生，而不是教师，教师的主要作用是组织、启发和引导。教师不仅要让学生掌握相应的知识，还要给学生提供一种"经历"，使他们在这种经历中实现情感态度、意志品质、创新精神和实践能力等方面的协调发展。如果学生缺少学习的主动性和积极性，教学就会成为无帆之船，无法乘风破浪。因此，在教学过程中，教师根据学生的年龄特点，从学生的学习需求出发创设问题情境，能引起学生的认知冲突，调动学生学习的热情，使学生积极地、主动地投入到学习活动中去，从而提高教学的实效性。

3. 启迪思维

在教学过程中，教师不仅是知识的传授者，还是善于挖掘学生潜能的"伯乐"，要懂得抓住学生的闪光点，帮助学生提高自我效能感。在教学过程中，教师应关注学生的表现、观察学生的反应，在学生遇到疑惑时适时提问，引导学生的思维，启迪学生的智慧，让学生运用已有的知识发现问题、解决问题。

4. 驾驭课堂

教学是需要一定节奏性的活动。问题过难或过易，都难以触及学生心灵深处的真实情感，吸引不了学生的注意，课堂气氛就会变得沉闷，课堂教学也就变得较难驾驭。因此，教师应积极引导，提出难易适中、有层次性的问题，集中学生的注意力，把握课堂节奏，使学生产生"拾级而上，步步登高"的成功感，从而更好地驾驭课堂。

四、有效提问导答的方法

1. 在讨论中导答

在课堂教学中，为了让全体学生都参与学习活动，培养思维能力，教师要有意识地设置疑问，引导学生有组织地展开讨论，促使学生进行探究性学习，对一些学生不易理解的概念、不能正确运用的知识或容易混淆的问题进行讨论，提高学生的理解能力和探究能力。讨论是生生之间、师生之间的相互启发、相互补充、相互合作、共同提高，能充分挖掘教学资源，促进课堂动态生成，促使学生理解学习内容，有效达成学习目标。因此，教师要精心设置问题，强化对讨论的组织、管理和调控。同时，教师要参与到讨论中去，学会倾听，平等参与，使师生能够共享讨论的快乐。

王有鹏[①]老师教学"诚信做人到永远"一课时，根据学生实际，通过讨论引导学生回答问题。

① 你在生活中遇到过不诚实的人吗？你愿意与经常说谎的人相处吗？

② 你在生活中遇到过诚实的人吗？你认为老实人吃亏吗？守信的人失败是守信惹的祸吗？

③ 诚信就意味着要说出全部真话，公布自己的全部秘密吗？诚信是否意味着应当具体情况具体分析？

对于诚信问题的讨论，问题①意在增强学生的感性认识，使学生认识到生活中既有诚实的人，也有不诚实的人，人们不喜欢说谎的人；问题②讨论价值较大，意在澄清学生在诚信问题上的模糊或错误认识；问题③讨论的主要目的是让学生明确诚信的正确做法，其导向性比较强，意在指导学生的行为。最后学生通过讨论，明白了这样的道理："诚实守信是为人之本；信守承诺、言而有信是一种优秀品格。"提问循序渐进，使学生顺利达成学习目标。

2. 在铺垫中导答

处理问题方法的优劣、速度的快慢，都取决于思维能力的高低，而学生思维能力的提高与发展又依赖于解题过程中教师所创设的问题情境。综合性强、知识跨度大的题目，对解决方法的要求较高，这意味着思维训练的价值大。这就要求教师精心设计，做好铺垫，积极引导，将学生从未知顺利引渡到已知，促进学生思维能力的发展。

叶圣陶说："语文老师不是只给学生讲书的。语文老师是引导学生看书的。一篇文章，学生也能粗略地看懂，可是深奥些的地方，隐藏在字面背后的意义，他们就未必能够领会。老师必须在这些场合给学生指点一

---

① 王有鹏，临沂实验中学高级教师，沂蒙名师，山东省特级教师，百名基础教育名师。

下，只要三言两语，能够使他们开窍就行。老师经常这样做，学生看书读书的能力自然会提高。"语文学科如此，其他学科也不例外。面对复杂的问题，教师应该给学生提供思维的梯子。这种铺垫引渡，实际上就是把架桥铺路的思维过程展现出来，并化作切实可行的小步子。

3. 在思维展现中导答

现行教材的许多内容都简化了概念定理的提出过程，省略了发展、探究的过程，而这些概念定理是如何被发现的、解决问题的方法是如何构思的，对学生来说有一种神秘感。在教学活动中，教师应精心设计、重新组织教学内容，揭示教材编者的思维过程。受教材编写原则、体例等的限制，教材中的过渡、重点、难点等往往隐藏于教材的字里行间，学生不易理解。因此，教师应帮助学生梳理教材，使零碎分散的知识系统化；应帮助学生挖掘教材，使抽象笼统的文字表述具体化；应帮助学生提炼教材，使不够明确的隐性特征显性化。教师与学生一起分析教材编者的思维过程，展现知识的本质，使学生更易于理解、掌握教材内容。另外，在教学过程中也应该展现教师的思维过程，给学生展示教师钻研教材、分析疑难的实际过程，这样有助于学生了解解决问题的方法。

4. 在知识探究中导答

探究离不开问题，课堂探究活动应围绕问题进行。学生是学习的主体，教师应选择生活中学生能看到而不懂其原理的实际问题作为探究的内容，激发学生的探究兴趣，引导学生关注生活，运用所学知识解释生活现象。在学生的探究中，教师要给予正确引导，以提高其思维品质，着重培养其思维的敏捷性和灵活性，使他们在分析中学会思考，在对比中求得简捷，在运用中变得灵活，在疏漏后学得缜密。

例如，教学"三角形任意两边的和大于第三边"一课，可以让学生准备三组木棒，一组两根木棒的长度和大于第三根的长度，一组两根木棒的长度和等于第三根的长度，一组两根木棒的长度和小于第三根的长度。然后，让学生摆三角形，并分别量出三组木棒的长度。教师就此提出"请你用一个等式或不等式表示三条线段能够组成三角形的条件"的问题。

学生在大胆猜测、设计实验、验证猜测中充分发挥了主观能动性，使探究活动有序进行。

教师通过深入挖掘教材内容，精心设计探究活动，引导学生探究问题，大大提高了学生思维的创新能力。

5. 在学生出错中导答

学生在平时的练习中，由于种种原因会出现很多始料未及的错误。当学生出现错误时，教师要正确引导，辅之以策略，尽量让学生自己去发现错误，分析错因，寻找正解。这样才能够让学生在纠错中更好地巩固知识，在巩固知识中提高认知水平。在学生出错中导答的关键是教师要预估学生在哪里容易出错，并努力当好避免学生出错的引导者。

在教学中，教师要备一本易错题记录本，这个记录本主要由四个部分组成：一是典型错误解法；二是分析错误原因；三是改进相关内容的教学预设；四是反思教学过程。同时建立诊治题库，把学生的错题汇总，在复习时分类、分期进行，对概念错误进行纠正，对认知错误及时补正，对"夹生"的问题加以厘清。

在问题出现后，教师应该善于反思：学生为什么没掌握好，问题出在哪儿？学生出错在所难免，对他们不要加以指责，而是要鼓励他们，积极引导他们深入特定的情境中，并运用已有的知识和经验去分析错因，尝试矫正，在反思中加深对问题的理解。

6. 在解决重难点时导答

评价一节课优劣的一个重要指标，是看其是否突出重点、突破难点。只有突出重点、突破难点，才能扫除学生学习上的障碍，消除学生心理上的困惑，增强学生的坚定信念，从而达到提高教学质量的目的。我们经常看到：有的教师口若悬河，滔滔不绝，面面俱到，总想把所有知识都灌输给学生，但结果教师教得吃力，学生学得吃力，教学质量差强人意。症结何在？其中一个很重要的原因就是教学未能有效地突出重点、突破难点。

如何突出重点，又怎样突破难点呢？要认真研究新课标，深入钻研教材内容，深刻理解教材意图，弄清教学重难点，精心设计课堂问题，方可找出突出重点、突破难点的方法和途径。富有成效的问题讨论，应该是教师引导，学生根据自己的体会，用自己的思维方式主动、自由地去探究、辨析和发现，从中培养科学的态度、创新的精神与实践的能力。

对于一些新知识，运用原有的思维很难理解，这时教师可以运用变换叙述形式的方法来降低难度、突破难点。对于思维难度大、需要在认识上进行新的跨越的知识，教师要采取演示、实验的方法帮助学生理解。有的问题涉及面广，需要同时综合运用多种理论知识去分析解决，对于这类问题，切勿急躁，教师要带领学生仔细分析问题的复杂因素，灵活地逐个解决。

第三节　有效提问的追问

一、有效追问的内涵

追问作为一种提问技巧，顾名思义就是追根究底地问，是指教师针对某一内容或问题，在首问之后，为了使学生达到深层次理解，再次发问，甚至穷追不舍、追根究底地问，直到学生能正确解答、深入理解、沟通联系。

有效的课堂追问可以激发学生的求知欲望，促进学生的思维发展。它追求的是学生思维的深度和广度，旨在培养学生思维的深刻性。追问以思维走向为路线，通过一个"追"字，由教师"吊着学生的胃口"，引导学生对问题现象进行深入的思考和研究。教师适时、有效的追问可以化平淡为神奇，更好地提升学生的综合素养。

二、有效追问的原则

1. 目标要明确

打枪要击中目标，说话要切中要害，追问亦如此。在追问过程中，一定要做到目标明确，切不可含糊其辞，否则会导致学生出现兜圈子现象或放羊现象，造成不必要的时间浪费。

2. 难易要适度

追问同样要讲究难易程度。太容易，等于白问；太困难，等于不问。追问一定要符合学生回答问题的实际能力，否则不利于学生能力的提高，使学生要么思路停滞不前，要么失去学习的信心与兴趣。

3. 内容要适量

追问的内容并非多多益善，不可像连珠炮似的一发而不可收，而要让学生把握得了、接受得了。适量的追问有利于学生思考能力、理解能力的提高。

4. 方法要适当

方法往往能决定事情的成败，要使课堂教学中的追问成功，也得讲究一定的方法。追问最好是步步前进、层层深入，这样能帮助学生由浅入深地把握好学习内容。

5. 时机要适合

追问有两种重要的价值取向：一是指向学生的思维深度，要求学生不仅知其一，还能知其二；二是指向学生的思维过程，要求学生不仅要知其然，还要知其所以然。追问时机选择得当，对于学生提高思维活动的完整性、准确度，建立自己的认知结构具有独特的价值。因此，在课堂教学过程中，教师必须把握好追问的时机。

三、有效追问的作用

1. 吸引注意

教师通过追问，能吸引学生的注意力。问题一旦触动学生的思维，学生就会积极主动地参与教学活动。

2. 启迪思维

课堂追问能引起学生的深入思考，使其养成良好的思考习惯，知其一又知其二，知其然又知其所以然，能培养其"打破砂锅问到底"的探索精神。学生对教师追问的回答，能体现学生把握知识本质的深刻程度，是展示其思维的过程，也是训练其语言表达能力的过程。另外，追问是一种启发手段。在教学中，教师"打破砂锅"式地追问到底，能有效地启发学生的创造思维。

3. 促进生成

在教学过程中，教师通过创设一个个生动的情境，设置一个个巧妙的问题进行追问，让学生参与进来，拨动学生的心弦。这样，生成性资源就会不断地涌现出来。学生只有在民主、愉快的课堂气氛里，才能独立地探索，大胆地发表意见。教师只有鼓励学生善于争论、质疑和辨析，才能使学生在积极思考和正误解析中产生正确的认识。将问题巧妙地整合到知识思维的链条中，可以促进教学生成。

4. 升华全课

学习是自我感悟与发现的过程。经过教师的追问，学生能够自己发现问题、提出问题和解决问题，"以学生的发展为本"的目标可以得到实现。教师通过追问，引导学生积极思考，把问题从课堂延伸出去，让学生去探索、研究、争论，并享受学习的快乐，使学习焕发出强大的生命力。从这个角度来看，追问是对教学的一种升华。

四、有效追问的方法

1. 在达成目标时追问——有的放矢

课堂教学应始于教学目标。明确的教学目标能使学生的学习有的放矢。教学目标能否达成，教学预设和生成能否实现，在很大程度上取决于问题的设计。教师若拥有强烈的目标意识，整堂课便有了灵魂和方向。为了达成教学目标，把握学情，审时度势，在学生思考时教师应通过追问，引领学生去探究，从而不断提升学生的思维水平。

有效追问[①]

师：唐朝"诗仙"李白有首诗叫《将进酒》，其中名句"君不见黄河之水天上来，奔流到海不复回"气势磅礴，流传千古。请大家从文学欣赏的思路中跳出来，运用地理思维想一想，这句话科学吗？（课件展示李白面对黄河的图片）

师：其实这首诗只要改一个字，就具有科学性了，怎么改呢？

生："黄河之水天上来，奔流到海能复回。"

师：请同学们阅读课本，思考两个问题：什么是水循环？水循环可分

[①] 陈桂珍，朱雪梅，钱丽娟. 地理课堂教学有效性的追问——以"水圈和水循环"为课例[J]. 中学地理教学参考，2009（10）. 题目为作者所加，引用时有删改。

为哪三种类型？

生：海上内循环、陆上内循环、海陆间循环。

师：水循环的主要能量来源是什么？

生：太阳辐射。

师：循环水量最大的是哪一类水循环？

生：海上内循环。

师：对陆地水更新起到最重要作用的是哪一类循环？

生：海陆间循环。

师：再来回味一下李白的那两句诗，"黄河之水天上来"的"天"指的是水循环的哪一个环节？

生：降水。

师：黄河之水能复回吗？是通过水循环的哪一个环节复回的呢？

生：能，水汽输送。

师：黄河之水奔流到海后复回是参与哪一种水循环？

生：海陆间循环。

该教师的问题设计精妙、灵活、富有智慧。教师的追问，一环扣一环，层层递进，步步为营，不断深入，激发了学生的思维，启发了学生的想象。学生兴致勃勃地参与讨论，踊跃发言，不仅能关注讨论的问题，乐于阐述自己的观点，还能虚心听取他人的意见，尊重他人的发言。整个教学过程充满了灵动和魅力，教师因此顺利地达成了教学目标。

2. 在出现错误处追问——巧妙纠正

黑格尔说："错误本身乃是达到真理的一个必然环节。"错误是正确的先导，错误是通向成功的阶梯。在学生的错误之处适时地追问，可让学生有更多的机会反思自己的回答，明确错误产生的原因，掌握正确的纠错方法。教师应该善于挖掘和发现错误背后隐藏的教育价值，引导学生从错误中求知，弄清产生错误的原因，掌握正确的纠错方法。教师如能在学生产生错误处进行暗示性的追问，让学生自己认识错误，然后再引导他们从错误的迷茫中走出来，将有助于学生解决问题。

例如，讲解一道数学题：小明从家到学校，去时每分钟走60米，回来时每分钟走40米，求小明往返的平均速度。

学生思维由于负迁移的作用，大多数得出 $(60+40)\div 2=50$（米）的答案。面对学生的错误，教师在讲评中进行追问：去的速度是什么？回来的速度是什么？以此引导学生辨别错误，通过找错、议错、改错，学生很快明白小明去学校的时间是 $\frac{1}{60}$，回来的时间是 $\frac{1}{40}$。学生在教师的追问中进行深入的思考，最终顺利地得出小明往返的平均速度为 $2\div(\frac{1}{60}+\frac{1}{40})=48$。

在学生出现错误时，教师通过追问，引导学生自主思考，并促使其在辨错的过程中进行反思，从而加深了学生对知识的理解和掌握，提高了他们的分析能力。布鲁纳说："学生的错误都是有价值的。"教师针对学生的错误进行了恰到好处的追问，吸引了学生的注意力，及时而巧妙地引导学生扭转了原有想法，体现了在错误处追问的价值，使课堂成为一方智慧飞扬的天地。

3. 在缺乏深度处追问——水到渠成

学生在积极学习、认真思考的过程中，如果思维遇到障碍，则不能进一步地进行深层次的思考，使得回答缺乏深度。这时，教师要有意识地通过追问进行引导，及时提供科学的思维方法，搭建思维跳板，帮助学生开拓思路，突破难点，并使他们在更高层次上继续思考，进一步激起学生思维创新的火花。

例如，在教学《变色龙》一课时，可以向学生提出如下问题。

① 奥楚蔑洛夫的性格特点是什么？（善变）

② 那么他"善变"的显著特点是什么？（变得快）

但是，学生没有深入地探究是什么原因使奥楚蔑洛夫一变又变、作者为什么要塑造这个形象等问题。在学生思考欠缺深度时，教师可以通过追问，引发学生进行自主探究，提高学生思维的敏捷性、深刻性，使学生构建完整的知识体系。

4. 在发生意外处追问——生成精彩

学生的思维千差万别，对问题的认识"仁者见仁，智者见智"，有的不够全面，可能存在着较强的片面性，这样就容易导致教学意外发生。对于教学意外，教师应该善于从学生看似"离谱"的回答中，敏锐地洞察，冷静地思考，不失时机地挖掘其中的有效资源，并加以利用，使之转化为教学的有利因素。倘若教师一下子否定了学生的观点，也就无形中扑灭了学生思维的火花，容易使其对教师产生抵触情绪。

例如，教学胡适的作品《我的母亲》一课，教师提问："你喜欢这样的母亲吗?"大多数学生都不假思索地说：不喜欢。因为他们认为胡母的教子方式太过严厉，不够宽容、民主，甚至有学生在喊"这是虐童"。教师没有批评学生，而是追问："如果当时胡母用大家所说的民主、宽容的方式来教育胡适，那么胡适长大后会是怎样的人呢?"经过师生讨论后，学生大都认为，正是因为胡母严厉的管教，才使胡适从小对母亲产生了一种敬畏的心理，使胡适养成了守时勤学的好习惯，为他后来成为一代学者奠定了良好的基础。

在发生教学意外时，教师应以睿智的追问打开学生思维的闸门，使每一个学生都参与到探求新知识的活动中去，使课堂更加精彩。

5. 在学生争论时追问——激发思维

在课堂上，鼓励学生争论、标新立异、发表不同见解，可以培养学生的逻辑思维能力和推理能力，深化学生对学习内容的理解和认识。学生争论的过程就是学生思维训练的过程，是学生自觉进行分析、推理的过程。

现代社会提倡多元化，注重学生自主发展。学生对于问题有自己的感受和理解，在课堂中让他们发表不同看法，展示自己，让各种想法和观点进行碰撞，能够达到课堂信息的最大化。发生争论是学生从多角度进行认真思考的体现。在学生争论过程中，教师可根据教学需要，适时引导和发问，培养学生的求异思维，在求异中培养学生的创新能力。

例如，在讲授完"绿色植物新陈代谢"这节内容后，教师提问："假如你在一个玻璃温室内种植蔬菜，请根据学过的知识，谈谈怎样提高蔬菜产量。"

这样的提问，让学生精神为之振奋，他们的思维顿时活跃起来，开始积极探索问题的答案。

生：在阴天增加人工光照。

生：在温室内生炭火，增加二氧化碳的浓度。

生：在晚上通风降温，减少呼吸作用消耗的有机物。

生：利用无土栽培技术，既能节约水肥，又能提高产量。

在课堂教学中，教师应该鼓励学生从多个角度思考问题，提出自己独特的想法和见解。教师培养学生"异想天开"的品质，就是要善于发现学生对同一个问题的不同想法,巧妙地利用追问引导学生越辩越明,深化学生对知识的理解,使学生把握教材内容,掌握科学的研究方法,拓宽思维空间,提高求异思维能力和释疑能力。

第四节　如何把握课堂提问关键

一、教学案例

"古代中国的发明和发现"教学案例[①]

【课堂导入】

(从西欧谚语引出中国对世界历史进程的推动作用。)

师:大家听说过西欧的这则谚语吗?"中国人的头,阿拉伯人的口,法兰克人的手。"它蕴含了怎样的丰富内涵?

生:中国人有聪明的头脑。

生:阿拉伯人伶牙俐齿,(停顿)"法兰克人的手"不清楚。

生:阿拉伯人把中国的发明传到了法兰克,但我也不知道什么是"法兰克人的手"。

师:那老师做个补充。公元843年,法兰克国王的三个儿子在凡尔登缔结条约,把查理曼大帝遗留下来的法兰克王国一分为三,该条约奠定了日后法国、德国和意大利三个国家疆域的基础。

生:那我知道了,"法兰克人的手"就是欧洲人运用中国的发明。

师:正如同学们所说的,这句谚语精辟地道出了中国的发明到了欧洲转化为一种物质力量,推动了历史的进程。(指着地图讲解)中华文明博大精深、源远流长,秦文化、汉文化、唐文化辐射周边、光照四邻,而那时,西方世界还处于一片混沌与迷茫中。宋元科技更是站在世界的顶峰,尤其是三大发明,给世界带来的变化如此之大,以至于没有一个帝国,没有一个宗派,没有一个赫赫有名的人物能在人类事业中产生如此大的力量

[①] 唐琴.《古代中国的发明和发现》课堂实录[J].中学历史教学参考,2012(7).引用时有删改。

和影响,中国也因此成为"发明和发现的国度",中国科技成为献给世界的文明之火。(板书——发明和发现的国度)

【巩固知识】

(以小组竞赛形式,检查与巩固中国古代科技知识,具体过程略。)

【课堂教学】

("在合作中探究,在亲历中构建",认识中国发明的贡献。)

探究一:中华文化圈的形成

出示问题:以隋唐为例,探讨中国科技长期领先于世界的原因。

[问题设计思路]要求学生以隋唐为例,探讨古代科技领先世界的原因。该问题在学生学习选修四中"唐太宗"的基础上,引导学生从唐太宗的政绩去探究唐朝的政治、经济、教育、民族、对外交往等方面的特征,进而分析社会因素对科技发展的影响,从而归纳科技发展的原因。

探究二:古代科技的高峰

师:在中国文化走向成熟、趋向精密的大背景下,中国古代科技在宋元时期发展到极盛,而三大发明是这一时期的经典成就。请大家和老师一起进入第二阶段的探究学习。

出示问题:李约瑟说,每当人们在中国文献中考查任何一个具体的科技史料时,往往会发现它的主要优点就在宋代。马克思说,火药、罗盘针、印刷术——这是预兆资产阶级社会到来的三项伟大发明。

① 用史实佐证李约瑟的观点。

② 为什么三大发明起始在宋之前,却完成在宋元时期?

③ 三大发明对世界文明与进步产生了怎样的重要影响?

[问题设计思路]引导学生了解三大发明的完成过程,关注标志性事件,并由此分析三大发明完成在宋元时期的社会原因。这些问题都要求学生读透教材,将知识纳入到原有知识结构中去思考,从而培养学生中外贯通的意识,建立一个有机联系的知识结构。

探究三:传统科技的衰落

出示问题:

① 列举14~16世纪的中外科学家,说说他们身上体现了怎样的品质和精神。

② 中西方科学研究在内容和方法上有什么不同？

③ 从中西方社会因素的对比去分析明清时期中国没有产生近代科学的原因。

[问题设计思路] 通过同时代中西方科学家科学研究不同方式的对比，使学生理解中国传统科技随着世界资本主义时代的到来而走向衰落，进一步从社会因素角度去分析差异背后完全不同的社会背景，学习科学家捍卫真理的治学品质。

师：请同学们任意选择其中一题，选同一题的同学组成一组，共同分析、探讨所选的问题，然后推举一位代表，给大家说说你们分析、探讨的结果。

（学生阅读投影上的问题，组成题组，开展讨论。）

师：有几个问题我们不得不认真思考，那就是"明清的科技走势给近代中国造成怎样的影响？""中国古代科技在近代西欧和中国的不同用途说明了什么？""我们该如何认识中国古代的科技成就？""当代中国应如何迅速发展科技实现民族振兴？"让我们带着这些问题，观看下面这段录像《工业革命后英国发动鸦片战争》，联系所学知识进行思考，看看会从中受到一些什么启发。

（学生仔细观看录像，看完后情绪高涨，展开自由讨论。）

师：（根据学生的自由讨论概括、总结）①落后就要挨打。②科学技术能否产生巨大的经济效益和社会效益取决于社会环境。③既要克服阿Q式的民族自慰情结，也不可妄自菲薄，理性的思考才是对民族的真正热爱。④面对先进的外来文化，我们要主动汲取，而不是被动遭遇。（下课铃响）

师：大家的见解很有道理、有个性、有思想。虽然下课铃声打断了我们今天对中国古代科技的探讨，但通过今天的探讨，我们已经深切地感到无论是遥远的古代、屈辱的近代还是发展的今天，历史无时无刻不在印证着一个道理，那就是"科学技术是第一生产力"。

课后作业有四个选题（大屏幕显示作业）：

选题一：写一项中国古代科学发明实例。要求：有题目，能引用原文，并用现代科学观点、原理予以说明、评价。

选题二：从历史角度评述中外科学技术交流的事例。

选题三：编写"中国科技发展大事记"。

选题四：仿照某份历史上的报刊版式编写一份以"中国科技史"为主题的小报。

二、教学经验

1. 以生为本

新课程提倡教师从单一的知识传授者向设计者、组织者、引导者、合作者等多种角色转变，为学生形成积极主动的、多样的学习方式进一步创造有利的条件，以激发学生的学习兴趣，使学生在学习过程中养成独立思考、积极探索的习惯。在教学中，教师依据对教学内容的分析、研究，将"古代中国的发明和发现"一课分成"隋唐：中华文化圈的形成""宋元：古代科技的高峰""明清：传统科技的衰落"三个部分，引导学生自觉地了解古代中国的科技成就，帮助学生分析古代中国科技发展的原因，讨论古代中国科技发明对世界文明的重大贡献。从学生收集的资料和发言中不难看出，学生的思维真正放开了，学习的积极性、主动性也得到了最大限度的发挥。

2. 注重递进

在课堂教学中，既要提高课堂提问质量，又要注重递进式探究。本节课提出了三个探究问题：一是中华文化圈的形成；二是古代科技的高峰；三是传统科技的衰落。

这是一组具有一定深度和递进性的问题，形成环环相扣的联系。在问题探究中，教师引导学生深入探究"中国科技领先世界的原因""中国科技对世界文明进程的影响""中国传统科技在近代落后的原因和影响"。之后，教师继续引导学生进一步思考这些问题："中国古代科技在近代西欧和中国的不同用途说明了什么？""我们该如何认识中国古代的科技成就？""当代中国应如何迅速发展科技实现民族振兴？"教师让学生在合作中探究，在亲历构建过程中谈理解、说认识，以增强其民族自豪感和时代责任感。课堂教学通过生生互动、师生互动，让学生的思维过程在探究活动中得以充分展示。

3. **巧妙点拨**

首先，教师从一则西欧谚语——"中国人的头，阿拉伯人的口，法兰克人的手"出发，通过发问和引导，让学生感悟到中国的发明推动了历史的进程，并在世界上产生了极大的影响。接着，教师以小组竞赛的形式让学生领略到灿烂的古代中国文化，激发学生的学习兴趣。当学生的兴趣被调动起来后，再提出共同探讨的问题：中国古代科技领先世界的原因、宋元科技是怎样推动历史进程的、明清时期中西方在科技方面的差异。然后，从这三个方面出发，教师引导学生探究了三个问题：一是中华文化圈的形成；二是古代科技的高峰；三是传统科技的衰落。这三个探究问题综合性很强，思维跨度也比较大，要求学生具有很强的分析能力。为了降低难度，教师将问题化大为小，比如，从以下三个角度的提问来引导学生的思维。

① 列举14～16世纪的中外科学家，说说他们身上体现了怎样的品质和精神。

② 中西方科学研究在内容和方法上有什么不同？

③ 从中西方社会因素的对比去分析明清时期中国没有产生近代科学的原因。

如此设计问题，就比较好地体现了启发性和由浅入深、循序渐进的原则，通过同时代中西方科学家科学研究不同方式的对比，使学生理解中国传统科技随着世界资本主义时代的到来而走向衰落，进一步从社会因素角度去分析差异背后完全不同的社会背景，学习科学家捍卫真理的治学品质，并且紧紧地扣住了"传统科技的衰落"这个实质性问题，从而促进学生主动学习，形成能力。

三、教学策略

1. **由问题开始，激发学生的探究兴趣**

上课伊始，教师就以"中国人的头，阿拉伯人的口，法兰克人的手"为话题导入，提问"它蕴含了怎样的丰富内涵"，从而引出课题，激发学生的探究兴趣。当学生的兴趣被调动起来时，教师便让学生以轻松的心态、饱满的热情投入到对问题的探究中去，让学生在探究活动中获得成功的情感体验。学生在不断升华的情感体验中产生了对未知事物的好奇心，并由此焕发出坚强不屈的意志力、永不停息的探索精神，成功能让学生保持足够的探究热情，产生强大的内部动力。教师精彩的提问和适时的点拨，有效地启发了学生的思维，保持了课堂教学的自然、流畅。

2. 以学生为核心，围绕新课标重组教材结构

新课程的核心理念是为了每一位学生的发展，它不只包括文本课程，也包括体验课程；教学不仅是为了让学生掌握教材上的内容，更重要的是使学生受到教育。因此，教师要重组教材结构，并以学生为核心进行重组。本节课的教学目标是使学生扩大视野，提升对相关历史内容的整体认识，理解中国科技发明对世界文明发展的贡献。为了降低难度，教师在充分理解教材、灵活把握教材、大力挖掘教材的基础上设计好有层次性的问题，激起学生的求知欲，开阔学生的心智空间，使学生产生探究问题、解决问题的欲望。此外，教师还运用智慧实施教学内容和教学方式的综合优化，促进教师智慧与学生创造力的有机融合。

3. 从学生实际出发，引导学生主动拓展教材内容

苏霍姆林斯基指出："给儿童以劳动的快乐，取得学习成绩的快乐，唤醒隐藏在他们心中的自豪感、自尊感，这就是教育工作的一条金科玉律。"由于学生在初中阶段就初步了解过四大发明，日常学习中也有所接触，因而本课教学采用"在合作中探究，在亲历中构建"的教学思路，从学生的实际出发，将教学内容分成三个部分，在精选材料、合理设问的基础上，引导学生深入地探究一系列问题。在教学中，教师根据学生的已有认知水平、理解能力等实际情况，提出一系列有层次性的、有挑战性的问题，引导学生主动拓展教材内容，让学生学有所获，提高课堂教学的实效性。

第三章
课堂提问的方式

一天，一位教士做礼拜时忽然烟瘾上来了，就问主教："我祈祷的时候可以抽一支烟吗？"结果，这位教士遭到了主教的呵斥。其后，又有一位教士也遇到了同样的状况，犯了烟瘾，但他换了一种方式问道："我吸烟的时候可以祈祷吗？"主教莞尔一笑，答应了他的请求。不同的提问方式，效果截然不同！

提问的方式直接影响交流的效果，教育亦然。苏霍姆林斯基认为："如果教师不想办法使学生产生情绪高昂和智力振奋的内心状态，就急于传授知识，那么这种知识只能使人产生冷漠的态度。"教学是教师和学生交流互动的一门艺术。教师要营造一种和谐愉快的氛围，让学生处于一种轻松自如的状态中，运用不同的提问方式，激发学生的求知欲，真正发挥教师主导和学生主体的作用，从而展示教学魅力。

第一节 引趣式提问

一、引趣式提问的内涵

引趣式提问是指教师从学生熟悉或较易感知的现象入手，结合生活实际，提出趣味性较强的问题，以激发学生的求知欲望。著名心理学家皮亚杰说："所有智力方面的工作都依赖于兴趣。"孔子的名言"知之者不如好之者，好之者不如乐之者"说的也是这个道理。

二、引趣式提问的原则

1. 目的性原则

课堂提问是为了集中学生的注意力，训练学生的思维，突出教学重点、突破教学难点，带有强烈的目的性。教师在备课时须紧紧联系教学内容设计提问，要考虑本节课的教学目的是什么，如何才能让学生在兴趣中进入学习状态，并随着学习的逐步深入领略到学习的快乐，等等。

2. 针对性原则

教师在进行引趣式提问之前，应该充分考虑两个方面的情况：第一个是注意学科的不同性质。学科性质不同，引趣式提问的方式也会不同。第二个是注意不同的教学内容。教学内容不同，引趣式提问的方式也不尽相同。

3. 灵活性原则

心理学研究表明，人在受到外部环境刺激时，人体神经中枢就会产生紧张、兴奋的波动，引起情绪和注意力的变化。教学是千变万化的，没有固定的模式。在教学过程中，要根据教师与学生的互动情况、学生已有的知识基础、教学的进度等因素进行提问。有经验的教师一般会根据学生不同的反馈采用不同方式进行提问，使得提问如行云流水，从而取得较好的教学效果。

三、引趣式提问的作用

引趣式提问常用于课堂导入，它犹如乐曲的"引子"、戏剧的"序幕"，有吸引学生注意、激发学习兴趣、启发学生思维、沟通师生情感等作用。

1. 吸引学生注意

教学过程对学生来说是一种心理认识过程，需要感觉、知觉、记忆、思维、想象等多种心理活动的参与，而注意力集中则是这种认识过程顺利进行的必要条件和重要保证。巧妙地进行引趣式提问，可以吸引学生的注意力，使学生把兴奋点转移到学习上来。在这样的情况下教学，教师的讲授能像磁石一样把学生牢牢地吸引住。

2. 激发学习兴趣

"兴趣是最好的老师。"当学生在学习中遇到感兴趣的内容时，就会产生一种欲罢不能的效果，如同一支"兴奋剂"，这种"兴奋剂"将有力地驱使学生步入知识的殿堂。精彩的引趣式提问会促使学生进入一种兴奋的学习状态中，成功地把学生的注意力吸引到学习内容上，有效地调动学生的学习热情。

3. 启发学生思维

富有创意的引趣式提问，可以点燃学生的思维火花，开阔学生的认知视野。当人在学习自己感兴趣的内容时，大脑中有关学习的神经细胞就处于高度的兴奋状态。与学习无关的部分受到抑制，有关的部分保持高度畅通，使得信息传递达到最佳状态。此时，人的思维最为活跃，更容易产生新的想法和观点。引趣式提问能迅速启发学生的积极思维，诱发他们主动探究问题，使他们掌握新知，为进一步学习打好基础。精彩的引趣式提问具有思维的定向性，可以让学生尽快把握思维方向，围绕教学内容开动思维机器，积极思考，探微知幽。

4. 沟通师生情感

充满活力的引趣式提问往往会拨动学生的心弦，引起学生的共鸣，取得走进学生心灵的"通行证"，为师生之间的信息交流、情绪反馈打通道路，为教与学的有效配合奠定基础。富有成效的引趣式提问，是建立在期待、信赖、尊重、理解的基础上的，师生的情感会在这种提问中得到培养和升华。

四、引趣式提问的方法

皮亚杰认为："教师的工作不是'教给'学生什么，而是努力构建学生的知识结构，并用种种方法来刺激学生的欲望。"如何根据教学目标和内容，进行引趣式提问呢？

1. 导入新课，引趣提问

良好的开端是成功的一半。能否在教学伊始就牢牢抓住学生的注意力，是教学成败的关键。在导入新课时，教师的引趣式提问往往可以收到事半功倍的效果，使得教学得以顺利展开。

（1）情境提问

教育家赞科夫指出："学生积极的情感、欢乐的情绪，能使他们精神振奋，思维活跃，容易形成新的联系，而消极的情绪则会抑制学生的智力活动。"教师可根据教学内容，创设若干问题情境，调动学生的好奇心，激发学生的求知欲，启发学生的思维。情境提问可以用口头叙述，也可以用多媒体演示。多媒体集文字、图形、音频于一体，具有直观性、形象化等特点，在教学中教师若能结合教学内容，利用多媒体为学生营造富有趣味性的求知氛围，将会极大地吸引学生的注意力，激发学生积极联想和探究知识的兴趣，提高课堂教学效率。

（2）诗词提问

诗词提问是指借用诗歌或词曲来提问，让学生在强烈的情绪感染中思考问题、探究真知。诗词提问改变了课堂一向枯燥、严肃的局面，形成了生动活泼的氛围，发挥着先声夺人的作用。这里的诗词可以是中国古代诗歌，也可以是当代中外诗歌。诗词是文学中的精灵，具有独特的魅力。运用诗词提问的方法，除了能起到激趣的作用外，还能净化心灵、陶冶情操、启迪智慧。

（3）故事提问

在课堂教学中，采用寓意深刻且幽默轻松的故事提问，能有效集中学生的注意力，激发学生的学习动机，为后面的学习营造良好氛围。生动有趣的故事往往具有趣味横生、令人疑窦丛生等特点，据此提出问题，将会获得非同一般的效果。

例如，教学"动物的行为"一课时，教师首先播放京剧《霸王别姬》著名唱段，然后声情并茂地讲述："在中国古代著名的楚汉之争中，骁勇善战的楚霸王率领军队百战百胜，却在一次战争中遭到刘邦军队的伏击，几乎全军覆没。他带着爱姬和残兵逃至乌江边，望着滔滔江水，他发誓要重整旗鼓、东山再起。这时，他突然发现江边矗立的石碑上赫然写着'霸王自刎乌江'几个大字，当他走近一看，大惊失色，这几个大字竟然是由蚂蚁组成的。楚霸王仰天长叹，认为这是天意，便拔剑自刎。"教师接着说："同学们，这真是天意吗？等我们学习完本节内容后，你就会找到答案了。"[①]

该教师充分利用故事情节曲折、充满悬念的特点进行提问，有效地吸引了学生的注意力，激发了学生的学习兴趣，提高了提问的效果。

2. 联系生活，引趣提问

生活处处有学问。教师应及时把需要解决的问题巧妙地寓于学生熟悉的实际生活中，通过组织和引导，相机提出趣味性的问题，以激发学生的

---

① 赵敏慧."动物的行为"的教学建议［J］.中学生物教学，2012（4）.引用时有删改。

求知欲望。

例如，教学"季风"一课时，可以这样提问："在我们生活的城市里，冬天吹什么风？有何特点？夏天吹什么风？有何特点？"这些都是生活中常见的现象，是学生熟悉的，但是他们对这些问题缺少深入的思考。因此问题一提出来，自然能够引起学生的探究兴趣。

3. **演示实验，引趣提问**

中小学生好奇心强，对事物有着很强的求知欲，教师根据学生的这一特点，进行实验演示，可以激发学生的学习兴趣，让学生从"要我学"变为"我要学"。

例如，教学"升华和凝华"一课时，教师以"指纹破案"为切入点，让一个学生用手指按压一张白纸，白纸上看不出学生的指纹，之后教师在烧杯中放入一些碘，将有指纹的白纸盖在烧杯口，对碘进行加热，碘升华后碰到了烧杯口处的纸，有指纹的地方由于有油脂，碘就溶化了，渗入纸中，这样白纸上原来留下的指纹就显现出来了。教师抓住时机提出问题："白纸上的指纹为什么能够显现出来？"课堂气氛活跃，学生对这节课的内容充满了期待。

4. **巧设悬念，引趣提问**

通过提出问题给学生留下悬念，能激发学生的好奇心和探究欲，让学生带着迫切解决问题的心理去学习，将大大提高教学效率。运用这种提问方法，要求所提的问题能真正引起学生探究的欲望，把学生的胃口吊起来。如果教师所提的问题平淡无奇，毫无悬念，激发不起学生的学习兴趣，那么这样的提问就难以收到理想的效果。

例如，教学《背影》一课之前，可以先提问："一般文学作品描绘人物部位最多的是什么？而《背影》这篇课文，为什么作者不能忘记的是父亲的背影呢？为什么抓住人物的背影不惜笔墨做具体细致的刻画呢？"这就给学生留下一个悬念，学生急于解"悬"，就不得不进行认真探究。

新课程理念认为，教材只是一种教学资源，并不是教学内容的全部，教材是发展的、开放的、可变的，倡导教师"用教材教，而不是教教材"，这给引趣式提问提供了发挥的空间。

第二节 比较式提问

一、比较式提问的内涵

著名教育家乌申斯基认为:"比较是一切理解和思维的基础,我们正是通过比较来了解世界上的一切的。"比较式提问就是指针对两个或多个事物之间的联系所设计的问题,从比较中找出事物的异同,进而对所论事物做出评价和判断,分析事物的对与错、优与劣,等等。

二、比较式提问的原则

心理学研究表明,越是新异的事物,越能使人产生强烈的兴奋,在大脑皮质的相应区域内引起优势兴奋中心,从而使人对注意的对象产生清晰而完整的印象。鲜明的对比,有强烈的刺激作用。如果教师在教学中能善于运用对比、类比等方法提出问题,可启发学生思维,使学生在比较中提高认识和鉴别的能力,养成勤于分析的习惯。

运用比较式提问的方法,应遵循循序渐进、存同求异和形成系统原则。

1. 循序渐进原则

在运用比较式提问时,教师应遵循从已知到未知、由近及远、由具体到抽象的循序渐进原则。教师要根据教材的难易程度,并结合学生的实际情况,恰当选择与运用各种比较的方法。

2. 存同求异原则

求同是找出事物发展的普遍性,求异是找出事物发展的特殊性。通过比较式提问可以培养学生的概括思维,教会学生在比较中寻找知识的可比点、矛盾点、相似点、关联点等,以使学生更好地理解和掌握知识,提高综合素质。

3. 形成系统原则

比较法的应用离不开分析和综合。没有分析,就没有比较的双方、比较的内容和标准以及比较的各个方面；没有综合，就没有比较的结果，也就不能将比较的内容联系起来形成结论。正因为比较与分析、综合有着密不可分的关系，所以教师才可以通过比较式提问培养学生的概括能力，让学生将学习内容形成系统，以便于巩固记忆。

三、比较式提问的作用

1. 突出本质特征

有比较才有鉴别。在比较中，首先要对事物的本质特征进行一番衡量筛选，加深对概念的理解，这样才不易混淆比较的事物。

例如，在"三角函数的图像与性质"教学中，让学生对 $y=\sin x$ 与 $y=\cos x$ 的图像和性质进行比较，发现 $y=\sin x$ 是奇函数，$y=\cos x$ 是偶函数，它们的周期都是 2π，$y=\sin x$ 的对称轴为 $x=k\pi+\frac{\pi}{2}(k\in z)$，$y=\cos x$ 的对称轴为 $x=k\pi(k\in z)$。这样可以加深学生对知识的理解，使学生更好地把握有关三角函数的性质。

把同类或不同类事物的相同属性进行比较，可以让学生更加清楚地认识事物的属性。

2. 加强知识间的联系

比较式提问有利于学生获得新概念、掌握新知识。由于新知识的学习常常要建立在旧知识的基础上，因而一些新知识要通过与旧知识的对比来引入。尤其是应用概念解决问题时，对事物现象不同方面的精细比较，能为概念的正确应用提供出发点。对新概念与新知识的掌握建立在对不同事物现象比较的基础上，有利于加强知识之间的联系。

3. 提高学生思维能力

比较式提问能使学生不断探索、独立思考、分析异同、究其因果等，从而使学生的思维能力不断向纵深发展。

例如，教学中国各区域特征时，就需要先综合分析各区域的自然人文特征，再与其他区域进行对比。在对四川盆地与柴达木盆地进行对比时，学生要弄清它们的特征，首先要熟悉教材，懂得读图、看图，再结合教材进行分析。这样，既培养了学生的思维能力，又提高了教学效率，取得了良好的教学效果。

四、比较式提问的方法

在教学过程中，合理运用比较式提问，不仅可以帮助学生理解知识的本质特征，准确把握知识间的异同点，还能让学生在对比中学、在探究中悟，加强知识之间的联系，使知识的顺应和内化更加流畅自然。

1. 在概念辨析时提问

纠正学生在生活经验中形成的错误观念时，恰当地运用比较式提问能收到较好的教学效果。正确概念的形成，需要建立在对事物多个方面进行比较的基础上。教师要在指导学生比较的过程中培养学生实事求是、一丝不苟的科学精神。

例如，教学"自由落体运动"一课时，针对学生认为质量大的物体下落得快、质量小的物体下落得慢的错误认识，教师设计了以下的对比性实验。

① 从相同高度处同时释放一个小铁球和一张纸片，结果小铁球下落得快。

提问：质量越大，下落越怎样？

不少学生错误地认为小铁球质量大，下落快，因而得出下落加速度由其质量决定的错误结论。此时教师不要急于纠正学生的错误，而是接着演示。

② 将一个由质量较小的小纸片揉成的纸团与一张质量较大的纸片，同时从同样高度释放，可观察到质量小的纸团反而下落得快。

提问：质量越大，下落越怎样？

③ 两张相同的纸片，其中一张揉成一个纸团，再从同样高度同时释放，结果观察到纸团下落快。

提问：物体下落的快慢与物体质量有关吗？

通过比较式提问，让学生弄清纸片之所以比纸团下落得慢，是因为空气阻力对纸片影响大，进而提出"如果没有空气阻力的影响，将会出现什么现象"这一问题让学生思考。通过实验可以看到这些物体下落的快慢是不同的，前后两次实验的对比分析，突出了阻力对下落快慢的影响，至此，学生形成了"重力加速度与质量无关"的正确观念。

2. 在突破思维定式时提问

法国著名学者贝尔纳认为："妨碍学习的最大障碍，并不是未知的东西，而是已知的东西。"思维定式严重阻碍人们新思维的构建与新知识的吸收，甚至演变成人们在需要创新时的"思维枷锁"。在课堂教学中，为了突破学生的思维定式，教师可以适时提出比较式问题，引导学生积极思考，鼓励他们大胆质疑，培养学生的求异思维。

例如，在研究钠和硫酸铜的反应时，教师提出问题：将金属钠置于硫酸铜溶液中，会出现什么现象？由于思维定式，有相当一部分学生认为会有紫红色物质析出。但是，实验显示，生成了蓝色沉淀而非学生认为的紫红色物质。教师追问："金属钠置于硫酸铜溶液中没有紫红色物质析出，而是生成蓝色沉淀，这是什么原因？"面对实验事实，学生大胆猜想，热烈讨论，得出活泼性很强的金属与盐溶液反应时，该金属先和水反应生成碱和氢气，碱又和盐溶液反应的结论，根据实验现象推测蓝色沉淀可能是氢氧化铜。

通过实验比较，教师要培养学生对待科学以事实为依据的精神，指导学生认识问题要全面、分析问题要细致。

3. 在突破难点时提问

教学难点是学生在学习过程中思维受阻、难以接受与理解的地方。为了突破教学难点，教师在教学中可以运用比较式提问来降低坡度、减小难度，引导学生思考，以提高学生的思维能力。

例如，"中国的河湖"一课讲的是我国主要河流湖泊的分布，以及内外流河的水文特征。那么，如何把握重点、突破难点，实现本节课的教学目标呢？教师可引导学生在我国的主要河流和湖泊分布图上找出长江、黄河、塔里木河、额尔齐斯河和青海湖、洪泽湖、太湖、鄱阳湖、洞庭湖的位置，通过读图让学生回答下列问题：①这几条河流最终流向何处？②有哪些河流与长江、黄河一样最终流入海洋？它们主要分布在我国的哪些地区？③有哪些河流与塔里木河类似，不能注入海洋？它们主要分布在我国的哪些地区？④运用地图观察实例，概括总结内流河、外流河、内流区、外流区及内流湖、外流湖的概念。⑤内流区、外流区的分界线在哪里？⑥连线比较内流湖和外流湖。

本节课概念多、知识跨度大、内容抽象，教师可以通过指导学生对相关概念进行比较，找出它们之间的联系，从而突破教学难点。

4. 在产生认知冲突时提问

新课标倡导自主、合作、探究等学习方式。因此，教师在教学中应该尝试以富有现实性、趣味性、挑战性，且处于学生最近发展区的非常规性问题为素材，创设认知冲突，及时采用比较式提问，通过比较将复杂的知识简单化、难度大的问题容易化，帮助学生了解知识的本质特征、加深对知识的理解。

例如，复习高中生物概念时，学生对"染色体""DNA""基因"这三个概念的认识比较模糊，可以通过比较，使学生知道这三者在成分上是相互联系的：染色体主要是由DNA和蛋白质组成的，每个染色体上都有一个DNA分子，每个DNA分子上都有很多基因。染色体、DNA和基因都是遗传的物质基础，其中染色体是遗传物质——DNA（包括基因）的主要载体，DNA是主要遗传物质，而基因又是染色体上遗传效应的DNA片段。这三者在功能上也有联系，基因是控制形状的遗传物质的功能和结构单位，但它要通过DNA和染色体的自我复制和DNA控制蛋白质的合成才能实现。学生在比较中能较准确地理解染色体、DNA、基因这三者的联系以及各自的含义。

在学生认知冲突时运用比较式提问，可以让学生进行同中求异和异中求同的深入分析，从而加深对知识的理解。

5. 在课堂小结时提问

在一节课教学的结尾阶段根据内容结构、形式与学生的认知水平，通过比较式提问引导学生有侧重地把本节课内容与以前学过的类似知识、方法进行串联、整理、类比与归纳，从而对照、比较、分析、概括出它们的异同，使学生把握特点，总结规律，加深对所学知识与方法的理解。

例如，教学"等比数列的通项公式"一课的结尾时，可引导学生将等差数列与等比数列的定义、通项公式、推导方法等进行对比，使学生加深对知识的理解，从而避免知识的负迁移现象。可做如下小结。

名称	定义	通项公式	推导方法
等差数列			
等比数列			

这种课堂小结的方式，一般用于表述形式非常相近、知识结构十分相似的内容，其特点是能为学生提供良好的知识结构，使其在归纳、比较中加深对有关知识的理解与回忆，促进学生认知结构的重新构建。

第三节　连环式提问

一、连环式提问的内涵

连环式提问所设计的问题是以链状环环相扣的，前一个问题是后一个问题的前提和基础，后一个问题是前一个问题的延续、补充和拓展。教师通过一环紧扣一环、一层递进一层的提问，引导学生的思维不断发展。

二、连环式提问的原则

1. 适合性原则

学习不是简单地由外到内的知识转移和传递，而是学习者主动地构建知识经验的过程，即通过新经验与原有知识经验反复的、双向的相互作用来充实、丰富和改造自己的知识经验，从而提高自己的能力。因此，教师应对连环式提问的"问题串"的设计准确定位，只有以学生的已有知识、经验、能力为基础，贴近学生所学习的内容设计问题，才能有效地促进新知识的同化，提高教学的效率。过难的问题会使学生感到无从下手，有挫折感，失去探究的积极性；过易的问题又会使学生感到索然无味，失去探究的兴趣。因此，教师在备课时一定要根据具体的教学内容和学生的实际情况设计"问题串"，这样才有利于引导学生的思维，提高学生的思考能力。

2. 层次性原则

使用"问题串"进行教学，实质上就是引导学生带着问题进行主动学习，由表及里、由浅入深地构建知识体系的过程。因此，连环式提问的设计要根据教学目标，把教学内容编设成一个个、一组组彼此关联的问题，这样每一个问题都会成为学生思维的阶梯，许多问题形成一个具有一定层次和逻辑结构的问题链，使学生在明确知识内在联系的基础上获得知识，提高思维能力。

3. 梯度性原则

梯度性原则是指教师对学生提出的问题应当是循序渐进的、有层次的、前后衔接和逐步深化的。这样，才能促使学生紧紧围绕某个主题，逐步深入地开展探究活动。一堂课的问题设置不应是孤立无序的，而应是呈现着教学内容的逻辑顺序和学生认知能力的发展顺序的"问题连续体"。在这个环环相扣的链条上，问题的难度、深度、广度要快慢适度地向前递进，既要符合学生现有的年龄认知特点和知识能力，更要诱发学生的思维由现有的思维层面，循序渐进地向更高一级的思维层面发展。因此，问题的设置既要有由此及彼、由点及面的横向拓展，又要有由浅入深、由易到难的纵深挖掘，以便让学生完成由不知到知、由浅知到深知、由少知到多知的转化。

三、连环式提问的作用

1. 提高课堂教学效率

教学具有鲜明的目标性，每一堂课都有明确的教学目标和教学重点、难点，这就意味着课堂上的一切师生活动都应以此为中心展开。教师围绕教学内容设计的连环问题是在对教材进行了分析和提炼的基础上提出的，有着明确的目的性。所以教师设计的连环提问既符合教学实际，又适应学生的认知水平，能满足学生的发展需求，提高教学效率。

2. 承接知识前后联系

连环问题的设计要在未知与已知、过程与目标、复杂与简单间架设桥梁，使学生在问题串的引导下，通过自身积极主动的探究，实现由已知向未知、由容易向困难、由形象向抽象、由低级向高级的自由过渡。教学的实质是引导学生带着问题主动地学习，由浅入深、由近及远、由易到难地构建知识体系。所以，教师根据教学目标，精心设计的一组组、一串串前后关联、有层次的问题，能引领学生一步步接近知识的巅峰。

3. **培养思维的深刻性**

人类认识事物是一个由易到难、循序渐进的过程，对于那些具有一定深度和难度的内容，学生往往一时难以理解与领悟。当教师了解学生的知识水平、思维能力后，根据知识之间的内在联系，把一些难度较大的问题设计成一组有层次、有梯度的问题时，便能把学生的思维逐步引向新的高度。

4. **训练思维的广阔性**

思维的广阔性是指学生在思维的过程中对同一问题从多角度考虑、多因素分析，用多种方法解决。设计思路较为广阔、答案不唯一的开放性问题，既可以加深学生对基础知识间的联系的理解，又有利于培养学生思维的广阔性。

四、连环式提问的方法

1. 利用学生熟悉的事实或现象进行连环提问，激发学习兴趣

中学生正处在长身体、长知识的阶段，他们的内心世界是一片波涛汹涌的海洋，特别渴望成功，需要教师用他们熟悉的事实或现象进行连环提问。当他们的学习兴趣被充分地激发后，他们便会思维敏捷，注意力集中，带着愉悦的情绪进入学习状态，能够主动地接受和处理有关信息，探求新知。下面我们来看一则案例。

以问激趣[①]

在进行"硫和氮的氧化物"的教学时，可以首先向学生展示最近几天人民网上的空气质量报告。由于投影屏幕的版面有限，可以选取一些有代

---

① 董军．"无机物及其应用"教学中"情感态度与价值观"目标的达成［J］．中学化学教学参考，2010（6）．题目为作者所加，引用时有删改。

表性的城市——首要污染物分别是NO_2、SO_2和可吸入颗粒物的城市。让学生阅读这份"空气质量报告",思考并回答下列问题:为什么选择这三种物质作为首要污染物?污染物NO_2、SO_2以及可吸入颗粒物是如何产生的?它们的危害是什么?它们分别具有哪些性质?如何减少、消除这些物质引起的污染?然后在此基础上让学生利用已有的知识(物质类别、物质中元素化合价)预测NO_2、SO_2的化学性质,并设计实验进行探究,最后通过讨论和交流解决上述问题。

我们生活的城市环境怎样?什么样的环境更有利于我们的生存和发展?应该怎样去保护环境?这些是生活在现代社会中的我们不得不考虑的问题。因此,由空气质量报告引入"硫和氮的氧化物"的学习,既可以激发学生学习化学的兴趣,唤起他们参与化学科技活动的热情,又可以让学生进一步体会到化学与我们的生活紧密相关,增强他们将化学知识应用于生产、生活实践的意识,同时还可以培养学生运用知识解决实际问题的能力。

2. 引导学生进行探究时连环提问,激发创新思维

苏霍姆林斯基说:"在人的心理深处有一种根深蒂固的需要,就是希望自己是一个发现者、研究者、探索者。"培养学生的探究能力,引导学生进行创新思维、发展创造力是现代教育的出发点,也是实施素质教育的基本要求。在课堂教学中,教师可以通过设计具有一定深度和递进性的问题,引导学生由浅入深、由表及里逐渐深入,形成环环相扣、层层递进的"问题串",启发学生发现问题、交流问题和解决问题,让学生的思维过程在探究活动中得以充分展示,让学生头脑中的知识脉络在问题解决中逐渐清晰。下面通过一则案例看看如何以问题促进学生的探究。

以问促究

在复习"长江的开发"一节时,关于"长江水能资源的开发"这一知识点的学习可以设计以下探究性的问题:①为什么长江水能资源丰富?②假如你是一位水电站建设专家,你认为把水电站建在长江的哪些河段才能充分开发长江的水能资源?③三峡大坝的坝址为什么选在三斗坪?④三峡工程为什么会对华中、华东的经济产生巨大影响?⑤三峡大坝建成后,对长江上游和下游的气候、经济、航运等分别产生了什么影响？应该采取怎样的措施？等等。

在教学中，教师设计一系列由浅入深、由现象到本质且环环相扣的情境和问题，能激起学生分析与解决问题的欲望，点燃学生思维的火花。

3. 在处理教学重难点时连环提问，直达知识本质

每一节课都有教学重点和教学难点，问题的设计应围绕重难点展开，教师要抓住教学的重难点层层设问，逐层发问，化难为易，使学生深入把握教材的深层内涵，厘清知识发生的本原，把握教材中最主要、最本质的东西，从而达到激发学生探究热情、提高学生逻辑思维能力的目的。只有这样，才能帮助学生突出重点、突破难点，直达知识本质。下面我们来看看蒲涛老师是如何利用问题帮助学生突破难点的。

以问解难

例如，在历史教学中，如何帮助学生认识一百多年前巴黎公社的无产阶级政权性质，是一大难点，教师可以提出以下连环问题：①3月18日革命是哪两个阶级面对面的生死搏斗？②巴黎公社组织机构的组成成分怎样？③巴黎公社采取了哪些措施？这些措施为哪个阶级服务？④为什么说巴黎公社是无产阶级性质的政权？这样的问题能使学生沿着台阶步步深入，从而学得顺利，记得深刻。

问题的设计要有利于学生对知识点的理解与运用，要紧扣教学的重点和难点。当学生思维受阻时，教师的连环提问能给学生带来"拨开云雾见明月"的感觉。在连环式提问中，问题的设计应循序渐进、形成梯度，这样才能解析重点、突破难点。

4. 在复习中连环提问，激活知识，提高能力

复习不仅是对教学内容的简单重复，还是综合运用所学知识解决具体问题，并在问题解决过程中提升学生思维能力和理解水平的一种学习方式。要想使复习课上得精彩，问题的设置很重要。教师要深入研究，把握教材核心，在知识的重难点、易错易混处或者延伸处设置连环问题，再现知识的形成过程，引导学生思考、分析与探索。

例如，在复习课中要把开发学生的智力、培养学生的思维能力作为主

要任务,适当地运用连环式提问,如在小结"伴 X 染色体隐性遗传"时,可设计一系列问题:①什么是 X 染色体隐性遗传?②哪些遗传病是 X 染色体隐性遗传?③为什么男性发病率高于女性?④为何伴 X 染色体隐性遗传病根源来自外婆家?⑤为什么是交叉遗传?

让学生从不同角度对不同问题进行探究,能充分调动学生参与的积极性,使学生能触类旁通、举一反三,从而更好地发掘潜能、拓展思维、提升综合素养。

第四节　质疑式提问

一、质疑式提问的内涵

宋代著名学者陆九渊说:"为学患无疑,疑则有进,小疑则小进,大疑则大进。"在学习中,学生如果没有问题就没有兴趣,没有思考,没有创新。问题源于怀疑,没有怀疑就没有问题,没有怀疑就不能见真理。只有质疑才能求疑,才能另辟蹊径、勇于创新。这就要求教师在教学中努力创设情境,鼓励学生大胆质疑,培养学生追根求源、不断探索的精神。

质疑式提问是教师在课堂教学过程中,用提问的方法打破学生头脑中的平静,激起学生大脑皮层的兴奋,掀起学生思维活动的波澜,引导学生带着问题进行探究学习,进而完成教学任务的一种教学方法。要想在教学中采用质疑式提问,教师要精心设疑、巧布疑阵,只有这样才能激起学生思维的浪花,激发学生学习的兴趣,从而促使他们积极思考、主动探究。

二、质疑式提问的原则

1. 趣味性原则

提问要能把握学生的心理,使学生产生疑虑之情、困惑之感,从而激起学生感情上的波澜,点燃学生思维的火花,使其产生浓厚的学习兴趣。

教师可围绕教学的内容，巧妙地设计趣味性提问，使学生在课堂上集中注意力，积极地思考问题。

2. 目标性原则

问题的设置应服务于教学的总目标，而教学目标主要是为了突出教学重点、突破教学难点，帮助学生构建系统的知识网络，所以问题的设计必须能够凸显教学的重难点。教师要钻研教材，把握教材特点，明确教学要求，确定教学目标和教学重难点。质疑式提问要紧扣教学目标和教学重难点，通过引导学生质疑、思考和探究，激发学生自主学习的热情和积极性，从而提高教学效率。

3. 知识本质性原则

英国哲学家罗素指出："凡是你教的东西，要教得透彻。"为求"透彻"，教师对教材的解读必须有自己的角度，于无疑处设疑，让学生感觉到书中跳跃着真实而鲜活的思想。这种思想就是对"知识本质"的认识。要进行质疑式提问，教师必须深钻教材，厘清知识发生的本原，把握教材中最主要、最本质的内容。

三、质疑式提问的作用

质疑式提问具有以下几方面作用。

1. 激发学生的认知内驱力

奥苏贝尔认为："学习动机主要有三方面的驱动力组成，即认知内驱力、附属内驱力和自我提高内驱力，其中认知内驱力最为重要。"认知内驱力就是渴望掌握知识解决问题的需要。教学的逻辑起点为学生的主动参与，最终的落脚点为促进学生的全面发展。教学中利用质疑提问，引发学生的认知冲突，正是调动学生认知内驱力的一种有效手段。因为当学生发现不能用头脑中已有的知识来解释一个新问题或新知识与头脑中已有的知识相悖时，就会产生"认知失衡"。由于人有保持认知平衡的倾向，因而"认知失衡"会导致一种紧张感。为了消除这种紧张感，学生会产生认知需要（内驱力），萌发探索的强烈欲望。因此，质疑提问是促使学生实现知识构建的契机和动力。

2. 发展学生的思维能力

"学起于思，思源于疑。"引起认知冲突是激发思维的第一步，思维的过程是从认知冲突中发现问题、解决问题的过程。在教学中提出质疑，能够引发学生的主动探究精神，发展学生的思维能力。教育家杜威将思维过程分为五个步骤：疑难的情境；确定疑难的所在；提出解决疑难的种种假设；推断哪一种假设能够解决问题；通过实验，验证或修改假设。学生在解决问题的过程中，经历假设、观察、实验、交流、推理、归纳等过程所获得的知识更具"含金量"。

3. 提高课堂的有效性

新课标强调引入科学探究、关注学生体验、注重师生互动等教学理念。在教学中进行质疑提问，会造成学生认知结构的不平衡，从而将学生带入"愤悱"的学习心境，不仅能使学生形成新的认知结构，还能激发学生的思维。同时，学生在学习过程中通过师生平等对话，能够摆脱"教师是权威""教师是中心"的传统观念的束缚。他们有疑惑时可以大胆提出来，教师则适时给予指导与评价，鼓励学生积极地参与到课堂学习中来，从而大大提高了教学效率。

四、质疑式提问的方法

世界上许多发明创造都源于问题，质疑是开启创新之门的钥匙。教师在教学中可以对学生的学习进行启发诱导，以问题的发现、探究和解决来激发学生的求知欲和创造欲，努力培养学生的质疑能力，发展学生自主学习、合作学习、探究学习的能力，促使学生对知识的理解更加透彻、扎实。

1. 在认知盲区质疑

教师只有在对学生全面了解的基础上，结合学生的实际情况，进行有针对性的教学设计，才能使教学有的放矢，达到理想的效果。教师在进行质疑提问时，可以根据学生的知识结构、思维方式、语言表达能力、解题技能等，于学生认知的盲区创设质疑诱思之境，引导学生大胆发表见解，进行批判性思考和实验验证，最终培养学生的思维能力。

例如，在教学"经济全球化与对外开放"前，可先提出这些问题让学生思考。

总部设在美国的波音公司在全球70多个国家进行生产，70多个国家生产出的零部件最后运到美国西雅图进行组装，也就是说，美国波音公司西雅图的老板是坐在波音公司总部指挥着全世界70多个国家的老板进行生产。

① 为什么一架飞机要由来自那么多国家的企业来生产？
② 波音公司为什么要在其他国家建立子公司？这样做有什么好处？

设疑一直被认为是培养学生思辨能力的重要手段。在教学中，教师应于学生认知的盲区巧妙质疑，灵活释疑，有目的地引导学生打破常规、另辟蹊径，培养学生的创新意识。

2. 在矛盾处质疑

著名特级教师于漪认为："对立事物互相排斥，人们碰到这种情况容易引起思考，学习也如此。"由于年龄、阅历、思维、认识水平等因素的局限，中学生对很多知识的理解不够透彻，特别是相近、相似的内容，更是容易混淆。所以，教师在教学中要抓住事物的矛盾，引导学生开动脑筋、深入钻研。

例如，《在金色的海滩上》中的小姑娘十分喜欢贝壳，但为什么不要画家送她的贝壳呢？通过这一"矛盾"的问题引起学生的思考，可以让学生更深入地领悟人物的品质，把握文本的内涵。

在教学中，教师引导学生寻找文本中的矛盾处，使学生领会作者的独具匠心；或者自己设置问题，引发学生的认识冲突。这样，学生学习的热情将会高涨，从而更乐于进行探究性学习。

3. 在知识结合点质疑

苏霍姆林斯基说："有经验的老师往往只是微微打开一扇通向一望无际的知识原野的窗子。"研究表明，那些和学生已有知识经验有一定联系，但仅凭已有的知识经验又不能完全解决的问题，即在"新旧知识的结合点"上产生的问题，最能激发学生的认知冲突，可以驱使学生有目的地进行积极探索。

据理力疑①

在"氧化还原反应"教学中,在学生的已有知识结构中已经有了"4种基本反应类型"的概念后,教师提出问题:以下两个反应属于哪一种基本反应类型?①$3CO + Fe_2O_3 \xrightarrow{\text{高温}} 2Fe + 3CO_2 \uparrow$;②$Cl_2 + H_2O = HClO + HCl$。学生通过分析发现,这两个反应并不属于4种基本反应类型中的任一种,即4种基本反应类型并不能囊括所有的化学反应。那么这两个反应究竟属于什么化学反应?化学反应还有没有其他的分类方法?问题的设计基于原有知识,而原有知识又不能解决当前问题,在学生的"愤悱"状态下,师生共同分析该类化学反应的特点,从而引入新知"氧化还原反应"。

教师在知识点的衔接上,可以先为学生提供前一个知识点的分析思路。奥苏贝尔在同化理论中指出,任何一个新知识均可以通过上位学习、下位学习或组合学习获得。设计恰当的先行组织者,寻求与旧知识的联系作为新知识的增长点,可促进新知识的学习。

4. 在留白处质疑

由于教材表述精简,学生围绕教材学习新知识时,往往会对某些表述感到疑惑。在留白处设疑是引导学生进行更深入的探究,更好地发挥学生主体作用的一种教学策略。留白是激发学生探究的"发动机"。教师在教学中应放下急功近利的心态,设置一些悬念、制造一点儿"障碍"、增添一点儿"麻烦",在学生思考时要适时停一停、扶一扶,当好引路人,让学生放飞思维,为其思维发展提供一个广阔的空间。这时,学生得到的不仅是结果,还有探究过程中的快乐体验;学生掌握的不仅是知识,还有探究的方法与能力。这种学习方式一旦形成习惯,学生将终身受益。

5. 在意外生成处质疑

新课程倡导具有生命力、动态发展的教学活动。学生带着自己的知识、经验与灵感参与课堂活动,往往会出现"节外生枝"的情况。这时,教师要充分发挥自己的教学机智,以学生的发展为本,因势利导,把学生

---

① 陈玉乔. 化学教学中预设"认知冲突"的策略[J]. 中学化学教学参考, 2012 (4). 题目为作者所加,引用时有删改。

的意外引向深入，让瞬间出现的意外质疑，演绎不曾预约的精彩。

让意外提问成为精彩思考①

沈百军老师执教"交换律"，在带领学生掌握了加法交换律，完成了探究任务后，本应进入应用练习的环节，但突然有学生说道："老师，我觉得乘法也有交换律。"马上又有学生响应："老师，我觉得减法和除法可能也有交换律。"

全班学生都看着沈老师，因为学生提出的问题并不在教学计划内。沈老师稍作思索后："同学们由加法交换律联想到乘法、除法和减法也有交换律，到底有没有呢？我们该如何确定？"

有学生回答："写出来试一试。"

沈老师点头赞同："对，举例验证，用事实来证明，开始吧。"

学生迅速投入到尝试验证当中，不时地发出"我知道了"的声音。

不一会儿，有学生答道："我认为除法没有交换律，因为 $10÷5 \neq 5÷10$。"很多同学表示赞同。

一学生却说："除法中也有交换律，如 $4÷4=4÷4$。""是啊，$9÷9=9÷9,2÷2=2÷2$。"另一学生附和道。

沈老师不慌不忙，继续道："想一想，这样的算式是否也有无数个？同学们，老师的身高比很多小学生高，是否可以说，老师的身高一定比所有的小学生都高？"

学生回答："不可以，因为个别小学生的身高比老师高。"

沈老师继续说道："这说明只要找到一个反例，这个判断就不成立。现在你们认为除法有交换律吗？"

一学生马上回答："没有，因为有很多反例。只要两个数不相等，交换位置后它们的商就不相等。现在我可以肯定，减法也没有交换律，因为 $10-5 \neq 5-10$。"

沈老师赞赏道："你真会推理，很快学会了类推的方法。在减法和除法中交换律不成立。那么乘法呢？"

---

① 沈百军，林良富.《交换律》教学实录与评析[J]. 小学教学设计，2006（Z2）. 题目为作者所加，引用时有删改。

学生恍然大悟，激动地说："乘法有交换律。我能举出很多例子，如 $3×5=5×3, 8×5=5×8, 100×1=1×100……$"

沈老师趁热打铁，继续引导："既然是这样，该怎么表述呢？字母公式又该如何写？"学生非常自信地说："交换两个因数的位置，积不变。字母公式与加法交换律差不多，$a×b=b×a$。"

沈老师及时表扬："真是好样的，善于举一反三，数学家也是这样规定的。"学生一脸兴奋，充满了自豪。

在教学过程中，随着探究学习的不断深入，学生的认知能力得到了一定的提高。他们大胆地表达自己的感受和意见，而不是去揣度教师期望的标准答案。当学生的"脱轨"言行不期而至时，教师应视之为宝贵的课程资源，加以有效利用。教师应该善于捕捉教学中的意外信息，抓住稍纵即逝的教学时机，并运用教学智慧，采取有效策略让课堂因生成而变得精彩。

6. 在疑难处设疑

教师可根据教学目标和学生实际，有意识地捕捉问题的"契机"，选准学习新知识的切入点，在疑难处设疑，为学生提供学习新知识的思维支点。在学生"心求通而未得，口欲言而未能"时进行设疑问难，能帮助学生有序展开思路，及时纠正错误，开启心智。

难处设疑[1]

于漪老师教学《白杨礼赞》一文，讲到白杨树的美时，有一名学生突然站起说道："作者把白杨树写得这么美，实际上白杨树并不美。"学生紧接着拿出屠格涅夫的《猎人日记》来给大家看，告诉大家书里已经写得很清楚，白杨树的树叶硬如金属，且枝条也不美观，只有夕阳西下时才给人以光感。

在听完学生提出的问题之后，于漪老师微笑着对学生点点头，首先肯定了这名学生敢于发表不同意见并能找到参照对象来对比的精神，并告诉学生们："白杨树，杨柳科，落叶乔木，高达 40 米。叶三角状卵形，具有

---

[1] 于娜，何磊. 由对课堂"意外"的处理谈语文教师的教学积累[J]. 教育理论与实践：中小学教育教学版，2010 (11). 题目为作者所加，引用时有删改。

不规则波状齿，下面密被白色绒毛，老则脱落，叶柄扁，稀有腺体……为防护林及赏用树种。如果在写作时作家都本着科学精确的态度来描述的话，白杨树就变成这个样子了。"

随后，于漪老师又指出，语文不像科学家考察，要数据精确、描述客观，在文学家笔下"物"常随"情"移，文章写作中常有"象征手法"的运用。

接着，于漪老师让学生回答：①作者通过描写白杨树的形象，赞美了什么？②这篇文章发表的背景是什么？文章采用了什么样的象征手法？

读书有所疑，方能有所思；有所思，方能有所得。《白杨礼赞》本是一篇对白杨极尽赞美的文章，课堂上学生提出白杨并不美的观点，于漪老师并没有忽视学生的看法，而是肯定了这名学生敢于发表不同意见并能找到参照对象来对比的精神，然后引导学生从知识的疑难处切入，抓住学生的疑惑之处，创造条件让学生体会知识产生和发现的过程，通过设疑、质疑与解释，激发学生主动思考，逐步培养学生的探究精神。在教学中，教师不能满足于将知识告诉学生，而要深入思考学生学习这部分知识的目的是什么，这部分知识的教育价值是什么，怎样教才更有利于学生对知识的自主构建。教师在教学中应善于抓住疑难处来提问，以激起学生思维的波澜，让学生感受利用已有知识来探寻未知世界的快乐。

第五节　深究式提问

一、深究式提问的内涵

"深"指深入，"究"指研究、探求，深究是指深入研究或深入探求。深究式提问是在教学过程中，教师运用教材所述内容创设相应教学情境，让学生置身于知识所发生的情境之中，亲身感受知识的形成过程，并主动参与探究，在探究过程中获得相关知识，发现和解决相关问题，从而培养学生的想象力、创造力、辩证思维能力的一种教学方法。

二、深究式提问的原则

1. 主体性原则

深究式提问应坚持主体性原则，应把学生作为教学活动的主体，立足于学生的学。让学生以自己的经验和知识为基础，经过自主探究与发现、亲身体验与感悟，自主地将知识纳入认知结构中，并尝试用学过的知识解决新问题。

2. 对应性原则

在深究式提问中，教师要注意两个方面的对应：一是问题与教材结构和教学内容相对应；二是围绕教学难点设计和分析问题。深究性问题属于高级问题，但不能理解为问题要越难越好。教师提出的问题应既有一定的难度，又是学生通过努力可以解决的，这是激起学生探究兴趣、启发学生思维的重要条件。问题过难或过易，都不利于开展深究式提问，不利于促进学生智力的发展。

3. 启发性原则

在课堂教学中，教师要尊重学生的思维特点，不能置学生的心理状态和思维状态于不顾，一味执着于超前指路；也不能强制学生按照自己的途径和方法去思考问题，越俎代庖。教师应当善于因势利导、层层设疑、步步深入，应当朝着有利于学生思维发展的方向去启发与引导。

三、深究式提问的作用

在教学中，教师根据学科的特点，对学生进行深究式提问，能培养学生自主探究的意识，让学生真正成为知识的探究者与发现者。

1. 激发兴趣，让学生乐于探究

深究式提问可以激发学生的求知欲望，促使他们由表及里深入问题的核心去理解相关内容。教师可以在学生的最近发展区进行提问，让学生展开思维畅想，补上知识的"空白"。这样的深究式提问越多，学生探究知识的热情就越高，潜在的智能就越能得到激发。教师与学生彼此接纳、彼此沟通、彼此激励，才能激发学生无限的创造潜力，拓展学生的想象空间，促使学生的创新思维多向发展。

2. 训练思维，让学生善于思考

深究式提问能训练学生的思维，提高学生思维的灵活性和深刻性，使学生善于思考，从而提高自主学习的能力。在深究式提问中，教师启发学生对问题进行深入的思考，使学生的思维不是仅仅停留在"为什么""怎么样"的层次上，而是能从多角度、多层次进入更广阔的空间，使学生知道条件不同，则结论不同，认识到问题的角度不同，思考的方向也应发生改变，从而提高学生思维的灵活性和深刻性。

3. 质疑批判，让学生易于发现

深究式提问的目的不在于告诉学生真理，而在于教会学生怎样去发现真理。在课堂上，学生缺少的不是语言表达能力，而是思想。没有质疑和批判的思想，就没有知识的创新。在探究课上，教师通过深究式提问把思考、发现和批判的权利交给学生，便能让学生充满灵性地去感悟、乐此不疲地去探究、满怀激情地去创造。学生敢于质疑和批判，就容易发现真理、获取新知。

四、深究式提问的方法

1. 在最近发展区深究

维果茨基把人的发展水平分为两种：一是人们业已达到的发展水平，即人的"现有发展区"；二是正在形成而尚未形成的发展水平，即"最近发展区"。这种潜在水平和现有水平之间的矛盾，成为推动人们身心发展的动力。因此，教师设计的问题只有适应学生的发展水平，才能激发学生的学习欲望，让学生"跳一跳"能摘到"果子"。要想最大限度地提高教学效率，教师就要研究教学要求与学生现有的发展水平，掌握学生学习的规律和特点，在学生的最近发展区深究，以激活学生的思维。我们通过下面这则案例来看看这位教师如何在最近发展区深究。

在学习"内环境"的概念时，我设计了这样的问题：血液的主要功能是什么？运输哪些物质？（学生已知）人体细胞的正常生命活动需要从外界环境获得什么？（学生已知）身体的每个细胞都要和一条毛细血管直接相通并从中获取运输来的营养物质和氧气吗？（学生笑）为什么笑呢？这样不好吗？（引导学生进行逆向思维，最终得出结论：如果这样，身体的血管、血液将占据太大的体积，它的构成将耗费更多的物质，这种结构将使机体难以完成各种复杂的活动和功能等）那么血液中的营养物质和氧气通过什么方式运送给细胞，才能使成本最低、空间利用最充分呢？（学生构建模型，进行正向思维和类比推理）

这一系列基于学生最近发展区的问题激发了学生的学习兴趣，提高了学生的探究欲望，训练了学生的思维能力，体现了各种知识的相互联系，减缓了未知道路上的坡度，最终将学生从已有的知识结构顺利带入新的情境中。

维果茨基认为，教学应着眼于学生的最近发展区，为学生提供带有难度的内容，调动学生的积极性，发挥其潜能，超越最近发展区，然后在此基础上进行下一个发展区的发展。着眼于学生学习的最近发展区，需要教师把握教学内容，引导学生探索，让学生自主学习、自觉发现与自我完善，在学生思维的堵塞处、拐弯处予以启发和引导，使学生茅塞顿开、豁然开朗，从而激起他们的求知欲，使其获得较快发展。

2. 在讨论疑难问题中深究

课堂上，学生的探究是从不知到知、从知之不多到知之甚多再到能够熟练运用知识，将知识转化为能力的过程。这一过程需要一个"对话讨论"的课堂，包括师生讨论、生生讨论、师本对话、生本对话等。教师要善于引导学生在讨论疑难问题中深究，使学生调动已有知识与经验去寻求解决问题的方法和途径。在这样的课堂中，学生的思维十分活跃，学习更为积极。学生通过自己的质疑、判断、比较、选择，以及相应的分析、综合、概括等认识活动，真正地理解、巩固和运用了知识，更重要的是丰富了学习体验，提高了创新能力、表达能力和交往能力等。

在课堂教学中，教师要有意识、有针对性地组织学生展开讨论，把疑难问题引向深入探讨，启发学生的思维，提高教学的实效性。教师要注意选择一些学生不易理解的概念、未能正确运用的知识或容易混淆的问题让学生讨论，使学生在讨论中进行深究，激发学生的创造潜能，使学生学会独立思考，善于探究。

3. 在思维延伸中深究

教师在指导学生解题后，学生的思维过程并没有结束，教师若能抓住这个机会进行深究式提问，不仅能拓宽学生的思维空间，而且能提高学生的思维能力。在课堂教学中，教师可以围绕教学重难点，通过改变教材中例题、习题的某些条件或结论做进一步的延伸拓展，引导学生总结解题的方法，使学生对知识有一个整体的感知。

例如，教学"圆的认识"一课，在学生认识了圆的特征后，引导学生运用圆的特征来解决生活中的数学问题时，一位教师提出了以下问题。

① 公园里有一个圆形的花圃，直径是 10 米，在花圃的周围修一条 1 米宽的石子路，这条石子路的面积是多少平方米？

② 生活中，我们常会看到公园里美丽的圆形花圃，如果请你来设计花洒的位置，你觉得花洒安装在哪里最合适呢？为什么这样安装？

学生都知道一般要把花洒安装在圆心的位置，因为圆心到圆上各点的距离都相等，旋转一周后花圃的每个地方都能洒到水。当学生阐述理由时，该教师用多媒体出示花洒洒水的情景，并继续追问："你还能想到哪些生活问题和今天学习的圆的知识有关呢？"教师抛砖引玉，用安装花洒的生活问题自然地实现了课堂数学向生活数学的延伸。学生在运用数学知识解决生活问题的同时，深化了对数学知识的理解和掌握，培养了运用数学知识发现并研究生活问题的意识。

深究式提问要加强问题的深度，唤起学生深层次的思考。正如爱因斯坦所言："人类最强烈、最持久的思考，来自面对不解之谜。"教师若想达到深究式提问的预期效果，就要善于在学生的思维延伸中提问，引导学生深入思考、探索，增强学生对重难点知识的领悟和理解。

4. 在反思错误中深究

教师引导学生设疑、质疑，不但能引起学生对某些易错问题的注意，而且能让学生自己去发现错误、剖析错误和改正错误，使学生经历从错误认识走向正确认识的过程，提高学生的反思能力，进而唤醒学生的潜能、增强学生的自信、激发学生的探究热情。因此，教师可以通过故意写错、演示错误、出示错例等方式，给学生制造探究的机会，让学生去发现与纠正错误,并及时予以肯定和鼓励。

在学习过程中,学生出错是一种常见的现象,学生出错不可怕,可怕的是没有在错误中找到原因。如何让学生在错误中学会反思,以提高学习的效率呢?首先,引导学生对错题进行认真剖析,学生分析错因的过程,是一个自我回顾的过程,这让学生在头脑中重现了原来的解题情景,了解了自己当时是如何思考的;其次,引导学生通过重新思考,逐步解剖错题,将题中涉及的各个知识点一一明确;最后,引导学生通过分析错题发现知识盲点,从而及时进行修补,清除学习上的障碍。

第六节 如何选择课堂提问方式

一、教学案例

《猫》教学片段[①]

1. 品味语言,把握感情

师:本文写了几只小猫?请同学们阅读课文,说说"我"和家人对它们的感情有何不同。

生:我来说感情。第三只猫活着的时候"我们"可怜它,有时也漠视它。

师:你从哪儿看出了"我们"漠视它?

生:"大家在廊前晒太阳闲谈时,它也常来蜷伏在母亲或三妹的足下。三妹有时也逗着它玩,但没有对于前几只小猫那样感兴趣。"

师:你能找出最能体现家人漠视小猫的词语吗?

生:"常"来蜷伏,却只能"有时"被最喜爱猫的三妹逗一逗,这表现了"我们"对第三只猫的漠视,突出其可怜。

生:老师,这段还有个"蜷伏"。

师(追问):是吗?你真了不起!老师都忽略了!那这两个"蜷伏"

---

① 占淑红,朱新敏.恰当设问,把学生思维引向深入——《猫》教学实录(节选)[J].中学语文教学,2012(6).引用时有删改。

意味相同吗？

生：不同。前者写出第三只猫在寒冬中流浪的悲惨境地，突出其可怜；后者写它安定后想得到家人的欢心，却未能如愿。

师：非常正确！同一个词语，用在同一动物身上，却有不同的情感和意味，可见想要真正地读懂文章，是要联系具体的语境、深入思考的。

……

2. 思考质疑，多元解读

师：为什么作者要写三只猫？去掉其中一只或者两只好不好？

（略）

师：为什么"我"轻易认定甚至全家人不约而同地认为第三只猫是"罪犯"？

师："我"冤枉了第三只猫根本的原因是什么？

生：因为它不好看，"我们"都不喜欢它！

生：正如文中所写，"我"盛怒之下就"妄下断语"，冤苦了猫，也让自己陷入深深的忏悔和自责中。

师：不喜欢就可以肆无忌惮地冤枉它，盛怒之下就可以不问青红皂白，这种对待事物的方式错在哪里？

生：不理智，不该以自己的好恶来评价事物。

师：对啊！"不喜欢""盛怒"都是"我"冤枉猫的原因，但都不是真正的原因。我们思考问题，要透过现象看本质！本质原因是"我"以个人的好恶评价事物！人有时候容易感情用事，这是人性的弱点之一。这样因为感情左右了理智而做错事、做蠢事的例子，从古至今从来就不曾断绝过啊。

师：在文中被"冤苦"的只是第三只猫吗？

生：不是，还有张婶！

师：她是个很有爱心的佣人，是她把第三只猫拾进了家门。她是怎么被"冤苦"的？

生：在发现芙蓉鸟死后，被妻子高声责备"为什么不小心"时，张婶也只能"默默无言，不能有什么话来辩护"，她分明是另一只被"冤苦的猫"。

师：读到这里，我们似乎有点儿明白作者是有深意的。那作者是谁？这篇小说是在什么背景下创作的呢？请看大屏幕。

（出示资料。）

生（齐）：郑振铎深受五四时期西方国家传入的科学、民主、自由、平等、人道主义、个性解放等思想影响，在作品中毫不掩饰地表达了自己同情弱小、无辜，谴责专制、霸道，弘扬公道、民主、博爱的思想。这篇小说创作于1925年11月，是作者从事文学创作的早期作品。

师：相信这段文字对你们深入理解这篇文章大有启发。现在再请你们说说对文章主旨的看法。

生：第三只猫是弱者，因为它没有可爱的外表和讨人喜欢的性情，所以受到了无端的猜忌和毒打，最终死在"邻家的屋脊上"。

生：张婶也是弱者，因为她地位低下，所以妻子仗着自己是主人，就可以不需要任何理由地责备她。

生：文中"我"对猫的冤打、"妻子"对张婶的质问，都是以强凌弱的表现。

师：那作者想告诉我们什么道理？

生：作者想告诉我们人和动物是平等的，人和人也是平等的。

生：作者还想告诉我们对待弱者要有爱心。

师：对，作者想借此呼吁人们以悲悯的情怀善待弱者，不只是对猫，不只是对动物。正如康德所说："如果不想让情感枯竭，就要学会关怀动物。因为从一个人对待动物的态度中，我们可以略晓其善心。"同学们，让我们以悲悯的情怀，去善待地球上的一切生灵，比如动物，比如弱者。

3. 联系分析，使思维走向开阔

师："我"由冤苦了第三只猫而表现出的自责、忏悔，表达了对自己施暴的自责忏悔之情，结合上学期我们学过的《风筝》，说说两者的异同。

生：《风筝》中的"我"因为发现小兄弟"苦心孤诣地来偷做没出息孩子的玩艺"风筝而将它毫不留情地毁掉，多年之后才发现是自己的过错，为自己鲁莽粗暴的过错悔恨不已。

生：《风筝》还表达了鲁迅先生对"国民性"中之"健忘、麻木"陋习的批判；《猫》则侧重表达了对生活的哲思和对人性中的自私的批判。

二、教学经验

1. 恰当提问，引导深思

《猫》这篇课文承载的主题是多元的，其写作手法也匠心独运。这些多元主题或写作手法，有的在文本中直接呈现，有的深藏在字里行间。诸多观点角度各异、深浅不一。为了让学生深入理解文本，教师必须恰当设问，引导学生深层次地进行思考、探究。在《猫》一文的教学中，教师恰当地设计了几个关键问题，引导学生深思。第一个问题："本文写了几只小猫？请同学们阅读课文，说说'我'和家人对它们的感情有何不同。"这一问题是整堂课的起点，也是引领学生深入分析文本的基础，是必不可少的环节。教学是师生情感互动的过程，人的认知活动一旦融入情感，对客观世界的认识就会更加丰富、深刻。第二个问题："为什么'我'轻易认定甚至全家人不约而同地认为第三只猫是'罪犯'？"这个问题的设置颇具匠心，直指学生思维的"浅水区"，引导学生逐步深入思考。教师通过追问引导学生深入思考，引出我们不能以个人好恶左右对生活的判断的观点。接着，又以"在文中被'冤苦'的只是第三只猫吗"的追问，由物及人，呼吁人们以悲悯的情怀善待弱者，从而更加彰显了小说的朴实意义。

2. 联系分析，拓展思维

在课堂的结尾，教师让学生结合上学期学过的《风筝》，比较两者的异同，旨在拓展学生的思维，培养学生的探究能力。通过分析《猫》和《风筝》两篇课文，学生掌握了对比和类比的学习方法。两篇课文的相似点：主题都是表达了对自己施暴的自责、忏悔之情，表现了"无情面地解剖我自己"的自我反省的精神。不同点：《风筝》表达了鲁迅先生一以贯之地对"国民性"中"健忘、麻木"陋习的批判；《猫》则侧重表达了作者关于生活的哲思以及对人性中的自私的批判。由一篇文章扩展到一类文章，不仅使文本意义获得升华，更能借此训练学生的求异思维能力，促使学生的思维向广度和深度发展。

3. 情理兼重，技能结合

带着对弱者不幸命运的观照以及造成人物悲剧命运根源的思考，从灵魂深处反观自身，对人与动物的关系进行思考。这涉及语文教育的情感态度与价值观，教师应当着力引导学生探究这些有益于学生认知发展乃至精神成长的重要问题。即便如第三只猫那样有诸多缺点，人们就有权漠视甚至歧视他们（如张婶们）吗？我们能否宽容地对待所有的人或动物，我们能否平等地对待一切生命？对学生来说，善待动物、善待他人乃至善待世间所有的事物，这种博爱的思想将潜移默化地影响他的一生。语文教育肩负着育人的责任，我们应该在语文教育中渗透正确的思想与价值观，促使学生的人格得到健康、全面的发展。

三、教学策略

1. 巧妙设疑，深入探究

教师必须在学生的有疑之处提问，这样才能引起学生探究的兴趣。问题一旦解决，学生就会有"柳暗花明又一村"的感觉，并在精神上得到极大的满足，从而激起进一步探究的欲望。因此，教师应善于巧妙设疑，引导学生深入探究问题。如以上案例中的问题："为什么'我'轻易认定甚至全家人不约而同地认为第三只猫是'罪犯'？"可以逐步加深学生对课文内容和主题的理解，激发学生的创造性思维，使学生积极参与到课堂学习中去，帮助学生构建知识、答疑解惑、领悟方法、培养能力、自主学习。

2. 由表及里，层层递进

中小学生知识积累少，思维不够开阔，思考问题时可能只看到表面问题或者问题的一"点"，而不能看到问题的"里"，教师提问时要充分考虑到这些因素，设问要由表及里、层层递进，由点到面、缓缓展开。在《猫》一文的教学中，教师的提问由浅入深、由表及里，形成环环相扣、层层递进的问题串，起到了启发学生发现问题、交流问题和解决问题的作用，让学生的思维过程在探究活动中得到了充分展示，让学生头脑中的知识脉络在问题解决中逐渐清晰。教师提问要遵循梯度原则，以达到激发学生兴趣、促进生生互动、增强教学效果的目的。总的来说，层层递进的提问方式不仅可以启发学生积极思考，使学生进行自主学习，培养学生的思维能力、探究能力和解决问题能力，还可以促进教师的教学理念逐渐向新课程理念所要求的"以学生为主体"转变。

3. 注重对比，沟通联系

比较是认识事物本质的科学方法。比较分析就是在评论某一客观事物的时候，把此事物与其他某种有联系的事物做比较，从比较中找出双方的异同，从而对事物的本质做出准确评价。如《猫》一文的教学中最应该引起关注的是，为什么全家人都讨厌第三只猫，并一致认为第三只猫是"罪犯"。通过比较，可以知道第一只、第二只猫给"我们"以"生命的新鲜与快乐"，给"我们更有趣，更活泼"的感觉。那么，第三只猫呢？难看的外表、抑郁的性情是它不招人待见的主要原因，实际上，"终日懒惰地伏着，吃得胖胖的"，才是"我"和全家人不喜欢它的真正原因。概括起来，"我"和家人之所以讨厌第三只猫，是有前两只猫做参照的结果，有物质原因——对人无用，有精神原因——对人无趣。如果说第三只猫外表的难看、性情的抑郁是与生俱来的，那么"终日懒惰"则是后天形成的不良习性，属于自身原因，是可以改变但终究没有改变的。这是不是作者将第三只猫与前两只猫对比着写的一个深层原因呢？一个悲剧的形成，往往是多种原因共同作用的结果，不能只在一个方面找原因，这才是辩证的态度。

第四章
课堂提问的策略

课堂提问是一门教学艺术。教学过程是一个动态的过程，它既充满变数、无法复制，又融合了知识与能力、过程与方法、情感与态度，闪现着灵动的光辉。课堂提问需要讲究策略，只有结合学生的认知水平与心理状况、紧扣教学目标、能够提高课堂教学效率的提问才是真正有效的提问。

请看张丽老师在《课堂提问误区的案例分析》一文中分析的一个情景：

教师：A，他们有没有足够的资金？

A：（迅速地）没有！

教师：B，他们有没有足够的资金？

B：（停顿）嗯……（心想："我确信 A 是正确的……"）……（再想）……

教师：C，他们有没有足够的资金？

C：（心想："B 平时都能答对问题……他都不知道，难道……"）……（耸了耸肩）

教师：D，他们有没有足够的资金？

D：（他很聪明，早就看穿了这一点，等叫到他时，他故意拉长声音）没——有——！

张丽老师认为，这种转向提问会给学生造成一种假象，以为第一个人的回答是错误的，要不教师怎会再向别人提问呢？这样一来，整个课堂就围绕着一个已有正确答案的问题而转来转去，如从 A 转到 D。试想，要是 D 也被假象所迷惑，那么这个问题会提到什么时候呢？这无疑是对宝贵课堂时间的一种浪费！

课堂提问需要讲究策略，需要结合学生的认知水平、心理状况以及教学的内容、目标等因素进行。只有提问讲究策略，才能启发学生的思维，激发他们的求知欲，促使他们参与学习，帮助他们理解和应用知识。

第一节　重视个体，循序渐进

一、重视个体的内涵

在传统的课堂教学中，教师多侧重学生之间的共性，常常忽略了每个学生都是一个独立的个体，有其独特的个性。如果总按统一的标准来要求学生，就会在无形中埋没学生的个体特性。苏霍姆林斯基说："没有也不可能有抽象的学生，每个学生都是一个世界——完全特殊的、独一无二的世界。"学生由于认知方式、经历等不同，在学习能力和知识基础等方面都存在着差异，这就要求教师在提问中关注学生的差异，不能"一刀切"。

差异教学是指立足于学生个性的差异，满足学生个别学习的需要，以促进每个学生在原有的知识基础上都得到充分发展的教学。差异教学肯定学生之间的差异性，在课堂提问中，重视个体是差异教学的体现。教师根据学生的个性特点有针对性地进行提问，力求让每个学生的潜能和优势都得到最大限度的发挥。

学生的差异一般可从两方面理解：一是个体内的差异；一是个体间的差异。其中，个体内的差异，是指个人素质结构上的差异，体现为各种能力、兴趣等的不平衡。例如，有的学生学数学的能力强，但学音乐的能力不强；有的学生善于思考，但记忆力并不好，等等。而个体间的差异，是指人与人之间的差异，如甲生较乙生勤奋，但不如乙生聪明。因为学生之间存在个体内的差异和个体间的差异，所以教师的提问应该富有针对性，争取让不同层次的学生都得到最大的发展。

二、重视个体的原则

1. 承认学生的差异

在课堂提问中，教师必须根据学生身心发展的规律和学科学习的特点，关注学生的个体差异和不同的学习需求，保护学生的好奇心、求知欲，充分激发学生的主动意识和进取精神。此外，教师还必须承认学生的个体差异，比如知识基础不同、认知水平不同、心理特征不同等。只有这样，才能使提问合理、科学，富有针对性和实效性。

2. 尊重学生的差异

在课堂提问中，教师忽视学生的现象是很普遍的。学困生举手回答问题，教师常因害怕学困生回答问题拖延时间而选择忽视，直接指名学优生回答。很显然，这些教师虽然承认了学生的差异，但是没有遵循让每个学生都得到全面发展的教育理念，并不是真正尊重学生的差异。教师要尊重学生间的差异，帮助不同层次的学生树立信心，激发潜能，获得全面发展。

3. 兼顾全体学生

重视个体的差异，强调个体的独立，是因材施教的体现。但因材施教并不与集体教学矛盾，它是在尊重个体的基础上，兼顾全体学生。在提问过程中，教师在重视个体的同时，还要强调学生与学生之间的合作，让他们在互助中获得进步。一个积极进取的集体中应有着良好的、奋发向上的氛围，使每个个体都有进步的机会，使每个学生都能在学习上受到鼓舞。

4. 教学目标层次化

教学目标层次化是指教师根据学生不同的认知水平把教学目标分为几个层次，根据学生的认知水平设定不同层次的教学目标。课堂提问是实现教学目标的重要途径，教师要重视个体的差异，把不同层次的教学目标与不同层次的学生相对应，针对不同层次的学生提出不同层次的问题，保证课堂提问富有针对性。

三、重视个体的作用

1. 有利于增进师生情感

不同的个体往往有不同的兴趣，这些兴趣大都表现在课外活动中。教师通过课外活动了解学生的兴趣爱好、学习习惯等，并将之巧妙地运用到课堂教学中去，可以帮助教师寻找与学生之间的共鸣点，拉近彼此之间的距离。师生距离缩短后，有助于消除课堂提问中学生对教师的畏惧感，使得课堂提问在一种和谐的氛围中顺利展开。这不但能促使教学任务顺利完成,还能增进师生之间的感情。

2. 有利于保证教育公平

教师在提问中重视个体,并不意味着只重视中上层次的学生,而要根据学生的知识水平、能力层次顾及每个学生的需求。教师设计多层次的问题不但能使问题难度呈现阶梯性,更能有效地避免由于过分集中提问某个层次的学生而剥夺其他层次的学生的表达机会,从而实现教育机会的均等。

3. 有利于激发学生的主体意识

现代教学强调学生是学习的主体、学习的主人,教师是教学的组织者、引导者。可见,提问既是检验,也是鼓励。学生能在回答教师的提问中逐步获得信心,增强主人翁意识,并积极地参与到课堂学习中来。

四、重视个体的提问方法

在教学中,教师如何才能做到重视个体呢?可以实施分层提问。对于分层提问,教师可关注以下两点。

1. 实施分层提问的准备

(1) 把握教学目标

教学目标是指对教学活动的预期结果所要达到的标准、要求所做的规定或设想。教学目标是课堂教学活动的行动指针,因此,教师的提问必须围绕整体的教学目标进行,不能偏离教学轨道。

(2) 准确分析学生

每一个学生都是特殊的个体,教师的提问必须建立在了解每一个学生的基础上。了解学生的方法有很多,教师可以通过单独与学生进行交谈或通过观察学生的课堂表现,来了解学生的知识水平、性格特点、学习状态等。教师只有对学生有较全面的认识,提问才能有的放矢。

(3) 设立弹性分层

每一个学生都处于发展之中。学生的学习基础、个性特点等并不是一成不变的，因此教师应该用发展的眼光看待学生。教师可以根据学生对知识的理解程度和运用水平将学生分为基础知识层、理解知识层、运用知识层及拓展知识层等几个层次。这样的分层可以让提问富有针对性，让不同层次的学生都能获得不同程度的提高——学优生挑战深难问题，中等生处理一般问题，学困生解决较易问题。需要注意的是，分层次提出问题并不等于分层次对待学生。教师应该尊重学生，让每个学生都获得发展。

2. 实施分层提问的方法

（1）基础性提问法

基础性提问法是指针对基础知识较薄弱的学生设计一般性问题，让学生通过回答掌握基础知识，从而帮助学生树立信心，激发学生的求知欲，让学生品尝成功的喜悦。不同的学生对同一事情、同一内容的感受不尽相同。因此，在讲同一内容时，教师应充分顾及学生的年龄特征、性别差异、知识储备等情况，按照循序渐进的原则，一步一步地将问题引入深处，帮助学生理解文本。

（2）提高性提问法

提高性提问法是指教师向基础知识较扎实、理解能力较强的学生提一些理解性问题，以帮助学生深入理解知识。知识是不断更新和发展的，我们的学习不仅是"学会"，还要"会学"。因此，教师的提问不能只停留在"脱口而出"的基础性层次，而应向"搜肠刮肚"的理解性层次升级，只有这样才有助于学生获得"会学"的能力。

（3）发展性提问法

发展性提问法是指教师提出具有较高难度且需要学生充分发挥创造力解决的问题，以此培养学生的创造能力，使学生获得更好的发展。这类问题往往具有综合性、复杂性，需要学生综合运用相关知识，创造性地回答。21世纪的人才，不是考试的机器，他们必须具备学习、创新和创造性应用的能力。课堂提问不仅要帮助学生获取知识，还要引导学生创新知识；不仅要培养学生的基础能力，还要培养学生的创新能力。

第二节 激发兴趣，情意共振

一、兴趣的内涵

1. 兴趣的含义

早在春秋时期，孔子就已经十分重视培养学生的兴趣，他说："知之者不如好之者，好之者不如乐知者。"法国教育家卢梭认为，教育要适应儿童天性的发展，主张"自然教育"。他认为，儿童的好奇心，只是一种追求知识的欲望，好奇心只要得到很好的引导，就能成为其寻求知识的动力，问题不在于教他各种学问，而在于培养他有爱好学问的兴趣，这是所有一切良好教育的一个基本原则。教育的艺术是使学生喜欢你所教的东西。这体现了激发学生学习兴趣的重要性。

兴趣是学生走进知识世界的内在动力。我国学者朱智贤在《心理学大词典》中将兴趣定义为"力求认识、探究某种事物的心理倾向，由获得这方面的知识在情绪体验上得到满足而产生，它和需要相联系"[①]。朱智贤先生从心理学角度解释兴趣，认为兴趣是个人的心理倾向。我国学者李洪玉认为兴趣是一种带有情绪色彩的认识倾向，是推动人去认识事物、探索真理的一种重要契机，是学生学习动机中最活跃的因素。

在课堂提问中，兴趣主要是指学习兴趣，学习兴趣是指学生在认识、探究知识过程中所表现的一种情绪倾向。学习兴趣是学生对学习的一种倾向程度，表现了一种内在的学习动机。

学习兴趣是以个人需要为基础的。学生只有对某种事物有直接的或间接的需要时，才会有意识地去认识它、主动地去探究它，并在探究中获得心理上的满足。心理学家皮亚杰认为："兴趣，实际上就是需要的延伸，它表现出现象与需要之间的关系，因为我们之所以对一个现象产生兴趣，是由于它能满足我们的需要。"由于每个人的需要不同，兴趣也因此而各

[①] 朱智贤. 心理学大词典 [M]. 北京：北京师范大学出版社，1989.

不相同。学生对感兴趣的知识充满探究的欲望，并在发现问题、解决问题的过程中获得成就感，这种成就感又反过来加强了学生的学习兴趣，从而形成一种良性循环。

2. 学习兴趣的特点

(1) 情绪性

学习过程是一个个性化的过程，带有个人色彩，而学习兴趣也表现出明显的情绪色彩。学生在面对自身感兴趣的学习活动时，总会表现出积极、兴奋的情绪状态，学习也就变得轻松、愉快；反之，则表现出烦躁、紧张的消极状态，学习效率也因此大打折扣。

(2) 特定性

对于感兴趣的知识或学习活动，学生总会有较强的指向，并且持续时间较长，这就是学习兴趣的特定性。学生一旦对某一学习活动感兴趣，就会积极参与其中，并主动扫除阻碍，深入探究相关知识。

(3) 启发性

学习兴趣对于学习活动具有显著的推动作用。学生一旦对某项学习活动感兴趣，就会全身心投入该项活动的探究中，甚至会在探究中创新学习方法，以求更出色地完成学习任务。在这个探究过程中，学习兴趣不断激发着学生前进，帮助学生调整思考、创新方法，使学生克服各种困难，不断巩固知识。

二、激发兴趣的原则

1. 联系实际原则

教师应该结合学生的学习与生活实际来设计问题，这样设计的问题才有针对性、着力点，才能激起学生的学习兴趣。如果脱离学生的实际设计问题，就会给学生造成认知、理解上的障碍，这样必然会损害学生的学习兴趣。

2. 学以致用原则

学生如果仅仅是回答问题，是难以形成能力的，只有学以致用，在认识中进行实践，在实践中加深认识，才能使知识有效地转化成能力。因此，教师提问不仅能检测学生的知识掌握程度，还能引导学生掌握解决问题的方法。

3. 民主和谐原则

传统的课堂上往往弥漫着一种严肃、呆板的气息，教师在上面滔滔不绝，学生则在下面噤若寒蝉。在这样的课堂氛围中，学生就算遇到感兴趣的话题，也没有机会或不敢轻易表达自己的意见。教师要加强与学生的交流，给学生一个相对宽松的学习环境，尽可能营造一个和谐民主的学习氛围。

三、激发兴趣的作用

1. 激发学习的动力

学习兴趣是学生学习的内驱力。学习活动如果能满足学生内心的求知欲和好奇心，就能激起学生的学习兴趣，成为学生认识、理解、探究事物的内驱力。学习兴趣可以引起大脑皮层的积极反应，促使学生全身心投入学习。对于学生来说，这样的学习不是一种负担而是一种享受。学生越深入探究就越有兴趣，进而形成一种学习的推动力。

2. 开发学生的智力

心理学中的非智力因素是指除智力以外的其他心理因素，主要由动机、兴趣、情感、意志、性格等要素组成。其中，兴趣是非常重要的非智力因素，是创造力的源泉。学生一旦对某种事物深感兴趣，就会有强烈的探究欲望，大脑也因此常常处于兴奋状态，从而促使记忆力、逻辑思维能力、空间想象能力等智力因素得到有效发展。相应地，由于学生的思维进入积极状态，注意力高度集中，因而智力空间也会获得有效开发。

3. 增强学习的效果

面对不感兴趣的事物，大脑皮层会处于抑制状态，脑细胞也会处于消极状态，学生就会表现出排斥、厌恶、烦躁等消极情绪；而面对感兴趣的事情，大脑皮层则处于兴奋状态，接收信息快、工作效率高。特级教师魏书生说，艾宾浩斯遗忘规律在他那里不起作用，兴趣才是创造高效率的原因。如果学生对学习内容有兴趣，就会"马不扬鞭自奋蹄"，甚至达到忘我的状态。这种情绪高涨的学习状态能够增强学习的效果,促进教学质量的提高。

4. 发挥学生的主体性

学习兴趣能够为学生提供强大的内驱力,驱动学生不断地探究尝试。这时,学生会表现出强烈的主观能动性,希望通过对知识的理解、问题的解决来满足内心的需要。激发兴趣,就是激发学生的潜能,唤醒学生的主动性。学生如果对学习产生兴趣,主动性就会大大增强,不需要旁人引导、鼓励,也能全身心投入学习;相反,学生如果对学习不感兴趣,即使教师费尽九牛二虎之力,他也仍无动于衷。因此,激发学生的学习兴趣,发挥学生的主体性,是教学中的一项重要任务。

四、激发兴趣的提问方法

1. 捕捉趣味点提问法

教师可以在设立问题时,捕捉问题的趣味点,激起学生的兴趣,引发学生的思考。学生如果对问题不感兴趣,仅仅是把问题当作学习的任务,久而久之,就容易产生疲乏厌倦的感觉,思维也会受到阻碍。因此,教师应设计充满趣味、有一定挑战性而又符合学生认知规律的问题,以激起学生思维的涟漪,增强学生的学习兴趣。

在教学过程中,教师应抓住一切可能的机遇,培养学生的学习兴趣;要精心创设教学情境,激发学生的求知欲,使学生内心产生一种学习的需求,自觉地、主动地探究问题,获取新知识。

2. 问中激疑提问法

要激发学生的兴趣就要激起学生的好奇心,唤起学生的好奇心之后,学生就会主动去学习知识。提问是一个通过提出疑问促进学生进行思维的过程,在课堂教学中教师应把握好提问这一激发学生学习兴趣的方式。通过课堂提问帮助学生提升思维能力,并激起学生对学习的兴趣,引导其积极思考。

"倍的认识"教学片段

(课件出示图片:2只大猴子,5只小猴子。)

师：你们看到了什么？

生：2只大猴子，5只小猴子。

师：根据你们看到的大猴子和小猴子的只数，你能提一个数学问题吗？

生：一共有多少只猴子？2+5=7（只）。

生：小猴子比大猴子多多少只？5-2=3（只）。

师：（补上1只小猴子）现在你们又能提出什么问题？

生：小猴子的只数是大猴子的几倍？

师：把哪种猴子的只数看作一份？能解答吗？

生：把大猴子的只数看作一份，6÷2=3。

师：大猴子有几只？

生：2只。

师：把2只大猴子看作一份。

师：（再补上1只大猴子）现在小猴子的只数没有变，那么，小猴子的只数还是大猴子的3倍吗？为什么？

生：不是。大猴子有3只，小猴子有6只，6÷3=2。

师：把什么的只数看作一份？

生：把3只大猴子看作一份。

在该案例中，教师通过多种激疑方式激活学生的思维，使学生获得发展的动力，迸发出智慧的光芒。

3. 鼓励性评价提问法

教师在提问过程中对学生做出鼓励性的评价是学生对学习产生兴趣或者保持兴趣的一个重要因素。在实际教学中，教师一个"好"的评价便能使学生处于兴奋的状态，这种状态会使学生更加专注于学习，从而提高学习的积极性。将鼓励性的评价运用到提问过程中，可以让学生在回答过程中获得成就感，从而激起其深入学习的欲望。

《生物入侵者》教学片段

师：还有谁认为自己读得好？

生：我。

师：好，请你读。

（生读。）

师：读得不错，鼓掌！不过你读的有个小毛病："制约""纽约"你读得有点儿口音，读成了"哟"。如果能改一改就更好了。对了，这个字（板书：蚌）该怎么读？bàng还是bèng？

生：bàng。

师：对。这一段举了哪几个例子？

生：1988年，几只原本生活在欧洲大陆的斑贝被一艘货船带到北美大陆……来自亚洲的天牛和南美的红蚂蚁……

师：这三个例子想说明什么问题？我们先在书上画出来，然后一起读，看能不能读准。

生（齐）："如果一个物种在新的生存环境中不受同类的食物竞争以及天敌伤害等诸多因素制约，它很可能会无节制地繁衍。"

师：读得真齐呀！英雄所见略同啊！（故作迷惑）但有一个字我拿不准读音——诸，是"zhū"，还是"zhù"？

生：zhū……zhù。

师：究竟是哪个？根据是什么？

生：诸葛亮，读zhū。

师：有道理，但万一它是多音字呢？我们根据什么判断对错？今天同学们好像都没有带字典，希望以后大家上语文课，都要带字典。因为，字典是装在口袋里的老师，它比你这个老师（指自己）高明很多！你这个老师才疏学浅啊，究竟读"zhū"还是"zhù"，我也拿不准，但我们用字典一查，就解决了。这样，究竟读"zhū"还是"zhù"，我们现在不做定论，大家回去查一查，怎么样？

生（齐）：好。

教师善于从学生的回答中发现亮点，并且在表扬了学生后，及时指出学生的不足之处，这样的鼓励性评价能够让学生了解自身的优缺点。教师的鼓励性评价激起了学生的朗读热情，使学生充满感情地朗读，不仅加深了对文本内涵的认识，而且走进了文本，深入了解了《生物入侵者》一文的主要思想。

第三节 方式多样，灵活妙用

一、提问方式的特点

1. 灵活性

没有已造成的事物，只有正在创造的事物。没有自我保持的状态，只有正在变化的状态。提问方式也是不断变化的。教师要灵活掌握各种提问方式的优点，做到心里有数，从而使提问方式适应新的目标、新的内容、新的对象，提高提问的有效性。

2. 多样性

在复杂多变、不断生成的课堂上，提问的方式也要相应地不断变化。提问方式是由提问内容、提问对象、提问环境等因素决定的，会随着这几个因素的变化而变化。除此之外，提问方式也会因问题类型的不同而有相应的改变。教师在实际教学中需要根据具体问题选择不同的提问方式，这一方式或许与预设的方式有所不同，是根据不同的提问对象、不同的提问内容即时设计的，可能是多种方法的融合，也可能是个别方法的创新。由此可见，提问方式是多种多样的。

二、提问方式选择的依据

1. 依据教学目标

教学目标指导教师授课的方向，制约着教学活动的整个过程。针对不同的教学目标选用不同的提问方式，是使提问走向最优化的重要方法。因此，教学目标是提问的根本，提问方式是实现教学目标的手段，提问方式的选择必须服务于教学目标。每节课具体的目标是不同的，这就要求教师根据不同的教学目标选择适当的提问方式。

每一种提问方式都会对一定的教学目标起作用，都有其独特的功能和长处，但是同时也有其局限性。教师要根据提问方式的特性进行分类，尽量做到扬长避短。

2. 依据教学内容

教学内容同样影响着提问方式的选择，针对不同的教学内容应选择不同的提问方式。即便是同样的教学目标，但因具体内容的不同，所采用的提问方式也会不同。如在教学过程中，对于基础知识教师往往采用的是直接提问的方式，并将基础知识进行延伸，这样的提问方式在帮助学生巩固基础知识的同时，还可以拓宽学生的思维空间与知识视野。

3. 依据学生特点

提问方式的选择还应考虑学生的年龄特征和认知水平，对不同年龄的学生以及认知水平不同的学生应选用不同的提问方式，如此才能获得实效。另外，教师在选择提问方式时，必须以调动学生思维发展为前提，由外在的教学要求转化为学生内在的学习需求；同时，教师应注意提问方式必须切合学生已有的知识经验，要从学生的实际情况出发，为学生服务，突出学生的主体性，让学生学会思考。

4. 依据教师优势

每个教师都有自身的个性与素质特点，即使采用同一种提问方式，对课堂产生的效果也不尽相同。因此，教师选用提问方式时，应该扬长避短、避实就虚。例如，一位教师的朗读能力很好，但是在营造氛围方面仍有待提高，这位教师就可以通过自己的朗读为学生营造问题情境，引导他们解决问题。

三、常用的提问方式

1. 检查性提问

在课堂上，每解决一个问题，我们常常听到教师问学生："听懂了吗？""记住了吗？"学生会毫不犹豫地说："听懂了！""记住了！"学生真的听懂了、记住了吗？其实不一定。教师这种简单的、形式化的提问方式，会使学生对教师的提问产生敷衍的态度。教师若想通过提问准确地了解学生的学习情况，就要选择正确的提问方式，否则无法获得准确的信息。

《北京》教学片段

1. 开门见山，直接导入

师：今天我们学习第10课《北京》（板书：北京）

（交流课前调查。）

师：去过北京的同学请起立。

（6名学生起立。）

师：你是什么时候去的？

生：去年4月份。

师：没有去过北京的同学也应该去一去，为什么一定要去北京呢？

生：听××说北京很漂亮，非常繁华，想亲自去看看……

师：北京是我国的首都，是政治文化中心，昨天老师布置了作业，让大家收集有关北京的资料，现在我来检查一下。

（检查学生收集到的资料，表扬做得好的同学。）

师：你知道北京有哪些名胜古迹吗？

生：圆明园、颐和园……

师：最有名的是——

生：万里长城。

师：你还知道什么？

生：北京的市花是月季花。

师：杭州的市花是什么呢？

生：桂花。

师：下课后大家把查到的资料互相传着看一看。

2. 初读课文，感知内容

师：现在打开课本，课本中的北京又是怎样的呢？现在坐得最好的是××，他的眼神告诉我他已经做好准备了，现在×××也准备好了。

……

师：刚才大家了解了北京的悠久历史，现在大家看到的是北京现代的高楼大厦，课文里的描写只展现了北京的冰山一角，所以昨天老师让大家收集关于北京的资料，以使大家对北京有更多的认识。昨天好像还出现了一些多音字的问题，是什么来着——

（老师一边"沉思"，一边看着同学们。）

生（小声提醒）：老师，好像是"柏油马路"的"柏"字。

师（"恍然大悟"）：啊，对，你记性真好。

（老师幽默的语气引得学生哄堂大笑。）

师（笑）：那么，大家还记得应该读什么吗？

在检查学生收集资料的情况时，该教师不是简单地提问"你们收集资料了吗"，而是提问了资料可能涉及的具体内容，如"你知道北京有哪些名胜古迹吗"，不仅检查了学生收集资料的情况，还促使学生巩固了知识。教师在提问时，故作沉思，激起了学生回答的欲望，使学生都能积极发言。教师从学生的回答中，获知了他们掌握知识的情况，达到了检查的目的。

2. 示意性提问

示意性提问是指教师通过直观手段对学生进行提示，用眼神、手势、动作以及比喻性的话语等进行提问，旨在给学生必要的暗示与提醒，帮助学生逐步解决难题、突破难点。下面通过一则案例来看看这位教师是如何进行示意性提问的。

（动感的音乐响起。）

师：同学们，让我们先来放松一下心情，和老师一起来扭一扭！

（教师随着音乐有节奏地边扭边喊口令，学生欢快地扭动起来。）

师：今天我们痛痛快快地来玩一玩。先让台下所有的老师都来认识一下你，但是今天要和着节奏来介绍。

（电子琴节奏响起，教师带着学生拍四二拍节奏，第一拍拍手，第二拍拍腿，师生有情感地拍打节奏。）

师：开小火车，从我开始，（合着电子琴节奏）我——叫——张——敏。

（教师将话筒一一递到每个学生面前，学生和着节奏有表情地介绍，介绍过程中，有的学生跟不上节奏，教师不断帮其调整。）

师：下面张老师点到谁我们就一起喊他的名字。

（教师指某一同学。）

生：（全体有节奏地喊）楼宇琪｜楼宇琪｜楼宇琪｜……

（教师先后指向不同的同学，学生有节奏地喊他们的名字。）

师：下面我们不用电子琴伴奏，听张老师的指挥，一齐喊"陈新佳兰"的名字。

（教师关闭电子琴并指挥，学生喊：陈新佳兰 | 陈新佳兰 | 陈新佳兰 | ……教师一会儿猫腰，一会儿双手在空中挥舞，学生随着教师的手势，进行强弱的变化。教师突然收住，学生没有反应过来。）

师：嘿嘿！没有看懂。刚才张老师的指挥是什么在变化？

生：强弱在变化。

生：音量在变化。

师：音量，就是她说的强弱。我们继续。

（教师指挥，学生喊：楼宇琪 | 楼宇琪 | 楼宇琪 | ……教师一会儿快，一会儿慢，学生随着教师的手势，进行速度的变化。教师收住，学生也收住了。）

师：什么有变化？

生：强弱有变化。

生：速度有变化。

师：很好，强弱和速度都有变化。再听，又有什么变化？

（教师指挥，学生喊：张斌 | 张斌 | 张斌 | 张斌 | ……教师一会儿左右大幅摇摆，做陶醉状，一会儿双手在胸前做跳跃状，学生随着教师的手势，进行强弱、速度的变化。）

师：什么有变化？

生：感情有变化。

生：一个是有弹跳力的，一个是非常抒情的。

师：非常好，一个是跳跃的，一个是连贯的。

对于小学生来说，音乐节奏的强弱、速度的变化比较抽象，难以直接从音乐中感受到，所以音乐的节奏变化常常是学生学习的一个难点。教师在演示动作的过程中提问学生，让学生在示意性的手势与问题的指引下，形象地理解了音乐节奏的变化。学生从具体形象的提问中深受启发，积极发表自己的看法，很好地解决了问题。

3. 引导性提问

引导性提问，顾名思义是教师在传授知识时，不是直接向学生呈现答案，而是通过对学生提问的方式，向学生提供解决问题的思路，一步步地引导学生解决问题。叶圣陶先生说:"教师为之教,不在全盘授予,而在相机诱导。"教师要把握好自身的角色——引导者,在提问时,应注意说话语气要亲切、神情要自然,给学生一种友好感。

四、选择提问方式的原则

1. 主题鲜明

教学时间是有限的,教师应该在有限的教学时间内巧妙地对学生进行提问,并将知识巧妙地融入其中,以完成教学任务,培养学生运用知识的能力。提问是为了帮助学生达到解决问题的目的,所以教师必须明确每一种提问方式所指向的目标,并且要预设其对学生的思考有多大的影响。

2. 寓教于乐

泰戈尔认为:"教育的目的应是向人传递生命的气息。"课堂是神圣的地方,是调动学生生命气息的场所。宽松的课堂氛围能够让学生在快乐中学习,在欢笑中生成智慧,感受知识的魅力。因此,教师要注重提问方式的趣味性,关注学生的生命教育,让学生在思考中感受智慧的魅力,体会成功的喜悦。充满趣味的提问方式将使课堂气氛更加和谐,学生思维更加活跃。

3. 简单易行

简单易行体现在教师使用某种提问方式时舍弃不必要的步骤和程序,使其在结构上变得更加紧密、连贯。一种方式刚被运用的时候,教师往往并不熟悉,加之方式本身也不太完善,因此会呈现结构松散和环节烦琐的情况,这会给教师加重负担,影响提问的效果。因此,教师必须在保证不影响教学效果的前提下,简化提问方式,提高提问的有效性。

第四节　发散思维,挖掘内涵

一、发散思维的内涵

1. 发散思维的含义

随着21世纪的到来,全球进入了知识经济时代,知识随着科技和网络的发展在社会各个领域迅速扩散，只有对知识进行创新才能跟上变化莫测的信息时代的发展脚步。而要拥有创新的能力，就要发挥教育的作用，在教育中改变人的固有思维，开阔人的视野，培养人的发散思维能力。我国全面的课程改革都是围绕着培养学生的思维能力与创新能力展开的，可见，培养发散思维是时代所趋，是当今教学的重要方面。

发散思维也称求异思维，是根据已知的信息对研究对象进行多方位、多层次的思考，并充分发挥想象力，打破原有的知识结构，在新的方面进行推测假设，构想新的方法，探索多种解决问题的方法和途径的思维模式。从解决问题的角度看，思路越多，解决问题的方法越多，创新的概率也就越高。

2. 发散思维的特点

（1）批判性

发散思维的批判性是指在寻求答案和解决问题的过程中，不局限于现有结论，不迷信权威，不人云亦云，而是从一个新的角度思考、分析，找出结论的缺陷，进而修改。发散思维在解决问题时从多途径、多方面进行思考，这就说明发散思维并不依赖于固定的思维模式，不墨守成规，它需要在反复摸索中，逐步跳出原有的知识框架，以前所未有的视角分析问题，形成一种新的方法。

（2）新颖性

每个人的思维方向与知识水平都有所差异，因此，每个人的发散思维也会有所不同，也就是发散思维所产生的观念、结论、表达方式等都是前所未有的。学生在探索知识的过程中时常会产生新颖的观点，这时就需要教师能准确地把握并予以鼓励。

二、发散思维提问法的运用原则

1. 多中求全

发散思维的重要特征是围绕一个点，从上下左右前后等方向进行扩散，所以教师在引导学生进行发散思维时，尽可能引导学生从不同的方面进行信息收集，让学生通过比较、借鉴、联系等方法，综合、分析、组合，开拓出新的思考角度或智慧成果。这样循序渐进、层层深入地引导学生把问题的内涵挖掘出来，由点到面，由面到体，有利于学生形成全方位的思维。这样的思维模式能使人最大限度地获取信息，更全面地认识问题的本质。

2. 联想合理

发散思维可以天马行空，但并不意味着可以随心所欲。唯有根植于坚实的知识基础，才能迸发思维的力量。所以进行发散思维的前提是读懂问题，教师要带领学生联系教学重点，开阔思路，打破原有的思维束缚。有时，学生因为没有把握好问题的前后联系，思考起来总是"想当然"。这样的思考方式大多缺乏逻辑性，结果往往是以偏概全。因此，教师在提问时，应注意学生的思考是否具备逻辑性，要引导其联想趋向合理。

3. 收放自如

发散思维允许自主、开放，但是不能偏离基本。尽管思维的角度是"横看成岭侧成峰，远近高低各不同"，但是我们唯一的目的是揭开"庐山真面目"，不能为了过分追求"横""侧""远""近""高""低"的不同，而对问题进行主观性的臆测或改造，以免偏离学习的本意。因此，在教学时，教师要对学生的发散思维进行适当的收拢，把学生的思维控制在教学的轨道之上。

三、发散思维的作用

1. 把握问题实质

发散思维鼓励学生从问题的各个方面进行思考，即从不同角度考虑问题。在寻找不同角度的过程中，学生不再局限于标准答案，从而逐步拓宽思路，加深对各种知识的联系的理解，进而把握问题的实质。

2. 激发学习兴趣

发散思维没有拘束性，学生可以根据自己对问题的理解进行思考，可以从不同的角度进行设想，这更能激起学生迫切探求知识的欲望。同时，发散思维尊重学生的想法，让学生的主体意识得以增强，使其树立信心并对问题进行大胆设想，进而渐渐对学习产生兴趣，并将这种兴趣投入知识的探求中。

3. 迸发课堂活力

进行发散思维不仅可以使学生从不同的角度看问题，拓宽认识事物的思路，而且能使学生获得思考的乐趣。当学生的情绪受到渲染，处于兴奋状态时，就会积极为解决问题出谋献策，课堂便会因学生的积极参与而迸发出活力。

四、发散学生思维的提问方法

1. 引导学生众说纷纭的提问法

众说纷纭是培养学生发散思维的重要方法，其特点是没有固定的答案，只要能自圆其说，均可允许。众说纷纭为解决问题提供了灵活多样的方式，不但可以巩固学生的已有知识，而且能够培养学生的创新思维。

例如，在教学"商品的含义及其基本属性"时，可通过以下三种方法提出问题，引导全体学生参与探究讨论。

① 自然界中的阳光、空气为什么不是商品？农民自产自用的粮食、蔬菜以及给灾区捐赠的物品是商品吗？废品收购站收购的物品是商品吗？

② 有使用价值的东西一定是商品吗？有价值的东西一定是商品吗？没有使用价值的东西一定没有价值吗？没有价值的东西一定没有使用价值吗？

③ 超市货架上的物品是商品吗？现在手中正使用的签字笔是商品吗？为什么？

在新课程理念下，对需要学生讨论的某个问题，教材上往往没有现成答案，教师需要通过不断提问启发学生进行思考，让学生众说纷纭。课堂成为学生学习的主阵地，学生通过资料收集和整理，以及合作交流、讨论思考得出结论，充分发挥了主体作用，形成了探究能力。

2. 寻根问底法

寻根问底法是教师通过提出问题，引领学生深入思考以培养学生发散思维的方法。在回答教师提出的问题时，有的学生可能会敷衍了事或者浅尝辄止，有的学生甚至会产生厌学心理。此时，教师可以对这些学生进行寻根问底式的提问，引导他们不但知其然，而且知其所以然。

例如，学习钠的基本化学性质后，让学生思考：钠与硫酸铜溶液能否发生反应？如果能，请写出有关的化学方程式并推测反应现象。在学生的已有知识经验中，金属钠比铜活泼，所以它可以置换出硫酸铜溶液中的铜。学生很快写出化学方程式：$2Na+CuSO_4=Na_2SO_4+Cu$，并指出现象是钠溶解，同时有红色的铜析出。然后教师让学生通过实验来验证，结果学生发现观察到的现象与他们所预测的现象不同，认知冲突便产生了。学生展开激烈的讨论，最后得出结论：因二者存在钠与溶液中水的反应，所以金属钠与硫酸铜溶液的反应并不遵循金属与盐溶液反应的一般规律。

寻根问底是科学研究和做学问中一种不可或缺的精神。学习就是要学生全身心地投入其中，使学生不但要知其然，还要知其所以然，只有这样学生才能对问题有深刻、系统的理解，也只有这样，学生才能展开创造性的思考并解决问题。

3. 有的放矢提问法

有的放矢的"的"是思维发散的中心，是教学目标所在。教师要针对教学重点，对学生进行发散性提问。"除此之外还有哪些方面？""如果……会怎样？"这些有的放矢的发散性提问既能改变学生思考的方向、突破难点，又能引导学生从新的角度思考问题。经常性地进行发散思维，能够培养学生的发散思维意识，让学生逐步形成用发散思维思考问题的习惯。

第五节　环环相扣，化解难点

一、环环相扣的内涵

环环相扣的意思是一个环节接一个环节，并且环节与环节之间都紧密相连，如果其中一个环节断了，那么剩下的环节就无法与先前的环节形成一个整体。

教学难点通常具有抽象性与复杂性，不可能通过一个问题就能引导学生彻底解决，这就需要通过环环相扣的问题加以引导。环环相扣的提问策略是指教师根据知识内在的联系，设计一系列问题对学生进行提问。这一系列问题上下相连、环环相扣。在课堂提问中，环环相扣是一种线性思维的反映，可以使各环节彼此形成一种"咬合"的关系。这种环环相扣的提问策略能够保证学生思考问题的流畅性，确保学生在问题的引导下，一步步化解难点。

二、环环相扣提问法的运用原则

1. 忌直线式发展

环环相扣的提问策略是一个问题接着一个问题循序进行。如果每个问题都是按同一个节奏进行，呈平坦的直线型发展，则会使学生产生疲劳感，对问题产生厌倦的情绪，课堂的气氛也会像直线般毫无起伏，枯燥乏味。因此，设置问题要讲究难度的高低起伏，也就是说，设置问题要有主次、有轻重、有急缓，不能"一刀切"，要根据教学目标而定。

2. 忌生搬硬套

环环相扣的提问策略是问题与问题的衔接，具有明确的逻辑关系，每个环节各司其职；但是，这并不意味着教师可以生搬硬套预设的问题。教师的提问要根据学生的具体回答进行调整。例如，如果某一个环节的问题无须教师过多引导，那么教师让学生直接回答即可。又如，如果学生的回答与预设有较大的差别，但问题主旨不变，就要对问题进行适当的调整。

3. 忌走马观花

教师应根据学生的实际情况来设置问题，提问学生时，不要急于从一个问题到另一个问题，这种为赶教学进度而进行的提问，往往忽略了学生的即时反馈。教师应该耐心倾听学生的回答并及时给予引导，帮助学生开拓思维、解决问题。如果教师仅仅停留在对预设问题的解决上，那么环环相扣提问就会失去实质意义，学生也就无从获得实益。

三、环环相扣的作用

1. 形成有机整体

环环相扣的问题之间都存在一个联系点，在这些联系点的作用下，问题与问题间无形中形成了一条主线，进而能使学生在问题的引导下一步步突破难点、掌握重点。

2. 顺应思维发展

学习的过程就是思维生成的过程，教学活动是思维活动的过程。教学追求的不是结果，不是学生掌握某个知识点，而是培养学生的思考能力，让学生在学习过程中获得思维锻炼。环环相扣的提问策略根据学生的知识水平把对难点的探究分解为几个步骤，每一个步骤都要求学生通过自主思考来解决问题。这些步骤顺应了学生的思维发展，让学生在面对不同难度的问题时能一步一步地向更高级的思维水平迈进。

3. 强化思维训练

环环相扣的提问策略是以问题为本，让学生通过自主解决问题进行学习的。教师需要设计系列化的问题，构建思维发展的"引导链"，引导学生深入探究，让学生在已有知识的基础上掌握新知识。它强调把学习融入系列化的问题中，进而引导学生通过解决问题来掌握隐含在问题背后的科学知识，形成解决问题和自主学习的能力。

四、环环相扣的提问方法

1. 联想式紧扣法

联想式紧扣法是指教师抓住上一环节问题中的信息，引导学生进行相关的联想，学生通过联想进入下一个问题的探究。运用这种方法，要求教师必须准确把握能够引起学生联想的信息点，然后引导学生进行联想，最后把学生的思绪收回来，引入下一个问题中。我们可以通过下面这则案例来了解联想式紧扣法。

"探究'斜面的机械效率'"教学片段

1. 提出问题

师：这节课我们一起来探究斜面的机械效率。

师：我们利用斜面做功时，目的是把物体抬到一定高度。我们沿着斜面把物体拉上去，是为了省力。请看这里（演示），沿斜面拉物体时，什么是有用功？什么是总功？如何计算斜面的机械效率？

生：克服物体重力所做的功是有用功，拉力所做的功是总功。

师：我们需要哪些测量仪器？需要测量哪些物理量呢？

生：需要弹簧测力计和刻度尺。要测出物体的重力 G、斜面高度 h、拉力 F、斜面长度 s。

（多媒体出示斜面的机械效率：$\eta=\dfrac{W_有}{W_总}=\dfrac{Gh}{Fs}$。）

师：你们准备怎样测量拉力的大小？

生：用弹簧测力计钩住物体，沿斜面匀速向上拉，弹簧测力计的示数即为拉力的大小。

师：知道了如何测量斜面的机械效率，同学们猜想一下，斜面的机械效率可能与哪些因素有关呢？

2. 进行猜想

生：斜面的机械效率可能与斜面高度、斜面长度、倾斜程度、斜面粗糙程度、所拉物体的重力有关。

师：能说说你的猜想依据吗？

生：我觉得可能与斜面的粗糙程度有关，斜面越粗糙，克服摩擦力所做的额外功就越多，机械效率就越低。

师：有道理。摩擦是影响机械效率的一个重要因素，摩擦力越大，做的额外功就越多，机械效率就越低。

生：我觉得可能与斜面的倾斜程度有关，斜面的倾斜程度越大，把物体提升得越高，机械效率就越高。

生：我认为可能与斜面的坡度有关，坡度越大，斜面的机械效率越高。

生：我觉得可能与物体的重力有关，物体越重，机械效率就越高。

生：我认为可能与斜面的长度有关，斜面越长，克服摩擦力所做的额外功就越多，机械效率就越低。

生：我认为可能与物体对斜面的压力有关，压力越大，机械效率就越低或越高。

生：我认为可能与斜面的高度有关，斜面越高，做的有用功就越多，机械效率就越低。

师：很不错，同学们猜想了这么多因素，而且说得有理有据。我们能不能把这些因素中相类似的因素合并，把问题简化一下呢？谁来说一说？

生：我觉得斜面的坡度与斜面的倾斜程度可以合并。

师：坡度与倾斜程度是不是一个意思呀？（是）

生：我觉得物体对斜面的压力与物体的重力可以合并。

师：物体越重，对斜面的压力越大，那我们把它们合并为重力，因为压力不太好测量。

生：我认为斜面的高度与斜面的长度可以合并为斜面的倾斜程度，因为固定高度只改变长度或固定长度只改变高度，都相当于改变了斜面的倾斜程度，效果是一样的。

师：说得有道理，你能来演示给我们看看吗？

生：（演示并解说）把斜面长度固定，只改变斜面高度，斜面的倾斜程度变了；把斜面高度固定，只改变斜面的长度，斜面的倾斜程度也变了。这两种方法达到的效果是一样的。

在该教学片段中，问题与问题相扣连成一条"铁链"，倘若问题与问题之间缺乏相关性，失去连接点，那么"铁链"就无法连接成一个整体。因此，问题之间必须要有连接点连接着。在教学中，教师通过提问的方式先让学生对知识进行回顾，然后引导学生猜想"斜面的机械效率可能与哪些因素有关"。教师一环接着一环的提问，始终围绕着一个连接点——斜面的机械效率进行：讲述测量斜面机械效率的过程与方法，引导学生从上一问题进入下一问题。问题环环相扣，引导步步深入，目标一一达成。

2. 悬念式紧扣法

悬念式紧扣法是指教师利用学生对问题的答案所持的急切心情设置问题，从而激发学生探究的欲望，引导学生深入思考，最终达成教学目标。下面我们通过一则案例来了解一下。

师：在进入第一个环节"新手上路"之前，老师想让大家猜一个谜语：有一样东西，我有你没有，我把它送给你之后，你有我也有。想一想这是什么？

生：知识，信息。

师：还有没有第三个答案呢？好，到底是知识还是信息呢？我们在45分钟内就能找到准确答案。下面就进入我们的第一个环节"新手上路"。

师：首先我要给大家看一段录像，以前大家看没看过录像？（看过）你通过什么方式看录像？（电视、电影）

师：今天我们通过电脑来看录像，在看录像的同时要认真地思考、仔细地观察，考虑这样的问题：录像中告诉了我们什么？或者说我们从录像中感受到了什么信息？

（观看有关北京举办中小学生电脑机器人大赛的视频。）

师：录像播放完毕，大家先仔细想一下，这段录像向我们说明了什么问题？

生：北京举办中小学生电脑机器人大赛。

师：还有没有？

生：有1200名学生参加。

师：我们再看一张图片，你认识吗？（出示姚明的照片）这是哪位？（姚明）他的职业是什么？（打篮球）身高多少？（2.26米）大家知道了这么多信息，你能告诉我你是通过什么方式获得的吗？

生：通过电视、报纸、网络。

师：这是图片，刚才看的是录像。如果我再给你们看一篇文章，你们通过看文章能不能了解其中心内容呢？

生（齐）：能。

师：其实像这样从录像中、图片中、文字中感受到的东西就是信息。

教师连续几次向学生提问，目的是一步步地引导学生理解"信息"的含义。教师让学生观看、阅读一些看似与"信息"无关的材料——录像、图片、文字等，就是利用信息广泛性的特点故意设置悬念，旨在把学生的思考一步步引入问题的核心，完成学习任务。

3. 反向式紧扣法

反向式紧扣法是指在上一问题原有信息的基础上进行反面假设，引导学生比较，从而过渡到下一问题。这并不是引入其他事物或信息引起的转折，而是从问题本身性质的反面来进行探究。

第六节 开阔视野，着眼现实

一、开阔视野的内涵

人类文明是一个历史发展的过程，其基本的动力是人的创造精神。人的创造精神主要表现为能独立思考，具有创新能力。在知识经济飞速发展的今天，人们更为注重知识的应用与创新。学校教育应肩负起培养 21 世纪新型人才的历史重任。21 世纪的新型人才应该具备视野开阔、思维活跃、创新能力强的特点。创新是一个人生存不可缺少的条件，也是民族发展的灵魂。要培养创新型人才，就需要开阔学生的视野，进而拓展学生的思维，让学生在开阔的思维空间中尽情地创新。

视野即眼界。在教学中，开阔学生的视野主要指在学生原有知识积累的基础上开阔其新知识的领域宽度，帮助学生较全面地认识知识、学习知识，进而帮助学生走进新的思考空间，见识更多新的事物，开阔眼界，获得新的感悟，为学生进行知识的运用与创新做好准备。

二、开阔视野的原则

1. 把握教学的目标

教学目标是整个课堂的主宰。新课标要求知识与技能、过程与方法、情感态度与价值观三维目标的内在统一。因此，教师在帮助学生拓展思维、开阔视野的过程中，从内容到形式的选择都必须紧扣教学目标。在课堂教学中，教师主要通过提问来帮助学生开阔视野，在这个过程中，教师必须注意：不能游离于教学目标而进行无休止的提问。换言之，提问是为了落实教学目标，开阔视野也要紧紧围绕教学目标。

2. 尊重学生的思考

因知识水平、理解能力、想象能力等的差异，学生的思考结果会有所不同，教师应充分肯定这种思考结果的差异性。教师在引导学生开阔视野的时候，要尊重学生的思考，以使学生主动积极地参与思考，真正地参与到学习中来。即使学生的思考不尽人意或偏离了教师的预期效果，教师也要鼓励学生再接再厉。

3. 着眼学生的特点

教师在帮助学生开阔视野时，应根据学生的特点来设计问题。教师只有着眼于学生的实际，充分关注学生的需求，才能做到有的放矢，才能更好地使教师的教服务于学生的学，帮助学生更有效地开阔视野。每位学生都有自身鲜明的个性和特点，教师必须尊重、了解，坚持以生为本，有针对性地激活学生的想象力，打开学生的思维，开阔学生的视野。

三、开阔视野的作用

1. 扩展知识面

在传统教学中，教师死守文本，只注重教学任务的完成程度，而忽视学生具有差异性的学习需求。这会造成学生知识面狭窄、运用知识的能力较弱等弊端。开阔视野不仅为学生提供了一个认知的新视角，还为学生带来了认知的新方法，这将更有利于他们对知识的扩展和灵活运用。

2. 激发学习兴趣

学生往往会对新鲜的事物产生一种强烈的好奇心，而开阔视野是通过拓展知识领域的宽度来实现的。在拓展知识领域的过程中，部分知识是学生没有接触过的，这就能激起学生的求知欲望，进而让学生在新的知识领域充满活力和激情地进行学习。所以，开阔视野能够激发学生的学习兴趣，让学生以积极的心态投入学习中。积极的情绪是学习的催化剂，能够激励学生积极主动地进行思考，高效和充满激情地完成学习任务。

3. 提高创新能力

创新能力的培养并不是无源之水、无本之木，它需要扎实的知识基础与开阔的视野。开阔的视野之所以重要，是因为创新是创造与众不同的事物，只有开阔视野，才能尽可能地创造充满创意的、新颖的事物。开阔的视野是创新的基础与前提，开阔视野能为学生提供新的知识领域，为学生指引新的方向，进而使学生提高自身的思维水平，并在新旧思维碰撞的过程中形成新的理解。

四、开阔视野的提问方法

1. 知识背景法

知识背景法是指教师从知识点的背景对学生进行知识延伸的方法。这样不仅可以帮助学生更加深刻地理解知识，加深对知识的印象，还能帮助学生了解知识的来源，从而开阔学生的视野，让学生不仅知其然还知其所以然。下面我们通过《古诗两首》的教学片段来看看知识背景法在教学中的运用。

师：今天我们要学两首古诗，请同学们拿出课本，读读这两首诗，结合注释说说这两首诗的主要意思。

（生读课文，师板书：《题临安邸》《秋夜将晓出篱门迎凉有感》。）

师：谁来朗诵这两首诗？

（一生读第一首，师指导朗读"熏"；另一生读另一首。）

师：咱们一起来读一读，思考一下这两首诗有什么相同的地方。

（生齐读。）

生：这两首诗的作者所处的朝代都是南宋。

师：你们对宋王朝有哪些了解？简单地说一说。

（生介绍收集的资料。）

师：是的，那是个非常复杂的时代。（介绍历史背景）

……

师：壮丽的山川陷落了——西湖边还是一派歌舞升平的景象；那里的老百姓在异族的欺压下度日如年——西湖上的权贵们在歌与酒之间昏昏度日；那里的老百姓盼望宋朝的军队，望眼欲穿——南宋的统治者们终日寻欢作乐，早已将失地与那儿的老百姓一起忘到了九霄云外。请大家一起来读一读。

（生齐读。）

师：读了这首诗，你有什么样的感想？

生：同情，同时觉得宋朝政府真是腐败无能。

（师板书：凄凉。）

师：是啊，他们是如此昏庸，而老百姓却是盼啊，盼啊！（读——南

望王师又一年)

师：又一年是多少年？……一年过去了，读！

生：遗民泪尽胡尘里，南望王师又一年。

师：五年过去了——

生（齐）：遗民泪尽胡尘里，南望王师又一年。

师：十年过去了——

生（齐）：遗民泪尽胡尘里，南望王师又一年。

师：六十多年过去了——

生（齐）：遗民泪尽胡尘里，南望王师又一年。

师：他们哪里知道，自己早已被抛弃了，被那些终日沉醉在湖光山色、莺歌燕舞中的人们抛弃了。

（课件出示《示儿》，师引读，生跟读。）

诗歌里的每一个字都是为表达诗人的情感而服务的，高度凝练的词句蕴含着诗人厚重的思想感情。诗歌能映射出诗人所处的时代背景，揭示当时社会的现状，因此，我们学习诗歌不仅要探究诗中的情感世界、人生哲理，还要对诗人所处的时代进行深入的了解，这样才能加深对诗人及其情感的理解。该教师通过引领学生了解诗歌创作的背景，让学生理解了诗歌、认识了诗人，同时开阔了学生的视野，使学生了解到南宋的社会文化和风俗民情。在教学过程中，教师让学生通过收集资料来解决问题，这不但锻炼了学生收集、整合资料的能力，还拓宽了学生的知识范围，使学生不仅学习了语文知识，还体会到文本中深厚的历史韵味，深入理解了诗人的内心世界，认识到诗人为什么会产生这样的感慨，会创作这样的诗作。

2. 贴近生活法

教育就是生活。教师在教学时可以将与所教内容相符的现实生活中的事物引进课堂，激起学生学习的兴趣，并引导其进行思考。下面我们来看看案例中这位老师对贴近生活法的运用吧！

（讲授"人类活动地域联系的主要方式"。）

师：时间跨越到了2035年，同学们都成了社会的精英。某日，几个同学闲时小聚，突然想起许久没联系的高三班主任，你可以通过什么方式跟她取得联系呢？

生：QQ联系！

生：E-mail联系，MSN联系！

生：坐动车去看她！

生：坐飞机去看她！

生：坐海底隧道列车去看她！

交通、通信工具的发达，使沟通变得越来越容易，学生纷纷表示要努力学习，将来回报学校、回报社会。让教学走进生活，拉近了师生之间的距离，为营造良好的学习氛围奠定了基础。

第七节 拨开"云雾"，抓住关键

一、"云雾"的内涵

1. "云雾"的含义

学生学习犹如在弥漫着云雾的大海中航行，不可能一帆风顺。学生的学习之船被层层薄雾掩盖着，有时会因迷茫而徘徊不敢前行，有时甚至会偏离目的地。在这里，"云雾"是指阻碍学生前进的思维障碍。

思维障碍指因人脑的正常活动规律受到干扰而对客观现实的反映发生歪曲的异常的心理现象。在课堂学习的过程中，思维障碍是指学生在学习知识、探究知识的过程中，由于各种原因，在通向学习目标的思维之路上，出现的一道道槛阻碍了思维的前进。思维是学生将客观事物的本质与规律进行联系的过程，也就是学生自主在脑海里将客观知识进行内部构建与联系的过程。而在这个过程中，学生因受各种因素的阻碍而无法继续进行思考与探索，这就是思维障碍。

2. "云雾"形成的原因

思维障碍形成的原因主要有两个方面：第一，自身思维品质的缺陷、自身知识的不足或知识结构混乱；第二，教学情境、知识的外在表现对学生的思维造成干扰。

布鲁纳认为，新知识的获得过程是个体运用已有的认知经验，使新输入的信息与原有的认知结构发生联系，理解新知识所描绘的事物或现象的意义，使之与已有的知识建立各种联系的过程。也就是学生在建立新旧知识的联系时，新旧知识在大脑中发生相互作用，导致学生现有的知识结构发生分化和重组，从而获得新知识。但是这个新知识获取的过程并不是一帆风顺的，会受到多种因素的影响。当学生的旧知识与新知识结构不相符、新旧知识缺少必要的连接点时，学生就会对知识产生陌生感，无法建立知识间的联系，从而导致思维障碍的出现。另外，如果新知识的范围太广，犹如漫天密布的乌云，笼罩在学生的思维之路上，也会让学生无从选择；学生对新知识不太熟悉，难以抓住新知识的要点，难以找到解决问题的突破点，也会导致思维障碍的出现。

二、"云雾"的种类

1. 知识概念模糊的思维障碍

准确掌握知识概念是学生正确理解知识、解决问题的前提条件。学生在学习知识概念的时候因无法厘清各知识点的内涵，以致在解决问题的过程中总会出现考虑问题不全面、无法调用或混淆知识概念的情况。知识概念是学生运用知识的基石，如果学生失去这一基石，就无法找到落脚点，从而影响问题的解决。

2. 知识负迁移的思维障碍

知识负迁移是指一种知识的学习对另一种知识的学习产生消极影响。在两种知识相似的情况下，有时候学生无法区分这两种知识，就容易停留在对两种知识的表层理解上，不能深入理解两种知识的本质，从而混淆两种知识并进一步导致对问题的误解。

3. 思维逻辑无序的思维障碍

思考时只有把握知识之间的逻辑顺序，才能保证思考问题到位。学生在解决问题的过程中，往往会被问题的表面所蒙蔽而导致思维的逻辑顺序发生混乱，使思考偏离问题的中心。另外，教师的语言表述不准确也会导致学生思维逻辑混乱，从而给学生带来思维上的障碍。

三、拨开"云雾"的原则

1. 坚守主导位置，保护主体地位

教学过程是一个多性质因素交织的动态过程，是学习主体和引导主体的交互作用过程。在教学过程中，学生的学与教师的教共同构成一个矛盾统一体。学生学的结果是衡量教学效率的重要指标，学生的学在这对矛盾中居于主体地位；而教则是提高教学实效的重要手段，在这对矛盾中居于从属地位。因此，教师在帮助学生扫除思维障碍时，要注意自身的角色是引导者，学生才是问题的解决者，教师不能越位，而应该适当地放手让学生自行解决问题。

2. 重视体验过程，深刻理解知识

在课堂教学中，体验是学生的一种学习方式。教学活动只有以学生的体验为基础，才能使知识真正触及学生的心灵，进而使学生深刻理解知识。教师在为学生扫除思维障碍的时候，也要注意引导学生参与其中，可以采用教师说前半句学生补充后半句的方法。这样既能起到引导学生体验的作用，也能加深学生对知识的印象。

3. 关注心理素质，培养自信心

学生的学习活动是智力因素与非智力因素的综合。学生的思维过程不仅是知识运用的过程，更是一个心理活动的过程，因此思维活动会受个人情绪的影响。当学生的心理状态不佳时，就容易产生心理障碍，影响解决问题的情绪与行为。学生遇到不懂的问题时，往往会出现紧张、畏难的情绪，有的甚至自乱阵脚，不知所措，无法思考。这样的情绪会抑制学生的思维，影响学生解决问题的效率。教师在帮助学生扫除思维障碍时，可以采取鼓励的方法，帮助学生减轻心理压力，给予学生信心，让学生为下一步的学习做好心理准备。

四、拨开"云雾"的方法

1. 关注教材

教材是教学活动的重要载体，是教师教学和学生学习的重要依据。脱

离了教材的教学会导致师生之间出现无目的的互动，不能准确把握教学的核心。当学生在学习中感到迷茫时，教材是学生寻找思考方向的一个灯塔，指引着学生思维前行的道路。教师在设计问题时，要有意引导学生回归教材，这样才能使问题具体化、学习目标明确化。

2. 关注学生反应

学生的实际学习情况在课堂教学过程中是不断变化的，教师应该根据学情，有针对性地对其进行具体的引导，以使学生及时消除学习的障碍；而学生对问题的理解情况、对知识的接受情况等信息反馈，反过来又为教师进行下一步教学提供了依据。因此，在课堂教学中，关注学生的反应并据此组织下面的教学活动，也是拨开"云雾"的重要途径。我们通过下面的案例来看看如何在教学中关注学生的反应。

师：刚才同学们谈得很好，不过只是仅仅提到了人与人之间的合作，那动物之间有没有合作？人与动物之间有没有合作？人与自然之间有没有合作？

生：有。例如，人与海豚之间的合作、人与森林之间……

师：合作是两个或两个以上的人一起完成一件或几件事情。合作是你欠缺的，我补上；我不足的，你修补。合作是五线谱上跳动的音符与热情的歌词组成的一曲流行乐；合作是铅笔和橡皮一起帮助学生完成的素描画；合作是根与叶吸收营养长成的大树。

师：了解了合作的内涵，我们先合作一下好不好？

生：好。（两队齐读上面的内容）

师：同学们，了解了合作，大家想不想体验一下合作？

学生不仅是教学对象，更是宝贵的教学资源。学生的思维本身就是动态发展的，所以课堂教学不可能一成不变。在教学过程中，教师要学会灵活运用现成的教学资源——学生。教师可以从学生的实际出发，利用学生的思考成果来帮助其理解"合作"的含义，帮助他们拨开思维的"云雾"，快速地解决问题。

3. 紧抓思维火花

课堂教学要设法点燃学生探求新知的思维火花，引导他们自主地发现、探究，让他们去思考、去想象、去续编。这样不仅有利于激发学生的学习兴趣，还可以发散他们的思维，培养他们灵活多变的思考习惯，使他们进一步领悟文本的内涵。

一位语文老师执教《三峡之秋》一课。上课前老师先检查学生的预习情况，一个学生突然站起来发问："老师，我有个问题不明白，现在可以问吗？"显然，因为有众多听课老师在，学生发言带有明显的试探口气，老师稍微迟疑了一下说："当然可以。""前面几段内容我都能明白，但是第5段是写夜里的长江'沉沉欲睡'很安静，为什么还要写'偶尔驶过的驳船，响着汽笛……渔火和灯标，都像惊醒了一般'？"老师感到学生所问的问题有一定深度，也正是本文的难点，于是临时改变了原来的教学计划，首先表扬这位学生大胆发言，然后话锋一转："'蝉噪林逾静，鸟鸣山更幽'两句是千古传诵的名句，被誉为'文外独绝'。请同学们说一说，这两句寓含了什么意思？"

通过生生讨论、师生互动，学生领悟到文本采用以动写静的方法写出了夜里长江的幽静。由于首先攻破了难点，整节课学生都兴趣盎然，教学效果之好大大超出了预想。

第八节　突出合力，群策群力

一、提问合力的内涵

1. 提问合力的含义

恩格斯曾提出著名的"历史合力论"这个概念。"各个人的意志——其中的每一个都希望得到他的体质和外部的、归根到底是经济的情况（或是他个人的，或是一般社会性的）是他向往的东西——虽然都达不到自己的愿望，而是融合为一个总的平均数，一个总的合力，然而从这一事实中决不应做出结论说，这些意志都等于零。相反地，每个意志都对合力有所贡献，因而是包括在这个合力里面的。"恩格斯的历史合力论向我们阐述了每一个事物都由不同的因素组成，每个因素都付出自身的力量从而形成一个强大的合力。历史合力论揭示了社会各因素之间的相互关系和作用，从中我们深刻地认识到教育合力的作用。教育合力正体现着这一合力思想，教育合力是在一定的时间内和一定的条件下，适时整合教育所产生的作用。这种合力并不仅是单将一个整体内部各要素的力量相加，而是比这相加的力量大得多的新的教育力量。

课堂教学是教育的一分子，课堂提问隶属于课堂教学，我们在教学中就要体现提问合力。提问合力是为了实现教学目标，教师采用提问的形式，以教学内容为根本，协调教学环境、教学内容、自身素质之间的关系，使之互相补充、促进，从而形成强大的合力，让提问达到最优化状态的一种教学力量。

2. 提问合力的特点

(1) 资源优化性

在课堂提问中，教师应利用有限的资源来创造更好的教学效果，对有形与无形的教学资源进行有效的优化。提问合力能通过调动提问的各个因素，提高提问的效率，更好地实现有效教学。提问合力在协调各个因素的过程中，要求教师要考虑好每个因素的特点，遵循最大效能的原则——进行各因素之间的优化配置。提问合力是各因素之间的不断融合，借助提问合力可以达到教学资源利用的最佳状态。

(2) 优势互补性

课堂提问中的每个因素都有其自身的优势，若想使提问的效果达到最大化，就要将每个因素的优势都发挥出来。每个因素都不是完美的，都会有其短板。例如，教师在语言方面的感染力不足，就可以利用民主的教学环境进行补救。每个因素都无法彼此替代，教师需要把这些因素进行充分调配和整合，以便做到优势互补，协同发挥其教学功能。

(3) 和谐一致性

提问合力是在承认不同因素之间矛盾差异的前提下，把彼此不同的事物统一于一个整体中，吸取各因素的优势而克服其短处，以达到最佳组合，由此提高提问环节的效率。在这个合力的过程中，各因素自始至终都是围绕教学目标而进行的，体现出和谐一致性。

二、突出提问合力的原则

1. 保证主体性

在教学中，学生是学习的主人，具有主体性。主体性一般表现为自主性、创造性。自主性是学生成为教学主体的前提与基础，是指学生在学习活动中所表现的一种积极、主动的特征，学生只有具有自由支配的能力才能有所行动。创造性是主体性的最高表现，是指学生在原有知识的基础上，能够打破原有的思维方式，勇于探索。因此，在提问时，教师不能只看教学内容而忽视学生的主体性，要尊重学生的思考，帮助学生展开思维的翅膀，让其运用自身的创造力构建新的知识体系。

2. 遵循自然性

提问环节中的各因素都有其独特性，提问合力就是要使它们相互融合，要想相互融合就需要寻找双方的关联点。只有把握各因素之间的关联点，教师才能以关联点作为延伸点，最终促成各因素的融合。需要提醒教师的是，各因素的融合不能生搬硬套，而应根据实际的教学情况，灵活地、优势互补地进行因素间的有机组合。这种自然的衔接应因实际的变化而变化，否则会出现反效果。

3. 尊重差异性

尊重差异性是指教师在调动各种因素突出提问合力的时候要充分读透每个因素的特点，了解每个因素内部结构的差异性，并根据各因素间所表现出来的差异，灵活地捕捉契机进行因素间的有机组合，并适时调整组合的方式、方法，自始至终让这些因素为教学目标服务，为引导学生的学习发挥铺垫作用。

三、提问合力的作用

1. 有利于实现课堂的紧密衔接

影响课堂提问有效性的主要因素包括学生、教学内容、教学环境、教师的教学水平等，缺少这些因素中的任何一个，都会导致整个提问在教学的环节与环节之间出现断裂或空白。无论哪一环出现断裂或空白，都难以将提问过程中的各部分有机地衔接起来。在提问过程中，如果某一环节失去控制，将无法保证教学的有效性。因此，协调好学生、教学内容、教学环境、教师教学水平之间的关系，可以帮助提问各因素之间形成一个紧紧相依的整体。

2. 有利于保证教学目标的一致

教学目标是课堂教学中一切行为的总体目标。因此，在提问环节中，无论是提问内容、教师的行为等都需要围绕教学目标进行，在教学目标上保持高度一致。提问合力能够使教学目标体现在各个教学环节之中，避免教学目标与学习内容之间出现割裂的现象，帮助学生真正地达到理想中的学习效果，从而促进学生的创造性发展。

四、突出提问合力的方法

1. 生生合作法

生生合作法是指学生以小组为单位进行合作学习，共同完成教师布置的任务。学生是庞大的教学资源，学生的智慧是无穷的，教师应该用发展的眼光去看待学生，相信学生。生生合作法就是要打破传统教学中以教师为尊的局面，让学生做学习的主人，自主地进行思考。来看看下面这位老师是如何在教学中运用生生合作法的。

"杠杆"教学片段

1. 导入新课，激发兴趣

师：人们在生活中、劳动中经常使用各种机械，同学们想一想你使用过哪些机械？你看到别人使用过哪些机械？

生：我使用过铁锹、镊子、钳子、锤子。

生：我使用过剪刀、指甲刀、瓶盖起子、自行车。

生：我看见别人使用过播种机、收割机、缝纫机。

生：看见过轧制面条的面条机。

师：同学们想起很多人们常用的机械，这说明同学们平时很注意观察。在同学们说出的机械中有的比较复杂，有的比较简单。例如，镊子、钳子、锤子、剪刀、瓶盖起子等都属于简单机械，播种机、缝纫机等都属于复杂机械，复杂机械也是由简单机械组合而成的。这一章我们来学习几种简单机械。

师：同学们，在你们的桌上放着钳子、锤子、瓶盖起子，分别试着用一用，看看会有什么发现。

（各小组分别进行操作，有的用钳子剪断铁丝，有的用锤子钉木板上的钉子，有的用瓶盖起子起瓶盖，有三个小组用钳子分别把铁丝弯成了三角形、长方形、圆形。）

第五小组：我们小组发现，使用这些机械可以完成直接用手不能完成的工作。

第六小组：我们小组发现，使用这些机械时都可以用一个较小的力获得一个较大的力。

师：同意他们说法的同学请举手。

（全体学生举手。）

师：同学们的发现很好，那么谁能针对刚才的发现提出一个问题？

生：我想知道，为什么使用这些机械时可以用一个较小的力获得一个较大的力呢？

师：大家想知道吗？

生（齐）：想知道。

师：今天通过学习新的一节"杠杆"就可以解释这个问题。（板书：杠杆）

（本节的引入面向学生的生活，学生在生活中使用过或看到过很多机械，由此引入对简单机械的研究，体现了从生活走向物理的课程理念。接着让学生亲自体验使用钳子、锤子、瓶盖起子能省力，从而引出为什么能省力这一问题。为学生创设了一个问题情境，激发了学生强烈的求知欲望。）

2. 自主学习，积极主动

师：看教材中的插图，我国古代劳动人民用桔槔来提水，用舂来捣谷。古代劳动人民聪明不聪明？

生（齐）：聪明。

师：这根用来提水的木棒就是杠杆。刚才同学们用钳子剪铁丝、用锤子钉钉子、用瓶盖起子起瓶盖，这时钳子、锤子、瓶盖起子都可以看成杠杆。使用过程中它们有共同点吗？各小组讨论讨论这一问题。

（学生讨论，教师巡视指导并参与到几个小组的讨论中去；几分钟后，学生分小组汇报。）

第三小组：我们小组认为，在使用过程中这些机械都受到了力的作用，都能绕一个点转动。

第六小组：我们小组认为，在使用时这些机械都能绕一个固定点转动，都受到一个使棒转动的力和一个阻碍棒转动的力。

师：你们回答得都很好，那么谁能给杠杆下一个定义呢？

生：一根棒能绕一个点转动，这根棒就是杠杆。

生：我想应该是一根硬棒，也就是说棒受力时不发生形变，棒在力的作用下能转动，这根棒就是杠杆。

生：我认为应该是一根硬棒在力的作用下能绕一个固定点转动，这根硬棒就是杠杆。

师：同学们给杠杆下的定义都不错。下面同学们通过教材自学杠杆的五要素，即支点、动力、阻力、动力臂、阻力臂，并在纸上画一画人用木棒撬石头时的杠杆五要素。

（学生阅读、画图；教师让一名学生板演，板演的学生把阻力画成了石头的重力，有一名学生指了出来；教师提醒学生杠杆受的动力、阻力要画在杠杆上。）

师：同学们通过独立学习知道了杠杆的五要素，并能在图上准确地画出来，在这一过程中你们增强了自学能力，老师真为你们高兴！

小组合作是学生与学生的合作、学生与学生的互助、学生与学生的思维互补，能使学生在互相帮助与思想激荡中突破难题。杠杆定理的学习对于学生来说比较抽象，教师通过指导学生进行合作学习来帮助学生理解杠杆的定义，这一做法很好。在整个过程中，学生是合作学习的主体，教师只起指导作用。教师通过适时的提问，让学生的合作更有效率。教师充分信任学生，放手让学生进行合作学习，充分发挥了学生这一重要教学资源的作用。

2. 师生合力法

师生合力法是指在课堂提问过程中，教师起主导作用，学生是学习和思考的主体。这一方法强调双方的主动性，要求二者一起对知识进行探讨。教师若想调动学生的主动性，让其主动走进共同的话题中，就要以生活为切入点，寻找共同的谈话起点，学生自然而然就会有话可说了。来看看朱成名老师是怎么做的

"生物的遗传现象"教学片段

师：课前让同学们邀请父母共同研究了自己和父母有哪些相似的特征，并填写了这张表格（出示表格）。老师看了，大家写得非常好，或多或少地都找到了一些相似的特征。

师：在准备把表格都发给大家时，老师遇到了一个大麻烦，有三张表格上的照片掉了，混在了一起。（实物投影出照片）现在我不能确定，谁是谁的孩子、谁是谁的父母了。

师：第一位是鲁旻吧，他的父母是谁呢？你知道吗？

生：鲁旻的父母是第2组家庭。

师：鲁旻，他找得对吗？

生：对！

师：你太有眼力了，佩服呀！能说说你判断的依据吗？

生：他和他父母的牙齿很像。

（板书：牙齿。）

师：谢谢你，这是鲁旻的父母。（连线）

师：继续辨认，曹儒清同学的父母。

生：是第3组家庭。

师：曹儒清，他找得对吗？

生：对！

师：你判断的依据是什么？

生：她和她母亲的眼睛很像。

（板书：眼睛。）

师：谢谢你，这是曹儒清的父母。（连线）

师：下面这组家庭肯定是吕元梓的父母了。吕元梓和他的父母哪里长得像？

生：他和他父母脸型像。

（板书：脸型。）

师：看来同学们都很"明白"，就老师一个人"糊涂"啊。同学们辨认的依据是什么？

生：儿女和父母有些地方很像。

师：地方？哪些地方？

生：牙齿、眼睛、脸型等。

师：我们可以统称为人的特征。（板书：特征）"像"能不能换个词？

生：相似。

（板书：相似。）

师：谁和谁？

生：子女和父母。

师：子女和父母都有一些相似的特征。（板书：子女和父母）

师生合力是将教与学两个方面的主体作用相融合，也就是将教师的主导作用和学生的主体作用相融合，使其互相促进，从而实现教学效果的最优化。教师以激起学生对问题的兴趣为导火线，以具体的话题为切入点，用教具、提问的方式巧妙设计教学环节，促使学生与教师产生共鸣，在共同目标的指引下，实现了师生的合作式学习。这样的学习方式让彼此之间产生了凝聚力，在共同探索、共同创造的学习氛围中解决了问题。教师让学生对照片进行观察和配对，在考验学生观察能力的同时，也让学生在问题的引导下逐步实现了从认识具体的现象到深入理解遗传的内在本质的转变。

3. 语境营造法

语境营造法是指将教师的个人语言风格与教学环境相结合，也就是教师可以用轻松愉快的语调营造一种民主、活跃的气氛。在这样欢快的学习气氛中，学生的学习情绪会相应地高涨，进而在快乐的气氛中学习，在学习中享受乐趣。

第九节 架桥开路，降低坡度

一、坡度提问的内涵

1. 坡度提问的含义

坡度提问是指教师根据学生的实际学习情况，根据知识点的难度、问题的形式设计递进式的提问，为学生的思维提供一个台阶，激发学生的求知兴趣和自主探索问题的热情，进而达到锻炼学生思维的作用。在传统教学中，教师常常把知识的学习与学生的发展相分离，知识被看作脱离学生实际的抽象的独立个体，在这样的教学理念下培养出来的学生是有知识而没有思想、没有生命活力的人。在现代教学中，应以学生的发展为终极目标，关注学生的个体成长，体现学生的生命价值。哈佛大学原校长艾略特认为："真正的教育目的是使个体的能力得到最大限度的发展……固定的标准是人的身、心和精神充分发展的天敌。"也就是说，教学活动是关注人生命发展的活动，教育的目的就是让学生的心智获得全面发展，不断提高学生的生活意义和生命价值。在课堂教学中要让学生获得发展，就要调动学生学习的主观能动性。学生只有真正参与到课堂教学中，成为课堂的主人，才能获得生命的体验和思考的快乐。但由于学生已有知识与书本知识之间通常存在一定的距离，因此教师要根据学生的实际情况设计较为合适的坡度问题，让学生沿着这些问题由易到难、分层递进，逐步缩小原有知识存储与文本之间的距离，引导学生步步深入文本，突破难题。

坡度提问的设置直接影响着学生的学习积极性。学生的学习发展一般经历两个水平，一个是现有的发展水平，另一个是潜在的发展水平，教师应该把问题设置于两者之间的区域，也就是高于现有的发展水平，接近潜在的发展水平。

2. 坡度提问的特点

（1）从现象到本质

坡度提问是根据学生认识事物的规律来进行设置的。由于学生认识事物最直接的方式是观察事物的表象，因此，问题也是按照学生认识事物从现象到本质的规律来设置的。整个提问环节的问题坡度趋向要遵循学生从具体到抽象的思维规律，即要由认识事物的现象逐步过渡到提炼事物的本质。另外，认识过程总是以事物的表象为基础的，如果学习内容中的"本质"离学生的生活太过遥远，那么学生就容易被事物的表象所迷惑，难以透过表象看到其本质，因此，教师需要以问题为载体，引领学生从现象走向本质。

（2）从特殊到一般

坡度提问的设置主要是为了缩小问题之间的难度，进而帮助学生逐步到达问题的终极处。设置合适的坡度提问不仅能锻炼学生的思维，还能促进学生的全面发展。由于学生在理解问题时经常停留在具体的问题上，难以触类旁通，难以将问题中蕴含的智慧进行整合、创新，因此，教师在设置坡度提问时应该由特殊到一般，巧妙过渡，引领学生打开思维的闸门。

二、设置坡度提问的原则

1. 适应性

适应性是指教师在设置坡度提问时，要适应学生的实际需求，了解学生对知识的掌握情况。提问坡度只有针对学生的学习需求来设置，才能使问题具有感染力、吸引力、内化力，才能使学生对问题感兴趣，进而体现教师教学的功力。设置坡度提问不仅是为了引导学生逐步解决难点问题，还为了锻炼学生的思维，引导学生逐步把解决问题的过程转化为解决问题的方法，进而形成分析问题、解决问题的能力。学习需求不是教师对学生的主观要求，也不是学生的缺陷与不足，而是学生在自学过程中产生的一种想迫切解决问题的需求。

2. 挑战性

在课堂上，学生有时初读一次文本或题目后就说"全懂了"。事实怎样呢？教师可以提出有一定坡度的问题来检验学生的学习情况，使教学平中见奇。课堂如果一直平淡无奇，只停留在一个平面上，学生就会感到索然无味，思维也难以获得发展。因此，教师要使提问一个比一个具有挑战性，要使探讨一步接一步具有趣味性，让学生在挑战中获得乐趣，在思考中感悟快乐。

3. 适时性

虽然坡度提问能够帮助学生解决难题，但并不是所有情况都需要进行坡度提问。如果过度使用，则会对教学效果产生反作用。坡度提问主要针对难度较大的知识点，那么，教师该如何根据具体情况设置问题呢？

其一，知识跳跃性较大时，教师就要铺设几个台阶，把空缺的教学内容补上，使学生能在薄弱的地方得到加强。其二，文本存在的难点过多，并且难度较大时，教师就要将难点分散，帮助学生一个一个地突破。这样才能够帮助学生解决难点问题，达到事半功倍的效果。

三、设置坡度提问的作用

1. 有利于节奏化地引领学生

坡度提问呈现明显的阶梯式发展，它把学生的思维一步步引向新的高度，而不是使学生在一个平面上枯燥无味地学习知识。教师在设计提问时应遵循由易到难的原则，吸引学生不断向上"爬"，使学生在适度的挑战中获得成就感，从而激发学习的兴趣。坡度提问使学生犹如登山一般，"爬"完一级就会期待着上一级的风光，他们"登高"的兴致会越来越浓厚，课堂气氛也会越来越活跃。这样节奏化的提问方式能够引领学生进行新的思考。

2. 有利于增强学生的学习能力

坡度提问是通过一系列阶梯式的问题组合，引导学生对难点问题进行解决的过程。在这个过程中，教师需要调动学生学习的主动性，确保学生是解决问题的主体，让学生在问题的引导下，开展深入而有效的思考。学生在层层深入的问题的引领下，调动原有的知识积累，在解决问题的过程中逐步形成个性化的解决问题的方法，并能灵活运用这些方法触类旁通地去解决其他问题。这里需要注意的是，培养学生解决问题的能力不能用题海战术。题海战术仅能让学生停留在对知识的熟练程度上，并不能形成学习能力。教师应对问题进行梯级式的改变，让学生以不同的学习思维进行问题的分析。不同难度的问题能够调动不同层次学生的参与积极性，让全体学生能够在自己力所能及的范围内分析、解决问题，进而获得相应的能力训练，最终形成属于自己的学习能力。

3. 有利于提高教师的教学艺术水平

教师的教学艺术具有实践性与动态性，是为实际教学服务的。教师设置坡度提问的过程正是其教学艺术的体现。教学实践是动态的、发展的，学生的学习需求、学习体验和学习感悟是随着课堂的变化而变化的。因此教师的提问方法不能一成不变，而应深入了解学生的需求，尊重学生的个体差异，正确把握课堂的提问时机，随机应变、灵活机智地运用提问方法。如此，教师的教学艺术水平也会得到提升。

四、设置坡度提问的方法

1. 分散难点法

分散难点法是指教师在教学难点处设计几个具有坡度的问题，提前对学生做知识上的渗透，让学生对难点有心理准备，同时将难点的一部分难度迁移出来，减缓难点的坡度，使学生为下一步的学习做好心理准备。

逐个击破[①]

师：在十年内战中，蒋介石政府杀害了成千上万的共产党人和革命群众，好不容易抓住了他，共产党却不杀他，反而主张和平解决西安事变，释放蒋介石。中国共产党这么做好不好？为什么？

生：好，有利于缓和国共矛盾，共同抵抗日本侵略。

师：还有其他观点吗？

（学生沉默。）

师：那我们来看一看西安事变引起的国内外各种政治势力的不同反响。日本：扩大中国内战，以便扩大侵略中国。英美：支持和平解决。南京国民政府内部：亲日派主张讨伐张、杨，置蒋介石于死地，取而代之；亲英美派主张和平解决。听了这些分析，你们能不能再谈谈中国共产党主

---

① 邓焰. 基于课堂观察技术的"历史课堂提问有效性"分析——以人教版八年级上册《难忘九一八》为例 [J]. 福建教育：中学版，2010（3）. 题目为作者所加，引用时有删改。

张不杀蒋介石的原因？

生：如果杀蒋，会导致国民党内部争权夺利，加速中国的灭亡。

生：如果再内战，有利于日本侵略，英美利益受损；如果不杀蒋，可以多争取外来支持和同盟。

生：国民党的军队比共产党的军队强大，可以争取一部分主张抗日的国民党军队，争取国民党人心。

生：虽然共产党内部一部分人暂时无法理解，但经过宣传教育，大部分人会明白兄弟之间要不计前嫌、团结抗日、一致对外、保家卫国的道理。

学生的学习水平通常会呈现一种稳定性，但在某些具体的方面又存在着变化性。因此，教师难以精确地把握学生的学习情况，也难以准确预测学生会出现的具体学习问题。这就要求教师必须有灵活的教学机智，当学生一下子难以理解教师提出的问题时，教师就要对问题进行"肢解"，将问题的难度一步一步减小，最终引导学生积极投入到探究问题的活动中去。

2. 牵引知识法

后续知识都是建立在前面知识的基础上的，如果要降低问题的坡度，就要建立新、旧知识之间的关系，在原有知识的基础上构建新知识，以达到温故而知新的目的。牵引知识法是指教师通过对学生已学过但又容易遗忘的知识进行提示，采用牵引的形式，把坡度放缓，降低坡度的入口，让学生能够较快地找到解决问题的切入点，从而有利于学生对知识进行全面的理解。下面通过一则案例来看看如何在教学中运用牵引知识法。

师：前一节课我们学习了饱和溶液和不饱和溶液，请同学们思考，什么叫饱和溶液？什么叫不饱和溶液？

（学生回答。）

师：请同学们再思考，饱和溶液在什么条件下才具有确定的意义？

生：在一定温度下，在一定量的溶剂里。

师：如果温度相同，溶剂的量也相同，不同的物质在溶液中达到饱和状态时所溶解的质量是否也相同呢？请同学们观察表1（表略）。在20℃的100克水中达到饱和状态时，所溶解的物质的质量分别是 NaCl 36.0 克、

KNO₃ 31.6 克、KCl 34.0 克、NH₄Cl 37.2 克。通过观察，可以得出怎样的结论？请同桌讨论。

学生已有的知识积累与新知识之间存在着这样或那样的关系，已有知识是教学新知识的基础。因此，教师可以通过建立旧知识与新知识沟通的桥梁，牵引学生从熟悉的角度思考新知识，把问题分解成阶梯式的问题链，让学生自主地调用已有知识一步一步地"上坡"。教师通过提问和复习旧知识的方法，引导学生运用已有知识来解决新的问题，学生调动已有知识，根据自己的理解，对问题进行有目的、有方向的探讨，渐渐解决新问题。

第十节　魅力细节，见微知著

一、提问细节的内涵

《中庸》有云："致广大而尽精微。"意为善问好学，达到宽广博大的宏观境界，同时又深入到精细详尽的微观之处。每件事情都是由许许多多的细节组成的，而这些细节往往会成为决定事情成败的因素。因此，抓好每一个细节，才能保证把事情做好。著名的现代主义建筑大师密斯·凡·德罗曾把自己成功的原因归纳为五个字——"魔鬼在细节"。他反复强调的是，不管你的建筑设计方案如何恢宏大气，如果对细节的把握不到位，就不能称之为一件好作品。细节的准确、生动可以成就一件伟大的作品，细节的疏忽会毁坏一个宏伟的规划。

教学也是同样的道理。一堂有效的课不仅要从整体上看学生对知识的掌握情况，还要从细节上看教师处理得是否得当。若教师能把每一节课的细节都处理得当，课堂便会精彩纷呈。

何为细节？《现代汉语词典》（第7版）解释为"细小的环节或情节"。提问细节可以理解为发生在教学提问过程中的充满变化的一个个小小的场景，如教师的一个提问、一句评语，学生的一个疑问等。细节，往往反映着教师的教学水准，折射着教师的教学思想。虽然教学细节非常细微，但是正如英国诗人布莱曼所说的一样，"一朵花里窥天堂，一粒沙里见世界"，细节犹如教学的显微镜，可以窥视学生的心理状态和知识水平，可以显现教师的教学智慧和教育理念。因此，教师只有关注教学细节，才能演绎精彩的课堂。

二、提问细节的作用

1. 提问细节是检测学生认知的途径

教育的对象不是工厂里的模具，而是活生生的人，是独立存在的学生，他们有着各自的特点。学生的差异性是不断变化发展着的，这就必然导致教学实践的个别差异。由此，教师在课堂提问中应该关注不同学生掌握知识的情况。学生回答问题时的表情、手势等细节都体现着学生上课的状态，教师应该敏锐地观察学生的这些细节，而后进行相应的提问，从中了解学生掌握知识的情况。在检验学生学习情况的时候，机械性学习的学生只会照搬先前学习的知识，而懂得运用知识的学生则会有意识地用自己的语言表述自己的答案。

2. 提问细节是课堂教学的有效资源

细节有动态的，也有静态的。动态的细节随着课堂的发展而产生，如果教师能够充分利用这些生成的资源，就能起到开启学生思维的作用。课堂教学的资源不仅只是文本，学生的临时反应、教室环境的忽然变化、问题思路的意外发现等细节也是宝贵的教学资源，教师要善于抓住并处理好这些细节，使之成为学生"思维的援助之手"，引导学生的思维踏着愉快的节奏自由地驰骋。提问细节是根据实际教学情况的变化而变化的有效资源，处理好这些细节，往往能够达到事半功倍的教学效果。

3. 提问细节是教师个人魅力的体现

课堂提问的细节，闪耀着智慧的光辉，能够为教学增添更多的活力。教师在紧抓细节的时候，应引导学生进行更高层次的思考，引领学生进行更加深入的探究，并在探究的过程中，激发学生的兴趣，进而优化课堂教学，让课堂充满思考的快乐。充满着快乐的课堂提问总会让学生喜不自禁，这是教师的魅力体现。因此，把握提问细节，将能更好地提高教师的个人魅力。

三、把握提问细节的方法

1. 捕捉学生变化法

学生的课堂反应是课堂教学的有效资源。学生的思维会随着教师的引导而产生变化，具有生成性；同时，学生的思维又具有主观能动性，不一定与教师的提问同步。因此，教师需要根据学生的实际情况进行提问，从学生对问题的反馈中，了解学生的知识水平，适当调整教学节奏。

"质数与合数"教学片段

师：同学们再想一下，如果有12个边长为1厘米的正方形，你能拼出几个不同的长方形？

生：能拼出3个不同的长方形。

师：是怎样的3个呢？

生：长是12厘米、宽是1厘米的，还有长是6厘米、宽是2厘米的和长是4厘米、宽是3厘米的三个不同的长方形。

师：你们能想象出拼成的这些长方形吗？

生：第一种是把这12个正方形摆成了1排；第二种是每排6个，摆2排；第三种是每排4个，摆3排。

师：同学们，如果给出的正方形的个数越多，那拼出的不同的长方形的个数你觉得会怎么样？

生：（异口同声）会越多。

师：（装作没听清楚）给出的正方形的个数越多，拼出的长方形的个数，你们是说——（学生们清楚又响亮地回答"越多"）

（此时，教师一声不吭，保持着沉默。课堂一下子安静了下来。此时无声胜有声。学生认真地思考着……又过了一会儿，学生间开始有点"骚动"，不一会儿，一些学生高举起手——）

生：不一定的。

师：（故意重复）他说不一定，对吗？

（其他一些学生更加坚定而响亮地回答："对！"）

师：说话要有根据呀！

（学生的情绪更加激动——）

生：6个正方形能排出2个长方形，如果用7个正方形只能排出1个，所以，这句话是错的。

师：同学们听明白了吗？他说得好不好？

生：好！

师：你们觉得刚才这位同学举的例子好不好？

生：好！

师：一个例子就把你们刚才的结论否定了。多有说服力的反例呀！

教师时刻关注着学生的表情变化、学习状态等，同时相机引领学生走进思维的深处。学生由于受前面知识的影响，粗心地认为"给出的正方形的个数越多，拼出的不同的长方形的个数就会越多"。教师沉默了一会儿，让学生进行反思。课堂出现了一阵"骚动"，教师抓住时机，以反问的形式促进学生的思考，并最终顺利地让学生自主地解决了问题。

2. 捕捉文本细节法

细节犹如大楼的每一块砖石，而大楼的坚固与否则是由这些砖石决定的。文本细节是构筑文本的重要成分，细节有时能够对文本起到画龙点睛的作用。但由于细节的篇幅较小，所以往往会被教师所忽视。要捕捉文本细节，教师就要对文本进行深入研读，理解文本的主旨，分析一些看似平凡却深含蕴意的细节，以引领学生挖掘文本，体验以小见大的写法。

3. 捕捉生成误点法

学生出现错误是无法避免的，错误常常伴随着学生的学习过程而出现。教师的任务之一，就是要及时抓住学生出现的各种错误，诱发学生思考，引发学生的认识冲突，使学生主动地对错误进行反思，增进对知识的认识。

四、提问细节的注意事项

1. 切忌表述不当

细节的捕捉考验着教师的教学应变能力。应变能力不仅包括教师能够紧抓细微的环节，点燃学生思维的火花，引导学生的思维，引领学生走进思考的世界的能力，而且包括教师能够在短时间内对细微的情节进行语言组织，有针对性地、适时地向学生提出新问题的能力。教师在教学中要能迅速抓住细节的精髓，并且进行简洁、清晰的表述，否则就无法起到激发学生积极思考的作用。例如，教师提出"请找出课文的重点段落读一读，并说说你的感受"，由于学生根本就不清楚课文的重点段落是哪些，所以会感到无所适从，当然教学也就无法进行下去。如果教师把提问改为"请找出你最感兴趣的段落读一读，并与大家一起分享你的感受，说说你感兴趣的理由"，学生就能"按图索骥"找到答案，顺利完成学习任务。

2. 切忌舍本逐末

细节的地位在整个提问环节中是不定的，有时是整个课堂的精髓，有时仅是教学重点的一个引子。教师在挖掘细节时，如果不能准确地把握细节的地位，而是将细节作为教学重点进行发散性的指导，就难以达成教学目标。教师要读透细节的要旨所在，不能随意将细节与教学目标结合起来，否则就会导致细节喧宾夺主，给学生造成思维的障碍，使他们难以理解学习要点。

3. 切忌华而不实

细节的特点是细微。教师在以细节为出发点进行提问时，要注意不能过于细碎，不能向学生提出内容过于琐碎、意思多次重复的问题。提问过滥、过细，缺乏知识的系统性和认知的阶梯性，都会使提问缺少挑战性，使教学变得支离破碎。一个完整的提问环节被许多冗余的问题分解着，往往难以保证提问环节的整体性和有效性，从而难以保证课堂教学的效率。因此，教师必须根据实际的教学需要对提问环节进行精心设计，使细节直接为提问服务。

第十一节　如何选择课堂提问策略

一、教学案例

"中国的行政区划"教学案例

执教教师：吴秀凤

1. 导入新课

（大屏幕展示中国轮廓简图。）

师：你给在外地的亲戚写一封信，路途很远，可为什么邮递员很快就将信件送到了收信人手里？

生：因为信件上的地址在等级划分上非常清楚，邮递员按照上面的地址一级一级地找，很快就可以找到。

师：看来这些地址的等级划分给我们带来了很大的方便。我们国家为了便于管理，将国土分为若干个地区，并设立若干个级别，这就是中国的行政区划。

（大屏幕展示课题：中国的行政区划。）

2. 学习新课

师：首先我们来进行活动一："说一说"，请把教材翻开，仿照张力同学的户口所在地说出自己的户口所在地。

（学生回答。）

师：大家说得很好，听得也很认真。在听的过程中你是否发现中国的行政区划是怎样的呢？

生：分级的。基本分为省、县、乡三级。

（板书：三级行政区划。）

师：这样分级有什么好处呢？

（学生小组讨论，根据讨论发表自己的见解，教师点评。）

师：（总结归纳）我国采用的是省、县、乡三级行政区划，就像我们学校里的年级、班级、小组一样，上一级区划包含若干个下一级区划。这里的自治区、自治州、自治县都是民族自治地区。除此之外，国家根据特殊需要，还可设立特别行政区。

师：行政区划非常重要，在我们的日常生活和工作中都会用到，它是我们学习中国地理的基础。在三级行政区划中，最重要的是省一级的行政区，在今后的学习中会经常用到，下面我们就来学习省级行政区的名称、位置和行政中心。（板书：省级行政区的名称、位置和行政中心）

师：首先让我们比一比，看谁知道的省级行政单位的名称最多？

（学生回答。）

师：大家平时很注意积累，能说出很多的省级行政单位的名称，表现都很好。但我们提到的省都在哪里呢？让我们拿出拼图一起来拼一拼吧！

(出示中国政区图 Flash 动画。)

(教师按照教材中的顺序介绍我国省级行政单位的位置和行政中心。)

师：你知道我国的省级行政单位可分为几种吗？它们的数量各是多少？

(学生讨论、回答。)

师：(总结)我国共有23个省、5个自治区、4个直辖市、2个特别行政区，总计34个省级行政单位。

(教师介绍香港特别行政区和澳门特别行政区的设立，激发学生的爱国主义情感，使学生树立民族自信心。)

师：34个省级行政单位，我们怎样才能快速记住它们的名称呢？请同学利用手中的资料，看看有哪些快速记忆的方法。

(学生展示歌谣，分析歌谣代表的意义，找到快速记忆的方法——歌谣记忆法。)

师：这么多的省级行政单位怎样区分呢？

生：通过形状。

(教师利用课件介绍"联想法"：课件显示各省级行政单位的轮廓图，通过让学生想象轮廓的形状像什么来记忆和区分各省级行政单位。)

师：就像我们许多人除了有自己的大名之外还有一个小名，各个省区也有自己的小名。我们称之为省级行政单位的简称。(板书：省级行政单位的简称)

师：为什么除了全称之外还要有一个简称呢？因为在有的场合使用全称很不方便，比如，汽车的牌照上首先要有各省区的名称，然后是阿拉伯数字。如果在车牌上写各省区的全称会很繁杂，如"新疆维吾尔自治区12345"，这将是多么大的车牌呀！所以我们为每个省级行政单位都起了一个小名，也就是简称。

师：让我们通过"找门游戏"来熟悉34个省级行政单位的小名，先给大家3分钟时间准备一下。

(让34个同学手举34个省级行政单位的名称卡片代表"家"，教师准备好34个省级行政单位的简称卡片，学生到前面抽取教师的卡片，找到自己的"家"。)

3. 学以致用

（1）猜一猜。

① 猜谜语。教师说谜面，学生猜谜底。

② 猜车牌。假如你是一个交通警察，你所管辖的地段发生了交通事故，首先你应该了解肇事车是来自什么地方的。下面由学生扮演交通警察，教师扮演目击证人为警察提供车牌内容。

（2）"万里行"。说出经过的省区的名称、简称、行政中心、旅游名胜和特色小吃。

① 长江万里行。

② 黄河万里行。

③ 陆疆万里行。

④ 海疆万里行。

4. 课外延伸

请回家看《天气预报》，试着用最短的时间说出报出的城市所在的省区。

二、教学经验

1. 联系实际，引发兴趣

传统的课堂往往注重知识的传授而忽视学生对现实生活的体验、对人文精神的感悟。生活体验是一个人发展的基础，也是课堂教学的源泉。因此，关注学生的生活体验、生活实际，才能使学生在学习知识的同时仍能回归生活世界、实现生命价值。

吴秀凤老师很关注学生的实际生活，在教学中以学生的生活故事为话题，让学生既能够在学习新知识前有一个短暂的缓冲时间，又能在这熟悉的话题中有话可说、有话可讲。"寄信""户口所在地"等都是与学生生活息息相关的问题，这些问题既贴近学生的认知水平，可以为学生设置解决问题的坡度，又能把学生的兴趣转移到学习中来，使学生在后续的新知识学习中保持良好的状态。

2. 生生合力，攻克难题

中国古语云："天下胜，是故合力。"合作非常重要，合作并不仅仅是一加一等于二，而是远超于二。课堂中，师生间、生生间形成学习共同体，齐心协力解决难题，使思维的火花在讨论、探究中相互碰撞，并在碰撞中获得新的思考角度和思维方式，从而产生解决问题、构建新知的能量。

如案例中，教师向学生提出问题"这样分级有什么好处呢"之后，让学生以小组讨论的形式，在开放、民主的课堂氛围中彼此交流。当学生的讨论偏离了方向或陷入困境时，教师在旁边进行适时适度的引导，使学生在合作式、探究式的研讨中逐步拓展思维、解决问题、形成能力。学生在这样的合作过程中，不仅能巩固新知，而且能开阔视野，提升思维品质。

3. 游戏巩固，扎实基础

福禄贝尔说："游戏是一种能形成非常强大力量的心灵沐浴。"爱玩是孩子的天性，游戏适合孩子的心理发展特点，在课堂中给学生提供游戏的机会，必会激发学生的学习兴趣。因此，教师可以将游戏的娱乐性和教育性有机地结合在一起，寓教于乐，激发学生学习的兴趣和热情，促进学生解决问题能力的发展。

吴秀凤老师设计了"找门游戏""猜一猜"游戏等，帮助学生认识和巩固知识点。把游戏引入课堂，引导学生在具体的问题情境中形象化地理解知识、灵活地运用知识，并让学生在自主参与的过程中不断摸索出适合自己的方法。这是一种富有成效的实践性学习。实践性学习的特点不仅体现在学生必须掌握理论知识和基本技能上，还体现在学生必须将学到的方法运用到知识实践中。

三、教学策略

1. 关注兴趣

人一旦对某一事物产生兴趣，就会积极主动地参与其中。相反，如果一个人对某一事物不感兴趣，就会表现出一种"事不关己，高高挂起"的态度。课堂的主人是学生，学生只有真正投入到教学活动中去，才能对知识产生深刻的认识与体验。教师要使学生专心致志地对问题进行深入思考、探究，就要从学生感兴趣的事物入手。学生的学习兴趣一旦被激发，就会产生一种解决问题的内驱力。关注学生的兴趣，能够激发学生的主体意识，使他们体验到驾驭知识的快乐，从而从旁观者的状态中解脱出来，成为课堂学习的参与者、践行者。

2. 关注合力

《走进新课程——与课程实施者对话》中明确提出，教学是教师的教与学生的学的统一，这种统一的实质是交往、互动。基于此，新课程把教学过程看成师生交往、积极互动、共同发展的过程，把教学本质定位为交往，是对教学过程的正本清源。课堂提问是教师与学生共同合作的过程，教师要注重发挥引导的作用，帮助学生确立主体地位，使学生在相互合作中完成探讨问题的任务，让学生在教师的引导下，走进知识的殿堂，享受思考的快乐，体验"柳暗花明又一村"的解决问题的历程。学生具有主观能动性和自主性，教师应将学生视为重要的教学资源，调动学生的学习兴趣和积极性，促使学生以合作、探究的方式进行学习，使学生真切地体验、深入地理解、快乐地创造。

3. 关注动态

课堂提问是一个动态的过程，既充满变数、无法复制，又融合了知识与能力、过程与方法、情感与态度，充满生命活力。一节课即使进行了万全的准备，也依然无法预知教学的每一个细节，难以对课堂提问进行丝丝入扣、滴水不漏的预设。教师不要把教学意外看成一种负担，而应当将它看成一种资源。复杂多变、动态发展正是课堂提问充满灵性、充满生命力的魅力所在。教师要关注课堂动态，把握教学生成的机会，以使课堂提问闪现灵动的光辉、流淌生命的活力。教师要关注课堂动态，及时捕捉提问细节，促进学生思维的发展，帮助学生提高学习效率。

提问策略对课堂教学起着重要的作用。好的提问策略，能提高课堂教学效果。什么才是好的提问策略？只要是适合实际课堂教学、顺应学生思维发展规律、紧扣教学目标和教学内容、能够提高课堂教学效率的提问策略就算好的。

第五章
课堂提问的艺术

提问是教与学的纽带，是师生对话的桥梁。什么样的提问最有效？什么思维水平的问题能满足不同层次学生的学习需求？这些都是值得我们思考和探讨的课题。

课堂提问并不是简单的问答过程，而是一项设疑、激趣、引思的综合性艺术的显现过程。伽达默尔说："提问的艺术在于能继续提出问题，这同时也是思维的艺术。"对一名教师来说，增强课堂提问的艺术性十分重要，一是能增强提问的有效性，使整个提问过程呈现一种流畅、质朴的艺术美；二是可以唤起学生的注意，营造积极的课堂氛围，激发学生的学习动机和兴趣，优化课堂结构。在课堂提问中，教师要注重提问的艺术性，提高提问水平，给予学生美的享受，让学生在美的熏陶中活跃思维、增长才干。

第一节　创设情境，留有空白

一、创设提问情境的内涵

创设提问情境是指在课堂教学中根据教学进程与教学内容的需要，利用多种教学辅助手段，创设形象、生动的情境，为提问与回答架设一座桥梁，让学生在生动、有趣的情境中理解问题、思考问题。创设提问情境是课堂教学的一种手段，是教师根据教学目标创设具体的情境，激发学生的学习兴趣，帮助学生理解知识的方法。提问情境是教师提问的前奏，教师利用语言、教具为将要提出的问题创设情境，并由此进入提问的阶段。

二、创设提问情境的原则

创设提问情境的原则是指创设提问情境时必须遵循的基本要求和准则。它是根据教学目标和教学最优化的要求来确定的，能够反映创设提问情境的规律和要求特点，对创设提问情境具有指导意义。

1. 切合教学目标原则

教学目标是整个教学活动的出发点和落脚点，是教学活动实施的标准。因此，创设提问情境不能离开教学目标，必须以教学目标为纲领，结合相应科目的总目标，认真分析教材，使创设的提问情境更符合教学内容、教学实际。也就是说，问题的情境要以教学目标为中心，指向教学的重难点，这样才能顺利地完成教学任务，实现教学目标。

2. 联系生活实际原则

创设提问情境的目的不是形式上的创新，不是内容上的盲目，也不是方法上的生搬硬套，而是在实际生活中的运用。创设提问情境要密切联系学生的生活实际，从学生熟悉的事物出发，为提问提供一个坚实的台阶，让学生在熟悉的情境中分析问题，逐步理解问题的内涵。

3. 激发学生思维原则

提问是激发学生思维的导火线，创设提问情境可以激发学生的思维，调动学生的积极性，把学生从沉寂的状态中唤醒，激发其对知识渴求的欲望。由于认知水平、实际经验有限，学生往往会对知识形成一种思维定式，脑海中形成一种框架，束缚着思维的创新。因此，提问情境要力求打破学生的思维定式，激发学生的发散思维，促进其从多方面思考，在提问情境中展开对问题的探究。

4. 形成科学思维原则

每一种知识都有产生的过程，由具体到抽象、由一般到特殊，具有明显的阶段性。同样，情境的创设也有阶段性。在创设提问情境时，教师要引导学生从提问情境中想到深层的东西，由易到难，引导学生学会用科学的思维思考问题。这种科学的思维方式能培养学生的逻辑判断能力和学习迁移能力，增强其回答问题的清晰性与条理性。

5. 顾及教学全局原则

创设提问情境是提问环节的第一步，它在提问环节中起着引领的作用，在整个教学过程中是不可或缺的。创设提问情境时，应注意结合整节课的时间分配，即注意合理安排创设提问情境的时机，把精心创设的提问情境巧妙地分布于教学过程中，始终牢牢抓住教学目标，使学生产生"欲知后事如何，请听下回分解"的强烈求知欲；同时，要站在全局的角度创设提问情境，以使课堂提问更具完整性。

三、创设提问情境的作用

课堂提问既是一门学问，也是一门艺术。在教学过程中，教师充分应用提问技巧，精心创设提问情境，可以启迪学生的思维，激发他们学习的兴趣，使之在兴趣的驱动下，主动参与到学习活动中去，从而真正发挥学习主体的作用。

1. 摆脱突兀

实践表明，对知识的学习和理解关键是要形成对具体情境的调适。在教学中，情境的创设尤为重要，摆脱突兀是创设提问情境的作用之一。教师精心设计情境，引起学生的认知冲突，让学生感觉到已有的知识不够用，动摇学生原有认知结构的平衡状态，从而激起学生的好奇心，使学生产生深入探究的愿望，使学生的思维直接过渡到问题的思考上来。

创设提问情境可以唤醒学生的认知、激发学生的思考，使学生能够迅速理解问题，并找出解决问题的关键所在，从而减少思考的跨度，摆脱解决问题的突兀之感，把注意力集中在问题情境中，顺其自然地在情境中思考问题、解决问题。

2. 深化主题

创设提问情境不仅可以帮助学生理解问题的表层意思，使问题更形象化；同时可以帮助学生理解问题的深层次意义，从而深化主题。学生在提问情境中感悟情境背后的意蕴，从而把问题的含义进行深化，在理解中创新，在情境中获取对事物表象的认识进而探究事物的本质。

3. 引发好奇

好奇心是学生的心理发展特征。提问情境具有趣味性，可以引起学生的好奇心，激发他们的求知欲，使他们积极主动地去探究、去学习，在问题情境中体会到思考的快乐，加深对知识的理解，促进问题的解决，从而提高学习效率。

四、创设提问情境的要求

创设情境对不同的教师、不同的时间、不同的地点、不同的学生有着不同的要求。

1. 关注学生的学习心理

从心理学的角度来看，学生具有对外在事物好奇、渴望表现、活泼好动的特点。教师在创设提问情境时，应该从学生的这些特点入手，充分发挥非智力因素在学生学习上的作用。在课堂中教师要创设一个学与玩融为一体的情境，让学生在学中玩、玩中学。这就要求教师关爱每一位学生，树立民主平等的观念，以学生为本，理解学生的天真，包容学生的调皮。教师不仅要做学生的知识传授者，更要当学生的心灵港湾，成为学生的人生导师。

2. 营造良好的课堂氛围

良好的课堂氛围是指在整个课堂教学中散发着的一种活跃的气息。创设课堂提问情境需要良好的课堂氛围。师生之间、生生之间的和谐相处，要求教师始终热情洋溢，用饱满的精神感染学生，以抑扬顿挫的语调、自然灵活的手势向学生展示活力。而学生也要有积极的学习态度，敢于表达自己的意愿、勇于表现自己。

营造良好的课堂氛围，需要教师情绪、情感的带动。著名特级教师于漪说："作为一个教师，教学时不能总是板着面孔进课堂。板着面孔进课堂，一进去就跟学生拉开了很大的距离，学生一看到你就望而生畏，感情上就有了距离。教师上课应当和颜悦色，使学生感到可敬可亲。优秀教师的经验说明教师积极的情感有助于良好的课堂气氛的形成。"要创造良好的课堂氛围，需要教师从自身做起，用微笑感染学生，用眼神与学生进行心灵的对话。

3. 提供思考的空白处

创设提问情境不仅是为提问做铺垫，还有另一层面的意义，即为学生的思考提供空白处。托尔斯泰说："成功的教学所需要的不是强制，而是激发学生的兴趣。"教师充分利用提问情境的开放性，创造机会让学生提问。学生善于问，是学习的更高层次。教师要善于创设各种隐含"问题"的情境，让学生除了在教师的提问引导下学习，还善于发现问题，从而激起认知的动机，能深入情境探究问题。

五、创设提问情境的方法

1. 语言渲染法

语言渲染法是教师在创设提问情境时,通过语言的灵活运用让提问情境"活"起来的一种方法。语言是一种载体,能够唤起学生的学习热情。优美的语言能够使情境更具感染力,使情境在脑海里活灵活现。

教师该如何运用语言呢?首先,要使自己的身心放松,声音温柔,感情丰富但不造作;其次,词汇量要丰富,善于根据情境的内涵而变化;再次,语言要生动、活泼、幽默;最后,语言要精练、准确。

一位教师在教学《晏子使楚》时,庄严地说出这么一段话:"尊严,是人格的重要组成部分,是做人的基本要素。我们不但要维护个人的尊严,更要处处维护祖国的尊严。在春秋末期,齐国的政治家、外交家晏子就是维护祖国尊严的典型人物。今天,我们来学习有关他的一篇文章《晏子使楚》。"接着介绍晏子,而后提问:"你知道人们为什么叫他晏子吗?说一说,中国古代还有哪些著名的人物。比如,孔子、孟子等。"

语言渲染法是一种潜移默化的方法,它能够让学生在语言的渲染下感受文本的情感、体验文本的思想,与作者做情感交流。教师在介绍晏子前,用庄重的语气创设了严肃的情境,而后引出晏子这个人物,为学生理解晏子维护祖国尊严的形象做铺垫。这具有独特魅力的语言,增进了学生对课文主旨的理解。

2. 故事讲述法

故事讲述法是教师通过讲述一些学生感兴趣的故事,将问题穿插其间,增强学生解决问题的兴趣的一种方法。教师根据问题适时地穿插一些趣味性强的小故事,可以活跃课堂气氛,激发学生学习的兴趣,从而加深学生对问题的理解。选择故事时,教师要注意把故事本身的教育性和要引出的问题主旨与学生的兴趣点相结合。故事讲述法能提高学生学习的积极性,它利用故事作为提问的引子,能够轻而易举地抓住学生的心思,引导学生快速进入问题情境。

一位教师在教学小学品德与社会"团结合作才能赢"时，播放《三个和尚》动画片。

师：三个和尚的故事大家都很熟悉，开始的时候为什么一个和尚挑水喝，两个和尚抬水喝，三个和尚反而没有水喝呢？

生：三个和尚都很自私。

师：你们分析得很好，后来三个和尚为什么又有水喝了呢？

生：因为他们团结起来了。

师：说得很好，在集体中，团结力量大，合作才会赢，在生活中很多事情需要团结合作才能做得好，这就是我们今天要来探讨的"团结合作才能赢"。

故事讲述法能够为学生理解问题提供具体情境。学生对《三个和尚》的故事很感兴趣，教师创设故事情境，让学生在具体的情境中思考问题，在思考中悟出只有团结合作才能把事情做好的道理。故事的情节不但为教师的提问做了铺垫，而且帮助学生打开了思维的大门，让他们有话可说、展现智慧。

3. 比较论证法

比较论证法是通过设置不同的情境，对比描述同一事物现象的方法。通过比较、辨析事物现象、概念、规律的异同，把握其本质属性；同时，开拓学生思维，引导学生深入思考问题。

教学"分子"这一节内容时，教师首先提问"50＋50＝？"，接着做50ml酒精和50 ml水混合在一起的实验，经观察，混合液体的体积小于100 ml。学生惊讶之余，纷纷提出问题："老师，50ml水和50 ml水混合，体积是多少？"教师回答："100ml。"学生又问："那为什么50ml酒精和50ml水混合，体积就小于100 ml呢？"教师对此仅点拨一句话："分子在不断运动，分子之间有空隙。"酒精和水的混合与水和水的混合，二者比较，学生印象深刻。学生通过讨论，终于找到了答案，明白构成酒精和水的分子之间都有空隙，当这两种液体混合时，酒精分子和水分子彼此插到它们分子间的空隙中去了，所以混合溶液的总体积不是简单地相加，而是小于100 ml。

教师通过让学生对酒精和水的混合与水和水的混合进行比较，加深了学生对分子概念的理解。比较论证法让学生处于一个对比学习的情境中，不仅能够巩固原有的知识，更能在比较中建立知识与知识之间的联系，使学生一直处于积极的思维状态，收到良好的教学效果。

第二节　设置层级，面向全体

一、设置提问层级的内涵

"层级"在《现代汉语词典》（第 7 版）中的解释为层次、级别。在课堂教学中，设置层级是指教师不能以偏概全，不能以统一标准对待全体学生，而应该有学生差异性、问题层次性的意识，根据不同学生的特点、不同的教学要求、不同的教学内容设置不同层次的问题。这样才能使学生的潜能得到激发、能力得到培养，实现全体学生的整体进步。

设置提问层级的思想源于分层教学。何谓分层教学？分层教学是一种面向全体学生，有目的、有计划地设定教学目标与教学内容的灵活教学方法。分层教学需要认清学生的差异性，以学生为主体，灵活变换教学形式。将分层教学的思想贯穿于课堂提问过程，能使提问更具针对性，极大地提高提问效果。

从提问的对象来看，设置提问层级体现了孔子的因材施教思想，强调了以人为本的教育思想。加德纳认为，人的智能是多元的。学生的智能发展不同，教师应该根据每个学生的特点去挖掘学生的潜能，并促进其个性发展。在课堂提问中，教师必须结合学生的特点与知识的层级性设置问题，使问题富有针对性。

从提问的内容来看，设置提问层级需要遵循学生的认知规律。学生的一般认知规律是从低级到高级、由浅到深、由具体到抽象、由表到里的。不同年龄段的学生有不同的认知特点，教师要根据相应年龄段、不同学生的认知特点设置具体问题，使提问真正起到引思、启发的作用。

二、设置提问层级的原则

1. 层次目标

目标是一切行动的指航灯，教师在课堂教学中的每一个步骤都必须围绕教学目标来进行。在设置问题的层次时，教师也需要确立每个层次问题的目标，以便提高教学效率。小目标要服从整节课的教学目标，做到有目的性地进行教学。例如，对于概念性的低层次问题，教师不能忽略其目标性：概念性问题是为学生理解知识做铺垫的，具有复习巩固的作用。若这一概念性的知识已经学过，那么教师就要明确其目的是帮助学生复习巩固知识，并为下一段教学铺路搭桥，无须在这一问题上花过多的时间，从而避免教学重点不突出、难点不明确等问题的出现。

2. 因材施教

苏联心理学家维果茨基的最近发展区理论认为，儿童有两个发展水平，第一个是现有的发展水平，第二个是在有指导的情况下所要达到的解决问题的水平。这两种发展水平之间的差异就是最近发展区。学生若想达到第二个水平，离不开教师的帮助。同时，此理论认为，在同一段学习过程中，教学对每个人的发展有不同的效果。不同的人对事物的理解是不同的，因此，教师要根据学生已有的学习水平有针对性地设置问题，做到因材施教。

3. 兼顾整体

这里的"整体"有两个含义，一个是指整个教学过程，另一个则是指全体学生。设置层级是教师为了使提出的问题具有层次性，以便针对不同学生、不同知识内容进行分步解析。教师要站在整个教学流程的高度来设置不同层级的问题，并明确这些问题是否与预设的其他教学流程相承接，这些问题在整个教学过程中会起什么作用。

此外，教师的教学要兼顾全体学生。有些教师不懂得控制问题的层次性，一直停留在某个层级的问题提问中，过于强调学生的个别性，只关注个别学生的知识掌握情况。这样便忽略了大部分学生，无法帮助学生突破思维障碍。

三、设置提问层级的作用

1. 有利于知识的细化

设置层级进行提问是教师通过把教学内容分解为几个层次的知识并

通过提问的方式引导学生理解知识、掌握知识。在分层提问的过程中，知识逐步得到剖析，一层一层地呈现给学生，便于学生理解、吸收。学生回答这些具有层次性的问题的过程，其实质就是在理顺知识脉络，整理知识"碎片"，逐步掌握一个个知识点，进而解决整个问题。

教师站在全体学生的立场上把问题设置为一个个层次，有利于问题的细化，让学生在层层深入的问题中探究知识、发展思维能力。这既是设置层级的出发点，也是目的。

2. **有利于学生个性的形成**

学生作为独立的个体，彼此之间必然存在差异。这就要求教师不仅要了解这种差异，更要把这种差异作为一种教学资源，使教学更具针对性。设置层级的目的之一就是针对不同认知水平的学生设置不同的问题，帮助不同层次的学生都获得能力的提升。教师的分层提问有利于学生在思考问题、解决问题过程中不断提高自身的认知水平，同时逐步掌握获取知识的独特方法，从而形成个性。

四、设置提问层级的方法

1. **识记层提问法**

识记层问题是需要认识并记忆知识的基本定义、概念，或者是对知识进行再现的一类层级问题。这类层级问题一般都有标准的答案。这一层级的提问，教师要提供相应的方法，引导学生复习巩固基础知识。

2. **理解层提问法**

理解层问题是对基础知识的升华的一类问题，是具有个性化的知识层面问题。这一层级的提问，要求学生对基础知识有较深入的理解，并能用自己的语言转述出来。此层级问题强调学生自身与文本的联系，要求学生在理解文本的基础上加上自身的元素，可以引发学生独有的感悟。

一位音乐教师在教学"音乐与造型艺术"时，首先让学生欣赏乐曲《荫中鸟》，然后提问："你从乐曲中联想到了什么？从中感受到一种什么样的情绪？"

音乐是人们心灵对话的一种形式，音乐表达着人们内心深处的感受。

教师通过提问引导学生发挥想象，展开思维的翅膀，用心感受音乐蕴含的情感，并结合自己的经验，表达自己的感受。在这个过程中，学生只有把自身融入音乐的情境中，真正理解音乐的含义，才能发挥自己的想象，表达自己的看法。每一个音律都代表着某些情感，这就要求学生读懂音乐，走进作曲者的内心世界，与作曲者对话。

3. 活用层提问法

活用层问题是指学生在深层理解的基础上，灵活运用知识，能够将知识运用到其他方面，做到触类旁通的一类问题。学生在解决这一层级的问题时，要学会灵活运用方法，并能将此方法运用到其他情境的学习中。这一层级的提问，要求学生懂得迁移知识，把握知识本质。

4. 挑战层提问法

挑战层问题是能激起学生强烈的思维活动，使学生的外部知识与内部认知结构之间产生冲突的一类问题。这一层级的提问，要求学生在教师的引导下，通过交流合作、主动探究，促进自身认知结构、认知能力的不断发展，使学生在完成挑战的过程中将知识转化为自己的财富。

在设置这一类问题时，要让问题具有挑战性。这样才能激起学生的好胜心，引导学生深入探究，并最终达到预期的效果。在课堂提问中，教师只有巧妙地设计挑战层的问题，才能更有效地组织学生进行探究。在探究过程中，外显的是学生的积极参与、主动探究、动态生成，内隐的是学生思维的不断发展。

第三节　精练概括，以一当十

一、主问题的内涵

1. 主问题的含义

主问题是指牵一发而动全身的重要问题。《美国教学创意手册》中指出，教师的责任就是动用一切有创意的方法，让学生被书本深深地吸引。设计一个主问题，可以以点带面，引导学生进行长时间的、深层次的学习活动。提炼一个主问题，可以规范课堂提问，更好地达成目标，真正实现有效教学。因而，在教学中，教师要对问题进行精练概括，使问题能够起到以一当十的作用，从而引领课堂教学的开展。

特级教师范维胜认为，主问题是教师在根据新课标以及教材文本确定了学习内容以后设计的，是基于学生的学习活动、引领学生学习的主线问题或主干问题，是相对于课堂教学中某些零散的、浅层的问题而言的，是能从整体参与性上引发学生思索、讨论、理解、品析、创造的重要问题，具有让学生共同参与、广泛交流的凝聚力，具有指向学科教学的向心力。

由此我们可知，主问题是教师根据教学目标与学生的知识水平设置的问题，贯穿整个课堂教学，直指教学重点。在课堂提问环节中处于主体性地位的主问题，能够在课堂教学中起主导作用，是学生思维发展的引路之问。

2. 主问题的特点

（1）全局性

全局性是指主问题从整个课堂的教学内容、教学目标以及学生的整体水平等角度出发，能够对课堂教学起到主导作用。为了发展学生理解文本、掌握知识的能力，教师要先厘清知识的逻辑关系，理解知识的背景，从知识的整体出发，概括要点，引导学生从整体上思考、理解知识。全局性充分体现了主问题在整个课堂教学中强大的内在驱动力，通过以点带面，可以达到牵一发而动全身的效果。

（2）概括性

相对于传统的"满堂问"课堂，设置主问题可以限制问题的数量，从而避免出现问题多而杂的现象。教师设置主问题时必须做到精练，要足以概括教学重点。主问题的概括性为学生留有更多的思考空间，让学生真正投入问题探究中，全身心地围绕重点问题进行发散性思考，充分体现了学生的主体地位。

（3）有序性

设置主问题要根据学生认知事物的顺序——从低到高、由浅入深而进行。主问题是串联课堂教学的主轴,自然需要经过认真思考后再进行设计。教师只有进行科学有序的安排,才能更好地把课堂教学连成一个整体。各主问题之间要有严密的逻辑性,前一个问题的提出要为下一个问题的出现做铺垫。

二、设计主问题的原则

1. 体现问题的指向性

教师在设计主问题时,要基于学生的认知水平和已有的生活经验,紧扣教学重点,体现文本主旨。王荣生教授在《依据文本体式确定教学内容》一文中指出,在教学中产生有关教学内容的问题根源在于教师对文本的解读。如果教师对文本的解读发生偏差,那么教师提出的主问题就不能体现教学重点,会直接导致学生无法正确解读文本,无法领悟到文本的独特价值。所以,教师不仅要研读教材,更要研读学生,了解学生的真正需要,进而提出问题。主问题只有具备了明确的指向性,才能引导学生在问题的解决中逐步走进教材、走进文本。

2. 体现学生的参与性

参与性是指主问题要面向全体学生,能够激起学生的兴趣。教师要遵循学生的认知规律,使问题具有层级性,符合学生的智力发展特点。若问题一直偏向某一水平的学生,那么对其他学生来说,问题可能会过难或者毫无思考难度,这会打击学生解决问题的信心、扼杀学生对学习的兴趣。只有激起全体学生的兴趣,让全体学生积极主动地参与到学习中去,提问才能达到预期的效果。因此,教师在设计主问题时要考虑如何才能提高学生的参与性,要从学生的兴趣出发,顾及各个层次学生的知识水平,激发学生解决问题的兴趣。

3. 体现问题的探究性

巧设的主问题能使学生始终处于一种疑惑状态,而这种疑惑能够激发学生积极思考的欲望,使学生慢慢走进问题的深处,探究更深层的知识。探究性的问题能够让学生产生求知的欲望,提高主动探究的积极性,并从中获得解疑的快乐、思考的乐趣。

三、主问题的作用

1. 有利于牵动整个课堂

主问题对整个教学课堂起着牵一发而动全身的作用,强调对文本整体线索的准确把握。它可以帮助学生对文本进行整体感知、整体理解,牵引文本内容的同时串联起整个教学流程,每个主问题都与相邻问题存在着密不可分的关系,因此,主问题有利于使教学内容的逻辑性更严密,能够帮助学生在解决主问题的同时把握文本的整体概况。

2. 有利于发挥学生的主体作用

在课堂教学中,学生只有亲身投入问题的解决过程中,才能真正掌握知识,灵活运用知识。在主问题的设计中,教师除了要考虑文本的主旨外,还应站在学生长远发展的角度,尊重学生的思考,鼓励学生积极表达自己的观点。主问题不仅把锻炼学生的能力放在首要位置,让学生用心与文本交流,还给学生提供了想象的空间,让其思维能够自由自在地飞翔。

3. 有利于提高教师的研读能力

由于主问题处于主导地位,因此,教师必须把研读文本、研读学生与提高教学智慧结合起来,以引导学生走进文本世界,把主问题的核心作用发挥到极致。为了更好地发挥课堂提问的作用,教师不但要研究教材的重难点,思考提出什么样的问题才能激发学生思考,还要研究不同层次的学生的知识水平、生活经验。因此,主问题的设计可以促进教师研读能力的提高,使教师能够从教学中发现问题,研究教学难题,从而引导学生探讨问题。

四、主问题的应用

1. 问源学情法

教学的最终目的是促进学生的发展,教师的一切教学行为都是为学生的学服务的,这就意味着教师的教必须关注学生的学,准确把握学情,唯此,才能真正促进学生有效学习,提高教学的有效性。新课标指出,教学活动必须建立在学生的认知发展水平和已有的知识经验基础上,教师要向学生提供充分的从事实践活动和交流的机会，使学生在自主探究、合作交流的过程中真正理解和掌握基本的知识与技能、思想与方法，以获得广泛的活动经验，成为学习的主人。

学习新知识的过程是以原有知识为基础，对新知识进行加工、整合，进而构建知识意义的过程。如果主问题过难，超越了学生学习能力的范畴，就难以通过问题引导学生实现对知识的融合、分析、批判和创造；反之，如果问题过于简单，就无法激起学生的思维火花。因此，教师在设计主问题时，不仅要切合教学内容，更要关注学生的实际情况，适应学生的思维发展规律。那么，教师该如何问源学情呢？

（1）找准学生的认知起点

学生原有的认知结构是其进行新知学习的重要的内部条件。美国教育心理学家奥苏贝尔指出："如果我们不得不将教育心理学还原为一条原理的话，我将会说，影响学习的最重要因素是学生已经知道了什么，我们应当根据学生原有的知识状况进行教学。"把握学生的知识起点是一切教学工作的起点，所以教师要先了解学生的实际认知水平，同时结合学生的具体心理特点与思维特点，遵循最近发展区原则设计主问题，以促进学生的发展。

（2）紧扣学生的兴趣点

教学的对象是学生，所以教师应站在学生的角度去研读文本、设计问题，以学生的兴趣为"引燃点"，调动学生的积极性，激发学生的情感，使主问题与学生的生活紧密结合。

2. 问源题眼法

文本的题目高度概括了文本内容，犹如文本的"眼睛"，能够提携全文，因此设置主问题时应从文章标题入手。

《春晓》教学片段[①]

师：同学们以前会背哪些古诗？谁想起来了，就站起来，给大家背

[①] 李卫东. 李卫东经典课堂与创新设计——感悟语文［M］. 太原：山西教育出版社，2005. 引用时有删改。

一背。

生：我会背《春晓》："春眠不觉晓，处处闻啼鸟。夜来风雨声，花落知多少。"

师：还没学你就会背这首古诗了，真棒！一会儿，我们还要学习这首古诗，看看你能不能有新的收获，好吗？

（学生背诵《寻隐者不遇》《草》《忆江南》《静夜思》等。）

师：真好。看来大家非常爱学古诗。今天我们要学的这首古诗和春天有关系。你们想一想，春天来到了，（板书：春）大自然会有什么变化？

生：小草绿了，花开了，还有天气暖和了，河水解冻了，青蛙跳出来了……

生：荷花更鲜艳了。

师：荷花不在春天开，荷花在夏天开。还有吗？

生：春天的衣服就叫春装。人们穿上了春装。

师：春天是一个百花盛开的季节，都有什么花呀？

……

师：请把书合上。孟浩然特别喜爱春天，喜爱春天的花朵。他以诗来表达自己对春天的喜爱。他所写的这首诗的题目叫"春晓"。（补充课题：春晓）看老师写"晓"字，"晓"是个生字。不过我一写出来，你们马上就可以想到这个"晓"字和什么有关。

题眼往往是文本的重点，能够对文本起到统领的作用，有关题眼的问题可以作为教师课堂提问中的主问题，教师可以直接从题眼出发，带领学生走进文本。"春晓"是《春晓》这首诗主旨思想的集中体现，因此，教师以"春"和"晓"这两个关键字为出发点设计问题。该教师将关于"春"和"晓"这两个字的问题作为主问题，衍生出其他小问题，为学生理解《春晓》背后的意蕴服务。

3. 问源文眼法

文眼是提示文章中心的字眼，通过它能窥探到文章的中心。问源文眼法是指从文本的众多文字中提炼出文眼来引领学生探讨文本的方法。

文本是教学的基点，是教学的依据，而文眼隐藏在文本的字里行间，是解读文本的一把钥匙。这就要求教师要挖掘文本，寻找文眼。抓住了文眼，就可以引导学生有效地深入文本中。

4. 问源情境法

问源情境法是指教师先创设情境，再以具体情境的内容为话题，提出与主问题有关的问题，为学生学习新知识做好铺垫。来看看这位教师是如何使用问源情境法的。

师：我有个邻居下岗了，最近他开了个便民小超市，想请大家帮忙设计标价牌，大家能帮这个忙吗？（出示手套和毛巾图）手套每副2元5角，毛巾每条3元，标价牌该怎么写呢？

（在学生自由创作后，教师选择几种写法，引发学生的争论。）

（板书：2.5，2.50，3，3.00。）

师：我们在商店里看到的标价一般是这样的：2.50元、3.00元（课件演示）2.5和2.50表示的价钱一样吗？3和3.00呢？为什么一样呢？通过今天这节课的学习你就明白了。今天我们一起来学习"小数的性质"。

（板书课题）

这是关于"小数的性质"的教学。问源情境法是以具体的生活情境为话题，在具体情境中设置主问题。教师将主问题渗透到情境中，让学生在具体的情境中感悟主问题，理解主问题。在该课教学中，如果教师直接从小数的性质进行引导，那么学生就会觉得难以理解，因此，教师让学生在生活情境中初步接触小数的性质，初步认识类似0.1，0.10这两类数的区别与联系等，让学生更易理解、掌握。

第四节　急缓相间，错落有致

一、提问节奏的内涵

我国的《乐记》上说："节奏，谓或作或止，作则奏之，止则节之。"节奏是交替运动的。在《现代汉语词典》（第7版）中解释为"泛指均匀的、有规律的进程"。朱光潜先生认为，节奏是一切艺术的灵魂。

一节成功的课堂犹如一首乐曲，曲调抑扬顿挫，音节疏密相间，节奏和谐。成功的教学离不开节奏的调控。著名特级教师于漪认为："如果四十五分钟都是一个调子，平铺直叙，像流水般地，淌，淌，淌，学生也会感到乏味，打不起精神。"同理，课堂提问不能一成不变，应该根据学生的实际情况、具体的教学内容进行适当的调节，摆脱直线式的课堂提问。这就需要讲究提问节奏，即提问的频率，使提问适应学生思维的发展和教学流程的发展。

　　综上所述，提问节奏就是指提问能够适应学生思维的发展和教学进程的一种有规律的、连续进行的运动形式。

二、提问节奏的特征

1. 多元性

　　多元性是指在提问过程中，教师不仅要关注提问的语调和语速，还要关注问题的频率与疏密，提问的长与短、动与静、张与弛等内容。能否根据实际的教学情况适时调控提问节奏，把提问节奏用活，考验着教师的综合能力。

2. 变化性

　　节奏原意是指在音乐中交替出现的有规律的强弱、长短的现象。显然，节奏并不是呈直线式发展，而是呈曲线式发展的。提问节奏也是如此。提问节奏是运动的，教师语言节奏的快慢直接影响着学生的思维活动，并且学生的思维随着教师的情感变化而变化。教师的语言节奏牵引着学生的情绪，提问节奏应犹如一首音乐，随着音符的变化而不断起伏，并且起伏有度，像海浪一般不断起伏跌宕地拍打着。随着提问节奏的起伏变化，整个课堂教学显得张弛有度。

3. 和谐性

　　和谐是中国的传统美学观念，它追求外在表象与内在特质的相互协调。课堂提问仅是教学过程中的小环节，但是从它本身来看，又是一个整体。在课堂上，教师除了要关注教学节奏外，还要关注提问环节内部节奏的协调性。提问环节内部节奏的协调性是指提问节奏在不断变化、更替的过程中，提问的语气、语速、时机等衔接自然、和谐统一。另外，提问节奏是"问"与"答"节奏的有机整合，是二者高度统一的和谐美。因此，提问节奏除了要求内在节奏的和谐外，还需要"问"与"答"的和谐。只有教师的提问符合学生的心理状况和认知水平，才能使提问的节奏和谐。

三、调控提问节奏的原则

1. 以尊重客体为基础

在哲学上，客体是指主体以外的客观事物，是主体认识和实践的对象。在课堂教学中，客体是指教学内容、教学目标，教学内容是教学活动的依据，而教学目标则是教学活动的取向。所以，提问节奏的设计必须以这两者为基础。每个科目、每个文本、每个知识点的内容与目标都不尽相同，因此，具体的提问节奏必然会有所区别。教师要根据实际的教学内容、教学目标来设计提问节奏，以使提问节奏适应客体的发展进程，做到教学有序、条理清晰。

2. 以适应主体为依据

在哲学上，主体是指对客体有认识和实践能力的人。在课堂教学中，学生是学习活动的主体，是课堂活动的实践者，所以，提问节奏应适应学生的思维节奏。任何人在学习过程中都需要经过一个探索以及思考的过程。由于每个学生的思维特质不同，思维速度与深度也不同，教师在提问时要真正关注每个学生是有难度的，因此，教师就需要面向大多数学生，设计适合大多数学生学习水平的提问节奏。

3. 以教师掌控为主导

学生是学习活动的主体与实践者，而教师是学习活动的主导与组织者。教学应以学生为本，从学生的实际情况出发，充分发挥学生的主观能动性。但是，在实际课堂提问中，有些教师过于强调学生的主体性，结果被学生牵着鼻子走，这种做法有点矫枉过正，不利于教学目标的实现。学生的主体地位固然重要，但这并不能否认教师的主导地位。教师在提问过程中要牢记自己组织者的身份，通过调节提问节奏来调整学生的思维节奏，帮助学生提高思考能力。

四、调控提问节奏的作用

1. 吸引学生的注意力

注意力是指人的心理活动指向和集中于某种事物的能力。在教学实践中，由于各种无关刺激的干扰或是单调的刺激持续不断地出现，学生的注意力容易分散。一方面，学生的注意力很难在同一种事物上维持长时间；另一方面，学生的注意力具有指向性，学生不可能在某一时刻同时关注所有的事物，接收所有的信息，只能选择其中一种进行加工、消化、反映，以及进行深刻的认知和运用。而调控提问节奏则可通过转移注意力的方法，引领学生进入新的学习氛围中。

2. 缓解学习的紧张感

在应试教育背景下，课堂教学仍存在"知识填塞"的现象，泯灭学生的求知欲和好奇心。在这种状态下，学生的注意力过多地受到牵制，时间一长，学生就会产生疲劳感，对外界的刺激感觉迟钝，大脑皮层由兴奋过度变成抑制过度，经常处于拒收信息的状态。教师应该根据学生的思维发展过程调控提问节奏，给予学生适当的休息时间，营造一种张弛结合的节奏，以活跃学生的思维，从而缓解他们学习的疲劳感与紧张感。

3. 激发教师的激情

教师的激情不仅可以使自己的思维更敏捷、思路更清晰、感情更丰富，而且能感染学生，让学生产生一种内在驱动力，主动探究问题、思考问题，从而形成一种活跃的学习氛围。和谐的提问节奏，将使教师充满激情，给教学带来愉悦和快乐。

五、调控提问节奏的方法

1. 语调调控法

教学语言是师生交流的重要载体。教师语言节奏的快慢直接体现着提问的节奏，并影响着学生的思维活动，牵引着学生的情绪。单一的语言节奏不仅会导致学生的注意力分散，更会使学生产生学习的疲劳感。因此，教师要想提高学生回答问题的积极性，可使用抑扬顿挫的语调撩拨学生的心绪，激发学生的思维，让学生处于思维活跃的状态，为思考问题做好情绪准备。教师在提问重点问题时，应该适当提高音调、放慢语速，做到字字清晰；在提问过渡性问题时，则可以用欢快而幽默的语调，活跃课堂氛围；在需要引起学生的注意时，则应该用带有神秘感、波澜式的语调。下面来看看程红兵老师是如何在课堂中通过语调调控提问节奏的。

师：同学们好！今天我们来上一堂作文课。先请大家来回答一个问题：想过河没有船，怎么办？

生：脱了鞋子涉水过去。

师：如果水很深呢？

生：游过去。

……

师：同学们的意见有这么几类，或者从水面过，或者从水上过，或者从河底过。再看一个问题：在你面前有四样东西，分别是平装书、百事可乐、金项链、电视机，请你开动脑筋，从上述四种物品中找出一种"与众不同"的物品，再从四种物品中找出两种"属于同一类"的物品。

生：百事可乐"与众不同"，因为是可以喝的，其他的都不能喝。

师：那么，哪两种是同类物品呢？

生：书和电视机，都用来传播知识。

师：为什么你选它们？

（教师的语速较快，但声音非常清晰。他没有催促学生快速回答，但学生能体会到回答问题速度方面的要求，下意识地加快了速度，回答问题大多不假思索，只可惜由于视野所限，回答的质量较低。）

生：本质相同。

师：别人说过的理由不能再说。

生：我选金项链和电视机，因为它们都有装饰作用。

生：我选百事可乐和电视机，因为两样都是我喜欢的。

师：（反问）难道一本书不能给人带来快乐吗？不能以个人喜好为理由。

生：电视机和百事可乐，可以一边看电视，一边喝可乐。

师：我认为你的理由站不住脚。看来我们的思维还要再进一步打开。

生：书和百事可乐，我觉得看书时喝可乐是一种享受。

生：书和百事可乐，因为价格低廉。

师：照这么说，百事可乐和电视机也可以归为一类，都诞生于现代。

师：所谓多样化思维，就是通过多种多样的思维活动，从思维的多角度性、多层次性、开放性进行思考。

语言是提问的必备条件，同时也是提高提问效果的重要因素。教师通过调控提问语调，形成了一种错落有致的节奏，让学生在轻重缓急的节奏中愉快地思考。程红兵老师提问："为什么你选它们？"语调轻快、咬字清晰，意在让学生注意问题的紧迫性，要求学生对问题快速做出反应。但是学生大多回答并不深入。程红兵老师注意到这个问题，于是调整语调，用反问的形式提问学生，让学生反思错误，从而达到调控提问节奏的目的。

2. 张弛结合法

古人云："文武之道，一张一弛。""张"在教学中是指课堂教学处于一种兴奋、精彩生动的状态，而学生则处于一种积极思考、积极参与教学活动的状态；"弛"是指在提问环节中，课堂气氛处于较轻松的阶段，而学生处于思想放松、情绪活跃的状态。"张""弛"这两种状态不能只有一种持续存在：如果整个提问过程只有"张"而没有"弛"，那么学生就会长期处于紧张状态，学生的思维与情绪会一直紧绷着，而一旦放松下来，便会产生一种疲劳感；相反，若只有"弛"而没有"张"，学生就会产生一种偷懒的心理，长期如此，学生会产生一种依赖性，等待别人的成果，而自己不肯动脑思考问题。因此，教师在提问环节中，应巧妙运用张弛结合的方法，帮助学生快乐地思考问题、探究问题。

HOME

T：What's this? (T shows his hand)

Ss：Hand.

T：It's not hand. It can change the voice. It's magic. Look, if I put my hand down , you say lowly, lowly, lowly; if I put my hand up, you read louder, louder, louder. Understand?

Ss: Yes.

T: Ok. I can sweep the floor.（老师用手势表示，让学生由低到高，再由高到低读这个句子10遍）

T: Good. Ok. Look here. Ok, I can sweep the floor. Who can sweep the floor? You please.

S1: I can sweep the floor.

T: You are helpful at home. This is for you. But put it down. Don't look at it. Ok, look at this. Ok? Now, who can wash the dishes? Ok, you.

S2: I can wash the dishes.

……

T: We will learn new sentence. Ok, please listen to me. Can you wash the clothes? Every one look at here. （T write "Can you wash the clothes?" on the blackboard） Can—you—wash—the—clothes? Please, you should read in this way. Can—you—wash—the—clothes? ↑ Remember. Can—you—wash—the—clothes? ↑

T: Can you wash the clothes? ↑ （升调，老师用夸张的手势表示，像大合唱时的指挥家一样，由慢到快）

Ss: Can—you—wash—the—clothes? ↑ Can—you—wash—the—clothes? ↑ Can you wash the clothes? ↑ （学生根据老师的指挥，由快到慢，再由慢到快，一起读了9遍）

T: Remember it. Can you wash the clothes? ↑ （老师又边说边做，慢速地说了一遍） Can you show your hand and have a try? Ok, come here and show your hand. Ok, I think you can do it.

S1: I think I can.

T: Ok, come here.

（S1 do and the other Ss say.）

T: Let's go on. Remember here.

（S1 do it again. Ss say it again.）

T：Ok, thank you. Now give me victory.

S1：Yeah!

T：Ok, good. Another student come here and do. Come here, you please.

(S2 do 2 times and the other Ss say 2 times.)

T：Ok.

S2：Yeah!

(Read and answer.)

T：Ok, now this time. I will introduce you two new friends here. Let's look at it. Ok, here, look, this is Sally and that is Tom. Tom is a boy and Sally is a girl. But I have five questions ask you. Look first one.

Can Tom cook meals?

Can Sally water the flowers?

Can Sally make the bed?

Who can cook meals?

Who can sweep the floor?

张弛结合法是教师通过变换提问的形式来调节提问节奏、学生情绪，让学生在紧凑的教学时间中获得适当放松的一种方法。在该案例中，教师以提问形式引导学生读熟句子，并要求学生回答问题，这既锻炼了学生的语言表达能力，又让学生深入理解了短语的意思。教师首先以追问的形式提问学生，要求学生快速回答；然后放松下来，以讲解的方式引导学生思考问题；最后以小组讨论的形式要求学生进行讨论。这种张弛结合的方法能帮助学生在富有节奏的教学活动中快乐地学习，从而提高学习效率。

3. **疏密相宜法**

疏密是指教师在提问环节中，向学生提出问题的密度，即在单位时间里提出问题的数量。疏能够帮助学生舒缓情绪，密则可促使学生加快思考。在实际的提问过程中，教师要根据学生的认知水平、教学重难点来考虑提问的疏密度。学生如果因思考问题而处于烦躁状态，教师就应该给予学生较多时间，不宜提出过多问题，以让学生有时间平静思绪，为思考下一问题做好准备；学生如果处于懒散状态，教师就应该增加问题的密度，引起学生的紧张，让其意识到学习的紧迫性，从而认真投入学习活动中。

第五节 纵横联系，跨越学科

一、学科之内纵向联系

1. 学科之内纵向联系的原则

（1）相关性

新旧知识的纵向关系，或是旧知识与新知识的重点密切相关，或是旧知识与教学目标不可分离。只有新旧知识存在一定的联系，学生才能在旧知识的基础上掌握新知识。旧知识与新知识如果没有联系，学生思考的方向就会发生偏离，教学目标也难以达成。

（2）逻辑性

逻辑性是指教师在引导学生联系新旧知识的过程中，注意知识之间的逻辑关系。现代教育心理学研究表明，系统而有条理的知识容易被人掌握，而那些被割裂的、支离破碎的知识很难让人理解。学生如果不明确知识之间的逻辑关系，就难以从旧知识过渡到新知识。教师只有帮助学生厘清新旧知识之间的逻辑关系，学生才能掌握两种知识之间的内在联系，并以此为出发点进行思考。

（3）主要性

主要性是指教师要明确旧知识与新知识的地位，提问要以新知识为主、旧知识为辅，也就是说，提问的重点要放在对新知识的理解上。因此，教师在进行提问时，不能把太多的精力放在旧知识上，而应通过提出问题唤醒学生对旧知识的记忆，促使学生对新知识进行思考。在这个纵向联系的过程中，新知识是重中之重，教师要时刻紧扣提问的主旨，做到主次分明。

2. 学科之内纵向联系的作用

（1）厘清知识脉络

事物大到宇宙空间，小至微观粒子，都有其组成部分，并且每一部分内部的各个要素都形成一个小小的结构，最终形成某一种联系。因此，教师提问学生，不仅要引出新知识的讲解，还要对旧知识与新知识之间的纵向关系进行梳理，帮助学生掌握知识脉络、构建知识体系。

（2）正向迁移知识

学习迁移是指一种学习对另一种学习所产生的影响。根据性质不同，迁移可以分为正迁移和负迁移。正迁移是指一种学习能够促进另一种学习；反之，则为负迁移。迁移是指学生利用原有的知识、技能对新问题进行探讨与解决，从而达到触类旁通的目的。新问题的解决引出新知识，而新知识往往与旧知识存在较大距离。面对这个距离，学生往往难以一下子寻找到"桥梁"，常感到无从入手。此时，教师可以通过新旧知识的纵向联系，将新旧知识联系在一起，指引学生在旧知识的基础上认识新知识，从而获得良好的教学效果。

（3）完善知识结构

知识在人脑中的积累是一个构建过程，学生会把每一种认识的结果转化为自己的知识，将其纳入原有知识结构中。教师引用旧知识导出新知识，不仅引导学生对原有的知识结构进行了再构建，而且可以在新旧知识之间建立更多的联系。从学生知识结构本身的角度看，教师的提问在学生的新旧知识之间架起了桥梁，不仅使旧知识发挥了基础作用，而且使新知识融入学生原有的知识结构中，促进了学生思维的发展。

3. 学科之内纵向联系的方法

（1）主题联系法

每个学科的各阶段学习都以相应的主题为单位进行编排，因此，教师可以以单元主题为基础，根据各单元之间的前后关系，对学生的学习进行有层次的引导。下面来看看刘刚老师执教"倒数"时对主题联系法的运用。

师：在第一单元里，我们学习了分数乘法，下面先来口算几道题。

（课件出示几道算式题。）

师：你对哪些算式比较感兴趣？这些算式有什么特点吗？

（学生说 $\frac{2}{3} \times \frac{3}{2}$，$7 \times \frac{1}{7}$，$\frac{8}{11} \times \frac{11}{8}$，$\frac{1}{12} \times 12$ 这几个算式的得数都是1。）

（课件隐去不等于1的算式。）

师：仔细观察这几个算式，你能发现什么规律吗？

（主要有三方面的发现：①它们的乘积都是1。②发现两个因数的特点，即两个乘数的分子分母正好倒过来。③它们都是两个数相乘。）

（板书：乘积是1的两个数。）

师：你能根据自己的发现，再来举几个这样的例子吗？（给学生1分钟时间完成）刚才我们所举出的乘积是1的两个数之间有一种特殊的关系。同学们，请看屏幕，$\frac{2}{3} \times \frac{3}{2} = 1$，那么我们就说 $\frac{2}{3}$ 是 $\frac{3}{2}$ 的倒数，反过来（引导学生说）$\frac{2}{3}$ 是 $\frac{3}{2}$ 的倒数。

师：那7和 $\frac{1}{7}$ 存在怎样的倒数关系呢？谁愿意来说一说？

……

师：我们可以说7是 $\frac{1}{7}$ 的倒数、$\frac{1}{7}$ 是7的倒数，还可以怎么说呢？

生：7和 $\frac{1}{7}$ 互为倒数。

（板书：互为倒数。）

教师首先向学生展示分数乘法的旧知识，接着引导学生运用旧知识解决新问题。在同一学科内，每一种新知识与旧知识都会有一定的关系，学生在学习新知识时，只有"调用"旧知识，才能更好地掌握新知识。

（2）对比联系法

对比联系法指教师把两种事物或一种事物的两个方面进行比较，引导学生在比较中获取知识。在课堂提问中，教师常常用到对比联系法，把事物、现象和过程中矛盾的双方放置在一定条件下，使之集中在一个完整的教学统一体中，从而形成前后比照关系。运用这种手法，有利于充分显示事物的矛盾，突出被表现事物的本质特征，加深学生对事物的理解。

"欧洲大陆新体制"教学片段

师：我好欣慰啊！因为大家把马克思的理论背诵得很熟练了。但我也很担忧，我们不能只知道一种理论；理论不是一成不变的，是会过时的。不过大家对材料的理解和对材料的主题思想的认识是正确的。好，通过之前的学习，我们了解了这样的背景——

第一，19世纪中期的德国政治局面是封建割据，四分五裂。第二，同时期，德国的资本主义经济得到了一定的发展，需要统一市场。这一对矛盾是德国历史必然要改变的关键。可是，分裂了那么多邦国，谁来担负这个使命呢？在这些邦国中，奥地利有政治优势。对了，希特勒宣布将奥地利"重新合并"，好像在这里找到了点儿"根据"，原来，奥地利真的是德意志的一个邦国呢！是不是说希特勒占有奥地利就是合理的呢？留给同学们一个课余追寻的机会。看看谁能解答这个问题。回到我们的主线上看。奥地利有政治优势，就可以担负统一的大任了吗？你们能否搜寻一下我国的历史，看看有没有可以引以类比的历史画面？

生：战国时期的秦国。

师：很好。战国时期，不少诸侯国并存，但是，有一个诸侯国通过改革使国力大增，走在了其他诸侯国的前列，有能力完成统一大业。德意志呢？这时候，有一个人物跳了出来，我们继续来看资料。

师：俾斯麦。听说过吗？

生：被称为"铁血宰相"。

师：看来大家都知道，这很好，但现在我们上高中了，不能只知道有这么个人，还要看他做了什么，他所做的对德国的进步、对人类的文明有没有用。他做了什么呢？

生：改革。

师：和商鞅一样，俾斯麦在乱世中站稳了脚，通过改革，使普鲁士王国国力超越了在政治上有优势的奥地利。你们从材料中发现了什么独特的内容吗？

生：武力，战争。

师：你们怎么看出来的？

生：在材料中，俾斯麦说要靠"铁和血"。

师：处在和平中的人们看到这两个字，感觉是什么？

生：不寒而栗。

师：看来，我们一样，不希望战争。可是，普鲁士却具备了发动统一战争的条件。这就使普鲁士统一德意志成为可能。

师：我们接着对背景进行总结：第三，普鲁士经济、军事实力强大。第四，俾斯麦推行"铁血政策"。

师：必然性有了，可能性有了，还等什么？

生：打！

师：打谁？

生：打一切阻碍统一的力量。

师：说得好！

师：法国为什么要与普鲁士抗衡？

生：我记得是普鲁士抢占了法国的领土。

生：不对，是法国受欺辱。

生：不对，是法国内部有矛盾，想转移矛盾。

生：不对，是法国阻碍德国统一。

师：大家的发言，我听出来了，有符合历史的，也有弄错了时空的。正确的是，法国不愿意看到自己身边站立一个"姚明"（一个巨人）。想一想，我们刚刚讲过的法国政体，普法较量，法国无能，战败了，国内共和力量有了借口，怪罪于帝制派，终于，共和派夺回了政权。你们知道是什么情况了吧？法兰西第二帝国结束了，法兰西第三共和国建立了。可是，资产阶级的共和国，也只能赔款和出让国土了。

生：噢，也就是都德的《最后一课》的背景。

师：我就喜欢听你们这一声"噢"，说明你们懂了，也说明你们知道历史是一个多么有趣的联合体。

法国经历了很多次的政治变动，学生难免会混淆。教师利用商鞅变法的旧知识来帮助学生理解法国政体改革的新知识。一个是旧知识——战国时期商鞅变法，一个是新知识——法国政体改革，教师引导学生比较两者，运用旧知识去解决新问题。这让学生充分认识到，学习历史并不是孤立的，而是可以通过某种联系，实现知识的正向迁移。

（3）追溯联系法

知识结构是指知识的各个组成部分有序的排列。每一学科内部的各要素之间都具有逻辑关系，各部分的知识点是层层递进、步步深入的。学生的思维发展也是由浅入深、由具体逐步发展到抽象的。教材编排的顺序是根据知识的纵向结构与学生的思维发展特点而确定的，因此，学科的知识点具有历史性，教学可以沿着学习进程的推进而逐步深入。教师可以结合旧知识进行新知识的教学，这种利用旧知识学习新知识的方法，既达到了传授新知识的目的，又可以帮助学生巩固旧知识。

二、学科之间横向联系

1. 学科之间横向联系的原则

（1）提问方向上强调探究的意义

在实践中，要关注学生的主体性，不仅要求学生主动思考，还要求学生积极参与到活动中来，关注各学科中此类问题的相关性并能进行综合的思考与分析，在活动中锻炼自我、展示自我、提升自我。这种经历为学生创造了在独立思考和自主实践中提高独立学习能力、主动学习能力的机会，并让学生意识到自我潜力的存在，从而促进了他们的认知重构与完善。

（2）思考方法上体现实证的运用

摒弃对理论性知识纯粹的分析，将问题置于真实、生动、具体的情境下展开探究，比如，采访、实验、辩论、策划、构想等，对各学科相关问题进行综合分析。注重现实资源，在获取资料、运用资料和讨论中要求学生做到观点有支撑、推论有印证。

（3）解答过程中注重能力的生成

要求由学生自主对各学科相关问题进行综合分析、讨论，特别注重通过探索和研究来培养学生提出问题、探究问题以及展示活动成果的能力。关注学生探究的力度、思考的品质、创新的程度，注重培养和发展学生积极主动地构建知识的能力，以及策划、组织、协调和实施的能力。

2. 学科之间横向联系的作用

（1）有助于提升学生的知识质量

鼓励学生在综合分析问题的过程中，善于发现问题的关键并以此为契机，在提出问题和解决问题的过程中使学生领悟问题所蕴含的各类知识。这样的教学使学生的学习真正回到获知的本义上来，使被动学习（教师指定学习内容、学习方式）转变为主动学习（学生自主分析问题、解决问题），在学习过程中学生不仅综合运用各学科知识，还使自己的意见得到有个性的表达与交流。

（2）有助于锻炼学生的实践能力

提出具有典型性的问题，引导学生对问题的特点与规律进行深入剖析与充分讨论，帮助学生从具体个案归纳出一般方法，掌握解决问题的方案与策略。之后要求学生学以致用，引导学生把解决问题的方法运用于解决各学科的相关问题中，从而使学生逐步掌握解决此类问题的规律，将知识内化为能力。

3. 学科之间横向联系的方法

（1）知识迁移法

知识迁移法是指在课堂教学中出现较抽象的问题时，教师把抽象的问题与特定的人或事物相结合，使问题具体化，降低问题的难度，帮助学生找到解决问题的方法。

Have an IQ test

T：Hello, boys and girls. Nice to see you again. This class we'll begin with an IQ test. Here are some test questions from different subjects. Can you finish them in five minutes?

(Show the following on the screen.)

① k=_____时，代数式$(2k-1)÷3=3$。

② 世界上有几大洲和几大洋？_____。

③ 赤壁之战发生在_____年。

④ 蝙蝠是鸟类吗？

⑤ "白日依山尽，黄河入海流"出自我国____代著名诗人_____。

⑥ 我想制作一个表格用以计算成绩，用_____操作最好。

⑦ 根据首字母提示填空：My f_____ movie is *Rush Hour*.

(Check the answers with students and then ask students which subjects these test questions are from. Help them learn the names of different subjects.)

T：These test questions are from seven different subjects. What subjects are they, do you know?

S：Math, Geography, History, Biology, Chinese, Computer, English.

(Write the words down on the blackboard.)

(利用多媒体课件展示，采用抢答形式，活跃课堂气氛，让学生体验到所学的其他学科知识在英语课堂上也能魅力四射。)

T：What other subjects do you know?

S：Art, P. E, Music.

T：Do you like English?

S：Yes, It's my favorite subject.

S：No, I don't.

T：What's your favorite subject?

S：My favorite subject is math.

……

(同时引出本课教学重点任务2，即 Talk about your subjects you learnt, your favorite subject and give reasons.)

教师如果一开始就要求学生自己说出喜欢的科目，学生未必能够顺利回答出来。在该案例中，教师首先要求学生根据科目的特点在相应的空格上填写单词，唤起了学生对自己喜欢科目的认识，为学生回答问题提供了一个台阶；然后让学生用英语说出自己喜欢的科目，达到了预期效果。

(2) 同期联系法

同期联系法中的"期"是指学生不同学科学习的同一阶段。同期联系法是指教师通过联系学生在这一学期所学的其他学科的知识，引出新的知识点的教学方法。这一方法可以让学生融会贯通其他学科，促进他们综合素质的发展。

"动荡不安的中东"教学片段

师：好！请坐！这就是第二次世界大战时期针对犹太人的种族灭绝政策，该政策使得犹太人更渴望回到祖先所居住的地方，也就是——

生：巴勒斯坦地区。

师：建立属于自己的国家，来保护自己的百姓，保护犹太人。7世纪的时候，阿拉伯人已在巴勒斯坦地区过着一种日出而作、日落而息的田园生活，长久在这里生活，使他们对这片土地充满了深厚的感情。到了19世纪，犹太复国运动兴起，犹太人要回到巴勒斯坦地区建立自己的国家，对于阿拉伯人来说，最初的心态是什么样的？在这种情况下，世代长久生活在这个地方的阿拉伯人，对于要回到故土建立国家的犹太人，最初他们从情感上接受不了，但是他们又必须面对现实。下面我们就来看一看，第二次世界大战后出现的情形。1947年，联合国出台了第181号决议，实施巴勒斯坦地区"分治"方案。方案规定在巴勒斯坦地区建立以色列国和阿拉伯国，但是阿拉伯国始终没有建立起来。这使得巴勒斯坦问题开始国际化。热带沙漠，气候干旱，在这样的自然环境之下，他们对水资源的需求非常迫切。而现实情形又如何呢？我找一位同学来读这段文字资料。

生：尼罗河流经埃及、苏丹、埃塞俄比亚。幼发拉底河流经土耳其、叙利亚、伊拉克。约旦河流经约旦和以色列。利塔尼河流经以色列和黎巴嫩。太巴列湖为叙利亚和以色列共有等。

师：好！请坐！同学们，从以上资料可以看出中东地区河流资源有限，在有限的水资源面前，又面临着一个什么样的问题。一条河流流经了几个国家，又地处干旱，所以这些国家就竭尽所能来控制水源，从而引发了与其他国家的水源纷争。在这个时期，有一位著名的领导人曾经说过，中东地区在某种情况下水要贵于石油。1998年，联合国粮食及农业组织公布的报告指出，世界上有26个国家的近3亿人口面临严重缺水，其中中东的国家有9个。有限的水资源是引发阿以冲突的另外一个因素。下面我们来看一看领土问题……

同一学期不同科目的内容可以成为教师帮助学生理解新知识的助手。

各种知识都存在着这样或那样的联系，教师可以以其他科目的学习内容作为提问材料，引导学生进行探究学习。中东为什么长期动荡不安？这是历史问题。但是，教师不是直接以历史知识来解答，而是引导学生通过地理知识来解决。中东地区由于气候原因，水资源缺乏，因而水资源是中东地区各国的重要资源。同样，水资源也是中东地区各国冲突的重要原因。这就说明，地理位置、气候条件也影响着历史的发展，地理与历史无法分开。以地理知识来解答历史问题，这似乎风马牛不相及，而实质上则是别出心裁。

(3) 预先联系法

预先联系法是指教师在讲解本学科的知识时，把其他学科将要学习的内容与本学科的知识结合起来进行引导的方法。这种方法能为学生学习其他学科内容打下基础，激起学生自主预习的兴趣。但是由于这种方法涉及的知识学生还没学习，不宜过于深入，帮助学生建立基本概念就够了。

初中物理跨学科试题专题复习

【问题情境】

《扬子晚报》2004年5月21日报道了一则新闻（标题：氮气泄漏，夏现冬景）。

本报讯：昨晚，南京市建宁路上一停车场内发生氮气泄漏事故，现场周围"寒气"逼人，车厢挂起冰柱，地面结了厚厚一层冰。

昨晚10点左右，建宁路上一家名为"的士"的休闲中心的一名工作人员突然发现停车场里一辆大型槽罐车尾部不断冒出白烟，并且越来越大，他走过去一看，被现场的情景吓了一跳，只见车尾部已开始结冰，车厢下端已经有大约10cm长的冰柱，而液体刚滴到地面上就开始结冰，不久地面上就是一层厚厚的冰。原来，这辆属于南京气体产品公司的槽罐车满载液态氮气，车尾部冒出的白烟就是车罐内液态氮发生泄漏的表现。据介绍，氮气具有快速制冷的效果，如果有足够多的氮，可以在很短的时间内将周围气温降低到零下50℃，情况比较危险……

小盼是个爱动脑筋的好孩子，阅读了这则新闻后，提出了下面的问题，你能帮她解答吗？

①氮气是空气的主要成分，常温常压下是气态，可槽罐车的车罐里怎么会出现液态氮？这样将气体进行液化有何好处？

②车罐内液体氮发生泄漏时为何会冒出"白烟"？

③根据所学的物理和自然知识，文中似乎有两处不妥，你能指出来并加以改正吗？

④发生此事时，如果你正好在现场，你打算怎么做？

【问题分析】

①氮在常温常压下是气态，车罐内的液态氮是通过加压的方法实现液化的。将气体液化，可以缩小体积，便于贮存和运输。

②液态氮发生泄漏时，会迅速变成气体，同时吸收热量，使周围空气中的水蒸气液化而形成小水珠，出现"白烟"。所以"白烟"不是氮气，而是小水珠。

③两处不妥：一处为"槽罐车满载液态氮气"，氮气是气态氮，"液态氮气"前后矛盾，应改为"液态氮"。另一处为"氮气具有快速制冷的效果"，空气中就含有大量氮气，照此说法，世界岂不冰冷一片？应改为"液态氮具有快速制冷的效果"。

④发生液态氮泄漏时，首先，根据掌握的知识，氮无毒无害，但液态氮汽化时可能会对人体造成冻伤，所以可告诉周围人群不必惊慌，但也不要靠近。其次，应寻找泄漏点，若是阀门问题，拧紧即可。若不好处理，应及时报警。

【问题反思】

这是一道物理与化学知识相融合的试题，我们在解答时，要注意从各种渠道获取并筛选有用的信息，将从书报中得到的资料作为背景，拟出具有导向性的新问题，并用相关的学科知识去解答。第3题提醒学生语言要规范、科学，这与新课标要求的"有判断大众传媒信息是否符合科学规律的初步意识""将科学技术应用于日常生活、社会实践的意识"等是不谋而合的。当然如果阅读不细心，所学知识不牢固，将很难作答。第4题有利于学生正确的情感、态度、价值观的形成。

"氮气是空气的主要成分，常温常压下是气态，可槽罐车的车罐里怎么会出现液态氮？这样将气体进行液化有何好处？"这些是物理问题，但需要结合化学知识来解决。由于氮气在初中化学知识框架里出现不多，因此，教师在引导学生探究这些问题时，介绍了氮气的基本性质，以使学生能够根据氮气的性质解决问题。这既开阔了学生的思维视野，又加深了学生对本学科知识的理解。

第六节　准确对接，心灵共振

一、准确对接的内涵

在课堂教学中，对接体现着双边性，是由教师的教与学生的学共同组成的。在传统的教学中，教学仅仅是由教师向学生施加影响，是教师一味传授知识的单向教学。这种教学强调以教师为中心，强调学生的被动与服从；教师过于忠诚于学科，而背弃了学生。具体表现为教师在教学中忽略学生的兴趣、认知水平，把自己当作教学的统治者，把学生当作接受知识的容器。基于这种教育思想，教师的课堂提问往往看似简单明了，但学生不知所措，难以回答。这说明教师没有做好与学生对接的工作，忽略了提问对象的主体性。因此，教师在提问过程中，要与学生准确对接，与学生当时的思维状态准确接合，与学生当前的思维水平准确接轨，与学生现有的认知特点相符合。如此，学生才能在问题的引导下与教师交流。

二、准确对接的原则

1. 彰显主体生命的价值

人具有自然属性和社会属性，不同的人，自然有其不同的生命价值。那么，如何才能实现自己的生命价值呢？可以通过社会实践来实现。人具有自主性与能动性，所以能够按照自己的实际需要进行实践活动，并在实践过程中经过思考，获得对自己有意义的知识，形成自己的能力与个性。因此，教师应该关注学生，了解学生的心理需要，把知识的传授与学生的能动性结合起来，以保证问题与学生准确对接，让学生在解决问题的过程中发展能力，在享受解决问题的快乐中感悟思考的魅力。

2. 深入理解学生的心理

教学是为学生服务的，这就要求教师要从学生的角度来理解他们，从学生的实际情况出发，按照学生可能的思维方式来提出问题。教师如果只顾及教材和自己，就容易忽视学生理解问题的思维过程。学生如果弄不懂问题，只好等待教师给予答案，就无法获得解决问题的能力，下次遇到类似问题，还是无法解决。教师要深入学生内心世界，才能设计出符合学生实际的问题，准确对接学生的思维。

3. 营造和谐的课堂气氛

良好的课堂气氛是学生达到最佳学习状态的重要因素。教师如果能把课堂气氛与课堂提问融为一体，让学生在宽松的环境中探究问题，就会获得不错的教学效果。课堂气氛如果过于严肃，学生的思维就会受到抑制，难以与教师进行有效对接。和谐的环境给学生提供了积极思考的外部条件，有利于问题的解决。因此，教师应该营造一种和谐的课堂气氛，让学生愉悦地接受知识，从而提高教学效率。

三、准确对接的作用

1. 确立教学的主体

在传统教学中，教师通常认为，通过自己设定的教学活动，可以有效地培养出自己预设中的学生，因而他们在教学行为上常常出现随意左右学生生活、学习，甚至思维习惯的现象。教师在设定教学目标、选择教学方法时，基本以自身的判断与设想为依据，其结果往往是忽略了学生的需要，违背了"以生为本"的原则，导致主体教育的严重缺失。因此，教师在设定问题时，要以学生为出发点，设计与学生思维水平、心理状态等相适应的问题，拉近与学生的距离，以保证与学生准确对接。教师在提问过程中，只有注重与学生的准确对接，才能确保学生的主体地位，提高教学质量。

2. 维护师生的平等关系

准确对接强调的是师生双方平等，否则难以保证知识的顺利传递与接受。因此，在提问的过程中，教师要注意拉近与学生的距离，关注学生的情绪变化。在提问的过程中，学生不再是教师的支配对象，而是教师的朋友，师生共同成为学习旅途中的求知者。提问的过程是师生共享、感受、体验知识的过程，将大大促进师生的共同进步和发展。

3. 共奏和谐的课堂篇章

如果教师所提的问题与学生的思维脱节，那么学生就无法回答教师的问题，难以学会思考，难以获得快乐。因此，准确对接能够帮助学生思考，使学生寻找到思考之旅的源头。一旦失去这一源头，学生的思考就无从谈起。显然，准确对接是在为学生铺设一条思考之路，引导学生学会思考。只有学生真正参与到思考活动中，并积极参与学习活动，课堂才会真正活跃起来。

四、准确对接的方法

1. 对接生活法

任何理论都源于实践，并在实践中得到发展。书本知识源于生活，教师应从知识的源头——学生的生活出发，让学生从生活的角度与知识进行对接。生活多姿多彩，以一种灵动的形态流淌着。学生是生活中的人，如果教师提出的问题只局限于空洞的知识，不与现实生活相联系，那么学生就会把解决问题当作一种负担。这种脱离了现实生活的问题，如同一潭死水，毫无活力，终将恶化为"死题"。教师要把丰富多彩的生活与问题结合起来，使问题更具形象性，让学生从生活中发现并获得答案。

做游戏并了解图形标志的设计内涵和特点

师：好，我们现在来做找朋友的游戏，看看谁更聪明，能帮它们手拉手。黑板上共6组36个图标和相应的文字，请小组长各拿一组回去，组织小组成员进行讨论，看看谁和谁是一对好朋友，并选一名代表上来帮它们找到朋友。

（学生游戏，教师小结并纠正错误。）

师：认识了这么多的图形标志，让我们再来看看它们都有哪些特点。

师：这些图形标志的外形有哪些形状？（圆形、正方形、三角形和不规则图形）

师：这些图形标志里面的图形和我们平常画的图形有什么不一样？这是我们以前画的公鸡（复杂、颜色多），这是现在做标志用的公鸡（很简单、单色、像影子），哪一幅容易让人看一眼就记住？

生：简单的那幅。

师：上面的标志从颜色和图形来看有什么特点？

生：比较简单，像影子，比较夸张，但容易让人猜出是什么意思。

师：让我们再来看幻灯片，看看这几幅图形标志。（出示一些颜色、构图搭配不好的标志）

生：有的构图不饱满，画得太小了。

生：不好，有的颜色搭配不明显，看不清楚。

师：谁还有不同意见？

生：模糊，看不清，不醒目。

师：很好，要用反差很大的鲜艳的色彩才会醒目，比如，刚才我们做游戏时用的这些图形标志的颜色就既好看又醒目。

师：对，图形标志就是要生动、鲜明地告诉、提醒或警告我们，所以图形要简单、易识别、易记，让人一眼就能看出是什么意思……

对于二年级的学生来说，图形标志的特点是比较抽象的概念，于是美术老师通过游戏的方法，引领学生进行标志与文字的配对。这个游戏是根据学生已有的生活经验来设计的，教师首先让学生从生活中熟悉的事物开始认识标志，接着引导学生把标志与自己脑海中的图形进行对比，让学生说出两者的差异。学生述说两者差异的过程，也是理解图形标志的过程，这为对接学生生活，为学生解决问题提供了坚实的基础。

2. 对接心灵法

课堂提问的两个重要角色是教师与学生。在探讨问题的过程中，师生之间的关系成为一种教学相长的关系。课堂提问不仅是学生不断学习、不断发展的过程，也是教师与学生进行心灵对接的过程。教师优美的、充满激情的话语为学生营造了一个充满"一探究竟"的环境，使学生的情感和思维得以催化，使师生情感产生共鸣。

3. 对接经验法

学生的学习到达一定阶段时，必然会形成相应的知识经验，这种知识经验理应得到教师的重视。在提问过程中，教师应该利用学生已有的知识经验，与学生的思维进行对接，让学生原有的知识经验发挥最大的作用。教师应以生活为"活"教材，把生活中的知识融入课堂中，让学生联系已有的生活经验来理解和解决问题。这不但能够帮助学生理解知识，还能引导学生反思生活，体验生命的价值。

第七节　捕捉契机，精彩生成

一、捕捉契机的内涵

《说文解字》中指出，"契机"是指事物转化的机缘、机会。从现代教育的角度看，契机是指有利于学生自身学习发展的时机、机会等。教师如果能在教学实践中发现这些契机，并把其作为引导学生学习的切入点，则可以提高课堂教学效率。

提问不是教师的"一言堂"，而是有问必有答，是师生互动、师生之间分享知识与观点的活动。因此，在课堂提问中，教师要主动寻找与学生的接触点——契机，并以此为出发点，与学生共同探讨。只有这样，才能取得良好的教学效果。

在提问过程中，教师应善于捕捉推动学生学习的契机，为学生解决问题提供有效渠道。

二、捕捉提问契机的原则

1. 目的性原则

课堂提问带有强烈的目的性，包括训练学生思维、突出教学重难点、集中学生注意力等。捕捉提问契机也不例外。捕捉提问契机是为了寻找时机向学生提问，给学生以相应的引导。因此，捕捉契机并不是盲目的，而是一种带有目的性与计划性的行为。教师在备课时须考虑到提问的时机、目的以及如何提问才能对学生起促进作用等因素。

2. 针对性原则

捕捉提问契机必须要有针对性。教师在捕捉提问契机之前，要充分考虑学科性质与教学内容这两个方面的因素。性质各异的学科，提问契机不同；不同的教学内容，提问的契机也不同。例如，要了解学生的复习情况，就须在正式学习新课之前提问学生，让学生概括上节课的学习内容。如果把这个问题放在结课的时候提问，就会导致学生思维混乱。因此，教师在捕捉提问契机时，要注意其针对性。

3. 灵活性原则

教学是千变万化的，没有固定的模板。捕捉提问契机不能生搬硬套课前的预设，也不能在学生不懂时"一问到底"，而要根据教师与学生的互动情况、学生掌握知识的情况、教学进度等因素的变化来确定。

三、捕捉提问契机的作用

1. 激发学习兴趣

美国著名心理学家、教育家布鲁纳说："追求优异的成绩，不但同我们教什么有关系，而且同我们怎么教和怎么引起学生的兴趣有关系。"现行教材取材广泛，贴近社会生活，进行提问时，教师要关注学生对社会生活的反应。这个"反应"往往就是促进学生学习的契机。《凉州词》反映的是征夫思乡之情，其情凄苍而不失慷慨，其调悲凉而不失壮昂，是边塞诗之杰作、"唐音"之代表。如果对这首诗进行疏句释字，就与把人参果煮熟切碎来吃无异，必然索然无味。因此，若想让学生真正体味诗歌，就应着重于引导学生感知作者所描绘的图景，感受作品所渲染的情调，从而激起学生情感的共鸣。这个"共鸣"就是引导学生感悟诗歌内涵的契机。

黄河、白云、孤城、群山。黄河波浪滔滔，宽远无边，直上云际，一泻千里。一座孤城傍依黄河之滨，夹在群山之中，处境孤危。黄河与白云相映，色彩鲜明；群山与孤城相对，更显寂寞。整个画面弥漫着凄凉冷寂的氛围。在那一个个令人徒生悲怆的画面让学生产生强烈的情感震撼时，教师提出问题：唐代军队驻扎的环境非常艰苦，他们的边境生活和情感生活是怎样的？此时学生的情感已被充分调动，学习兴趣已被激发，进入诗人的情感世界，也就不再是难事了。

2. 促进主动学习

提问是师生平等对话的过程。教师要放下"教师就是权威""教师就是中心"的传统观念，平等对待学生，让学生积极参与到问题探讨中来。在学生大胆提出想法时、勇于给出答案时、敢于挑战权威时，教师应该抓住契机，把学生的思维引向深处。这无疑是对学生最大的鼓励，将使学生的学习热情高涨，促使他们积极参与学习活动。

3. 启迪学生思维

教师不仅是知识的传授者，还是善于激发学生潜能的"伯乐"。抓住学生灵感来临的契机，打开学生思维的大门，可以让学生的知识结构得以疏通、智慧得以启迪，可以让学生运用已有的知识发现问题、解决问题。

四、捕捉提问契机的方法

1. 适时把握提问的时机

孔子说："不愤不启，不悱不发。"提问要把握时机是指提问要问在当问之时、问在当问之处，这样才能使学生"开其意"和"达其辞"。如何才能更好地做到问在"当问之时"和"当问之处"呢？

（1）上课伊始时

上课伊始，学生的注意力往往难以集中。刚一上课就提问学生，有助于把学生的注意力吸引到教学上来。俄国教育家乌申斯基曾精辟地指出："注意是我们心灵的唯一门户，意识中的一切，必然都要经过它才能进来。"复习性提问是提高学生注意力的有效方法之一，它能及时帮助学生在旧知识的基础上掌握新知识，从而建立新旧知识的联系，使学生的心理活动指向学习内容，并最终进入学习情境。

例如，一位教师教学美术课"图形联想"，在导入时即向学生提问。

师：老师今天带来了三位小朋友，它们是谁呢？

（出示图形：圆形、三角形和正方形。）

师：大家别小看了这貌不惊人的朋友，它们都拥有七十二变的本领，你看，圆形变呀变，变成了太阳、扇子、气球、小朋友的脸。小朋友们来想一想：圆形还会变成什么？

生：圆形会变成猫头鹰、小鸡、甲虫、猪……

师：（追问）看到圆形这么能变，三角形与正方形也不示弱，小朋友们，你能先帮它们变一变吗？三角形能变成什么？正方形呢？

学生争先恐后地举手发言。

教师别出心裁的提问深深地吸引了学生的注意力，学生兴趣盎然地进入学习情境并积极思考问题。

(2) 教学结束时

教学结束常常意味着要总结与升华教学内容。在教学结束时提问学生，既可以帮助学生巩固学习内容，又能够强化新知识，形成一个有机的知识结构，为下次的学习做准备。

例如，教学"物体的热胀冷缩（二）"时，教师在结课时提了一个问题："这节课，我们知道了物体的什么性质？"接着让学生做实验："这里有一个小气球，你能靠这个烧瓶帮忙，使小气球鼓起来吗？"学生到讲台演示后，教师又提问："你利用了什么原理？"最后提出两个问题：①铁轨之间为什么要留有缝隙？②两根电线杆之间的电线，为什么冬季绷得比较紧，夏季比较松？

教师在教学结束总结时接连提了几个问题，这不仅巩固了学生的知识，而且拓展了学生的视野。教师将本课知识延伸到实际生活中，使知识真正回归生活。

(3) 重点讲解处

何谓重点？即在众多同类事物中起主要作用、占重要地位的部分。教学重点是依据教学目标，在对教材进行科学分析的基础上确定的最基本、最核心的教学内容，一般是一门学科所阐述的最重要的原理、规律，是学科思想或学科特色的集中体现。它突出的是一节课必须达成的目标，也是教学设计的重要内容。心理学家皮亚杰说："一切真理都要学生自己获得，或者由他重新发现，至少由他重建，而不是简单地传递给他。"只有紧扣教学重点的提问，才能引起学生的重视，才能促使学生更好地分析问题、解决问题，才能使学生掌握知识的本质。

那么，如何在重点处提问？

① 预习中寻找重点。

归纳、总结所教的知识，从中发现重点，并把重点画出来，以便提问时加以突出。

② 练习中强化重点。

学生如果不及时进行练习，就难以巩固知识。教师在练习时的提问中渗透重点知识，将强化学生对重点知识的理解。

③ 归纳时突出重点。

从具体的教学内容中分析、综合、比较、概括重点知识，并引导学生归纳掌握重点知识的方法。

（4）难点讲解处

教学难点是指学生不易理解的知识点，或不易掌握的技能、技巧。在教学难点处提问学生，能帮助学生突破难点，为学生理解新知识和掌握新技能提供条件。

那么，如何针对难点设计问题呢？

① 问题要带有悬念。

帮助学生突破难点是提问的最终目的。教师不能直接把答案告诉学生，而应设置一些带有悬念的问题，引起学生的注意和兴趣，让学生自主探讨，以提高学生的思维能力和解决问题的能力。

② 提问要富有提示性。

教师在教学中不能提出过多强调"是"或"不是"的问题，而应多用"为什么"来引导学生深入思考，培养学生的逻辑思维能力。

③ 问题要尽量具体化。

难点知识往往较为抽象，是学生感到理解困难的内容。因此，教师在提问时应将问题具体化，帮助学生克服对知识难点的恐惧感，深入思考。创设问题情境是使问题具体化的有效方法。情境是启发思维的外界刺激，能使学生产生共鸣，这种共鸣可以引发学生的求知欲，调动学生"弄懂""学会"知识的积极性。

（5）容易犯错处

容易犯错处是指学生在学习过程中由于粗心而容易理解错误或容易混

淆的知识点。教师应认识到易错处对于学生学习的重要性，引导学生从错中求知、在错中探究。由于学生的知识水平、理解能力和情感体验有限，所以对知识的领会难免会有误差。在学生容易犯错的地方进行提问，旨在促使学生通过比较明辨对错，提高辨别能力。

促进思维学习的过程是一个"试错"的过程，教师应把设疑的着力点放在学生易错处，进行"试错"教学，让学生尝试错误，暴露错误思维，优化思考方法，提高思维的准确性和灵活性。

例如，"go home"是学生易错的词语，学生常会写成"go to home"。教师提问："下面两个句子有什么不同：①Mary, why don't you go to home? ②Mary, why don't you go home?"这样提问是为了让学生辨别come, go等后面接here, there, home等地点副词时，地点副词前不加to。

教师在学生易错处进行提问，可以使教学更具实效性。学生在易错处进行思考，容易明白自己学习的弱点，为自己敲响警钟，从而加深对易错知识的理解。

（6）思维滞凝处

思维滞凝处一般是学生感到困惑不解的知识点。教师在学生思维滞凝处进行诱导性提问，能帮助学生打开思维之门、突破思维框架，让学生茅塞顿开。

在学生掌握了相遇问题的解答方法后，教师出示了这样一道题：小明和小慧在环行跑道上跑步，现在两个人同时从A地出发，反方向而行，小明每秒跑4米、小慧每秒跑6米，在B点相遇，环行跑道长多少米？

学生顿时哑然，不知道如何下手，一时思维出现障碍。教师连忙让学生用手势表示他们行走的情况，并点拨道："你们将环行问题转化成我们今天学的相遇问题了吗？"

学生茅塞顿开，喊道："我知道了，我知道了！"有的学生甚至说："其实很简单！"

接着，教师又出示这样一道题：两个工程队合修一条公路，第一工程队每天修5米，第二工程队每天修6米，这条公路长330米，两个工程队同时修要多少天修完?

师：现在你们还能转化成我们学过的相遇问题吗？

生：这和我们今天学的相遇问题的思考方法是一样的。

生：是的，我们只要把路的长度看成相遇的路程，然后除以两队的工作效率和就行了。

生：我们生活中其实有很多问题都可以转化为相遇问题，如合作完成某一项任务、修一条路等。

学生的思维遇障，教师的及时提问点燃了学生的思维火花，让学生"柳暗花明又一村"，得以继续深入思考问题。

(7) 意外生成处

课堂教学是一个动态生成的过程。教学不是单向、封闭、静态的知识传授过程，而是师生多向、开放和动态的对话、交流过程。而这种多向、开放和动态的对话、交流过程意味着更多的不确定性和突变性。在进行课堂教学时，教师面对的是一个个充满灵性、个性鲜明的学生，由于学生存在着个体差异，课堂上随时都可能发生预料不到的事件。如果教师拥有教学机智，能够从学生主体出发，敏锐、灵动、科学地将课堂上的种种"意外"化为难得的教育契机，妥善处理教学预设与生成的关系，就会让"意外"成就课堂的精彩。

出乖露"巧"[1]

我应邀借班上《我的战友邱少云》一课，整个教学流程进展得出奇顺利，在播放关于"邱少云被烈火烧身"的视频时，一个小个子男生站了起来，铿锵有力地说道："邱少云，假如我是你，我就打几个滚先将火灭了，说不定这个时候山上的敌人正在睡觉呢。"

全场一片愕然，所有人的目光都齐刷刷地聚焦到我的身上。在一片寂静中，我沉默了足足十秒钟，然后清了清嗓子说道："孩子，你不希望邱少云死，是吗？"我的声音缓慢而低沉。男孩儿郑重其事地点了点头。

"我理解你的心情，将心比心，谁想死啊？谁不希望自己能好好地活

---

[1] 王崧舟. 智慧的觉醒[J] 小学语文教学：人物，2011 (1)．题目为作者所加，引用时有删改。

着，是吧?"男孩儿再次点头，脸上泛起一层被人理解的幸福和得意。

"这样的希望，不光你有，大家也有。不光大家有，我相信，在邱少云的内心深处也一定有——我要活下去。"男孩儿目光炯炯地对视着我，看得出，他的情感之门正在打开，他正在小心又大方地拆除最后一道心灵的壁障并将我悦纳。

"但是，作为一名军人，一名以服从命令为天职的军人，此时此刻，面对残酷的战斗形势，面对自己的危险处境，我相信，一定还会有另一种声音在他的内心深处响起。大家听，另一种更加强烈、更加坚定的声音在对他说——"一次短暂而又漫长的等待，我清楚，成败与否在此一举。班上陆续有学生举起手来，三个，五个，九个，马上形成了如林的局面。

"我听到有声音这样对邱少云说：'邱少云，你可不能动啊！你一动，身后的整个班、整个潜伏部队都将被敌人发现，战友们将会遭受重大伤亡，如果一个人的牺牲能够换来战友们的平安，死也是值得的。'"这是一个长得特别秀气的女孩儿的发言，听课席中开始有了些微的议论，直觉告诉我，现场的这一效果正在被理解、被认同、被共鸣。

"我听到有声音这样说：'邱少云，战友们在望着你，朝鲜人民在望着你，祖国人民在望着你，你是好样的，你一定能够坚持住的。'"我有理由相信，以前学过的《黄继光》一课对他的影响颇为深刻。这孩子，在为邱少云的壮举赋予一种更为宏阔的精神背景和力量源泉。课堂正在被学生的发言一步一步地推向高潮。

"我还听到有一种声音在这样对邱少云说：'邱少云啊邱少云，你不是希望自己成为一个真正的钢铁战士吗？烈火可以烧毁你的身体，但烧不毁你坚强的意志和伟大的精神，你将在烈火中得到永生！'"

"哗！"台下一片掌声，热烈而持久。这一片热烈的掌声是对同学们回答的赞赏，更是对我这机智一刻的肯定！

在课堂上，常常出现这样的情形：教师提出问题，学生有时想法较为独特，会提出一些教师从未想过也从未有过的想法。如在学生提出让邱少云在地上打滚灭火——不希望邱少云死的意见时，王老师并没有将自己的意见强加给学生，而是说"我理解你的心情"，使学生脸上泛起被人理解的幸福和得意。

王老师从学生的话中读取到了他不希望邱少云死的信息，在对学生的想法表示尊重后，巧妙地引导学生打开思维，让学生更加深刻地认识到邱少云所做出的选择的无私和伟大。王老师机智地抓住一次教学意外，换来了学生思维上的突破。

2. 精心设计提问的内容

课堂教学是一个动态的过程，教师要在课堂中捕捉契机进行提问，就要研究教学内容。

（1）分析学生

学生的知识水平、思维特点、学习习惯各不相同，这就要求教师要根据学生的实际情况进行提问，力求有的放矢。

（2）研究教材

教材是教学的依据。教材是静态的，教学是动态的，教师需要深入研究教材，把握教学重点和难点。教师研究教材，是为了明确提出的问题以及所提问题的难易程度，对教材的难易程度和提问的内容要做到了然于胸。

第八节 深题浅问，浅题深问

一、深题浅问

1. 深题浅问的内涵

（1）深题浅问的含义

"深"，与"浅"相对。深题中的"深"是"玄妙，深奥"之意。在教学中，深题具体指一些深奥的、学生不易理解或超越学生理解水平的复杂问题，即学生没有能力独立解决，需要教师从旁协助才能完成的问题。深题浅问是指当学生遇到较抽象、难以理解以及难以自主解决的问题时，教师通过其他方式，将其转换为浅显的问题，以帮助学生顺利解决。

（2）深题的特点

① 抽象性。

认识是人脑对客观事物的反映，人认识事物的第一途径是直觉感知，属于感性认识，具有形象性；而对于事物本质与规律的认识则属于理性认识，具有抽象性。人的感性认识大多从具体形象的事物开始，特别是学生，由于认知水平有限、概念性思维的发展水平不足，所以他们难以理解一些深奥的、抽象的问题。深题具有高度的抽象性和概括性，学生很难通过直觉感知将其理解透彻，因此，学生难以迅速地把握深题的要点，难以将深题转化为与原有的知识结构相联系的知识，从而对此类问题感到束手无策。

② 复杂性。

深题的复杂性在于其概括性、抽象性。这两大特性表明，深题是属于更高层次的，由众多知识点凝练而成并经过抽象化的问题，是能够概括出整个文本的主旨的中心问题。对于抽象思维仍处在发展中的学生来说，深题是复杂的，它的复杂性是指众多知识点之间存在复杂的逻辑关系，知识点与知识点之间形成一个关系网络，相互交叉或相互联系。深题的复杂性要求学生在解决问题之前，要掌握众多的基本知识，构建牢固的知识框架，这样才能够随时调动大脑中的知识来解决深题。

③ 广泛性。

深题的"深"不仅体现在它的抽象性上，还体现在它的广泛性上。广泛性是指深题涉及的知识内容范围广或思维的角度多。深题不仅仅涉及本节课所要求掌握的知识内容，还会涉及一个单元、整本书或者以前学过的知识。另外，它还可能涉及其他学科的基础知识，如不同领域的专业术语、概念等。这些内容的集合，充分体现了深题的广泛性。蕴含内容丰富的题目，往往不止一个思考角度，也就是说，解决深题不能局限于一种方法，而应从不同的角度进行思考。例如，历史题目涉及政治、经济、文化等方面，学生可以从这些方面进行解答。

2. 深题浅问的原则

（1）浅显化

浅显化是指教师通过一定的方式把深奥的问题逐渐转化为简明易懂的问题。将问题浅显化要求教师根据学生思维的发展水平，适当地降低问题的难度，达到学生能够自主解决的程度。

(2) 主旨性

主旨性是指深题浅问要紧紧围绕总的教学目标进行。教学目标是课堂教学的指航标。在课堂教学中，每一个环节、每一个提问都要围绕教学目标而设。只有达成教学目标的教学才是有效的教学。因此，教师在进行深题浅问的过程中，不能为了使问题浅显化而偏离总的教学目标，要始终围绕深题的原目标进行提问。

(3) 主体性

德国教育家福禄贝尔说："儿童有着强大的驱动力和创造力，教师的任务就是管理和引导他们，把他们的驱动力和创造力用于值得从事的活动中。"学生具有主观能动性，教师应该使学生充分发挥其能动性，让学生在学习活动中挖掘自己的潜能。在深题浅问的过程中，由于问题较为深奥，因而需要教师的指导，但这并不意味着教师可以剥夺学生思考的权利。在这一过程中，教师始终发挥着引导作用，而学生始终是教学活动中的主体。

3. 深题浅问的作用

(1) 使问题简单化

深题浅问是教师通过问题的形式把原题目简单化，但是简单化不是使问题肤浅化。肤浅化会打击学生的积极性，使学生失去探讨问题的兴趣，从而无心对问题做进一步探讨。浅问不是仅停留在问题的表面，而是使学生在经过思考后进行解答，激发其自信心。深题浅问有利于问题的逐步浅显化，使学生易于思考问题的内涵，深入问题的精髓。

(2) 激发探究兴趣

深题容易导致学生丧失探讨问题的兴趣和解决问题的信心，如果教师只是一味地将深奥的问题抛向学生，不适时加以引导和给予学生充分的思考时间，学生就会感到束手无策。如果学生的多次尝试均以失败告终，他们的自信心将会受到打击，往后会对诸如此类的深题产生恐惧感，进而逐渐失去思考问题的兴趣。深题浅问能够使学生在回答浅显的问题中获得信心，获得成就感，进而对探讨问题产生兴趣，逐步感受到探究的乐趣，享受到思考的快乐。

(3) 攻克教学难点

教学难点往往以问题的形式出现，且这类问题往往是学生难以理解的深奥问题。教师要通过深题浅问，激发学生思考的兴趣，鼓励学生不断向难点问题进发。在探究的过程中，学生需要将旧知识与新知识相联系。学生在运用知识解决问题的过程中，加深了对知识的理解并且能在问题的引导下一步一步地解决难点问题。在这个过程中，教学难点往往因此而得以攻克。

4. 深题浅问的方法

(1) 身临实境

中小学生的思维形式仍处于从以具体形象思维为主要形式过渡到以抽象逻辑思维为主要形式的初步抽象逻辑思维阶段。因此，处于此阶段的学生对于抽象问题的理解仍需要情境的铺设，需要在实际情境中掌握深题所蕴含的知识，最后概括出解决问题的规律。身临实境法是指教师通过创设活动的实境，引导学生在实境中解决具体的问题，而后过渡到总结、抽象解决问题的规律与方法。因此，身临实境法能够很好地为学生解决深题提供一个情境，让学生能够缩短与原有知识积累的距离，快速地解决深题。

(2) 以旧引新

以旧引新是指在讲授深题时，教师以学生的旧知识为起点，逐步过渡到深题上或者引导学生用旧知识与新知识进行对比联系，最终解决深题。联系旧知识，一方面能够帮助学生巩固旧知识；另一方面能够调动学生将旧知识与新知识建立联系，使学生能够从熟悉的知识过渡到深题的探究上，并最终解决深题。下面以教学"化学平衡常数"为例来具体阐述以旧引新的方法。

（展示学生计算的结果。）

师：同学们看这两个同学计算的结果一样吗？你们同意哪个同学计算的结果？我们看这个同学第 5 题的 K 值表达式中书写了 FeO 和 Fe 的平衡浓度，对吗？不对，老师要在这里说明一下，纯固体或溶剂的浓度不列入化学平衡常数的表达式。

师：依据我们已有的数学知识对化学平衡常数表达式进行分析，如果K越大——

生：说明分子越大，分母越小，说明生成物浓度越高，反应物浓度越低，反应进行得越完全、越彻底。

师：因此平衡常数K的大小反映了化学反应可能进行的程度（即反应限度），由前面的知识我们已经知道，K越大，反应越完全，那么什么程度我们可以认为反应比较彻底了呢？

（展示投影。）

师：如果反应的平衡常数数值在10^5左右，通常认为反应进行得比较完全；相反，如果一个反应的平衡常数数值在10^{-5}左右，则认为这个反应很难进行。

师：前面我们已经学习了化学平衡常数，是指该反应达到平衡状态时的情况，那么对于任意的一个反应：$aA+bB \rightleftharpoons cC+dD$在任意状态时的浓度系数次方之积的比，称为浓度商。

师：平衡状态是任意状态时的一种特例，我们可以借助浓度商与平衡常数K的比较，判别一个反应是否达到化学平衡状态，那么同学们考虑一下什么情况下反应达到平衡呢？（当Q＝K时）同学们可以讨论一下，当Q≠K时是什么结果呢？

（小组讨论。）

师：哪个小组踊跃回答？

生：当Q＜K时，指生成物任意浓度小于生成物平衡浓度，反应物任意浓度大于反应物平衡浓度，反应向正方向进行；当Q＞K时，指生成物任意浓度大于生成物平衡浓度，反应物任意浓度小于反应物平衡浓度，反应向逆方向进行。

由于化学平衡常数的知识概念对学生来说很抽象，因而需要教师不断地引导学生回忆刚学的知识或以前学过的知识，帮助学生建立旧知识与新知识之间的联系，并通过比较来掌握化学平衡的知识。"那么同学们考虑一下什么情况下反应达到平衡呢？（当Q＝K时）同学们可以讨论一下，当Q≠K时是什么结果呢？"提问循序渐进，让学生的思维不断地向纵深发展。

（3）操作体验

操作体验是指学生通过实践操作的形式探究深题，教师根据学生的实践情况进行提问，逐步引导学生解决深题。美国著名教育家杜威倡导"从做中学"。杜威相信一切真正的教育从经验中产生，一切学习都来自经验，因此，所主张的"从做中学"实际上也就是"从经验中学""从活动中学"。学生能够从实践活动中获得经验，亲身对深题进行探究，并在探究的过程中不断深入思考，直抵问题的深层。下面以"观察水（一）"的教学实录[①]为例来具体阐述操作体验的方法。

过渡：我们已经知道了水是一种无色、无味、透明的液体，那么其他几杯是什么？里面有没有水呢？（学生回答）

牛奶是纯牛奶和水混合在一起的。同学们平时有没有喝过糖水？糖水里面有什么？你们知道糖水是怎么做出来的吗？接下来，我们来做杯糖水。

实验：我们现在就来做一杯糖水，观察方糖在水中有什么变化，看看有什么发现。糖到哪里去了？为什么有这种变化？

小组汇报：学生汇报观察到的现象、发现，并进行讨论。

小结：在学生汇报的基础上，老师进行小结。糖块在水中慢慢变小，最后消失的过程，我们称之为"溶解"。

提问：是不是所有的物质都能溶解在水里？（学生思考、回答）

实验：每个小组一个杯子，一些沙子。提问：看看沙子在水中有什么变化？这杯沙子和糖水有什么不同？是不是一个溶解过程？为什么？

小组汇报：让学生汇报观察到的现象，找出沙子与糖的区别，从而了解溶解与不溶解的区别。

提问：除了糖，还有哪些物质也能溶解在水里？引导学生从固体、液体、气体等方面回答。可能的答案：盐、墨水、酒精。（学生进行思考、回答）

演示实验：往一杯水中滴一滴墨水，让学生观察现象，思考为什么会

---

① 张和平. 小学科学新课程课堂教学案例 [M]. 广州：广东高等教育出版社，2003. 引用时有删改。

这样。

结论：一些液体也能溶解在水里。

操作体验法不仅考查学生解决问题的能力，更重要的是能让学生在操作中不断体验、思考，从而突破深题。水的溶解性这一问题对于小学生来说是较难理解的，究竟何谓溶解性，学生对此毫无概念，因而无法调动原有的知识来做出较全面的回答。教师通过实验的形式，让学生参与其中，并以简单的问题引导学生观察实验、体验实验，理解水的溶解性。操作体验法能使知识点变得具体化、形象化，满足了学生的好奇心，使学生积极参与到探究问题的活动中，并对其中所蕴含的知识有了深刻的理解。

二、浅题深问

1. 浅题深问的内涵

（1）浅题深问的含义

"浅"的本义是水不深。它的延伸义有浅、不深厚、（时间）短、浅显等。显然，浅题中的"浅"是浅显之意，即浅近明了、简明易懂。张居正在《拟恭进〈四书直解〉鉴表》中说："以浅显之辞，发高深之理。"刘师培在《南北文学不同论》中说："南方之文，多属单行，语词浅显，乃古代之语也。"浅题深问主要指对于浅显易懂的、能够独自解决的问题，学生往往容易忽略，教师要从浅显的问题中引出较深层次的问题来引导学生深入理解教材。

（2）浅题深问的特点

① 简约性。

简约性是指问题简洁洗练、词少意多。浅题具有简约性，学生才能从问题中迅速获取主要信息。浅题的表述浅显化，学生才能在没有教师引导的情况下，自觉开动脑筋思考，自主解决问题。但如果浅题用太多言语修饰、铺垫，就容易出现相反的效果，学生会被修饰词所迷惑而迷失解题的方向，浅题的目标自然而然也会发生偏转，脱离总的教学目标。

② 直观性。

直观性是指相对于深题的抽象性、概括性，浅题的信息具有具体形象的特点。浅题深问的直观性主要是通过感官直接感受到的，学生能够直接感知到信息（直观材料）的表层意义，寻找到关键词，从而轻易找到突破问题的切入点，并最终解决问题。

③ 清晰性。

清晰性是指浅题的分层明确、目标明确。在实际教学中，浅题往往会被误解为肤浅的问题，其实不然，浅题也具有层次性。对学生来说，浅题相对简单些，但并不意味着它们只是一些毫无意义的问题。相反，它们具有明显的指向性与方向性，时刻为教学目标服务，引导学生由浅入深、由表及里地沿着教学目标的方向发展。学生在浅题的引导下，奠定了解决深题的基础。

2. 浅题深问的原则

(1) 紧扣主题

无论是深题浅问还是浅题深问，都要从教学目标着手，要对教学做出整体的规划与统筹，以求合理地进行课堂提问。然而，课堂教学往往存在这样一些现象：有些教师在浅题深问中"面面俱到"，对某些细枝末节再三强调，结果冲淡了教学主题；有些教师对浅题进行随意发散、迁移，表面上看是进一步强调与深化了浅题的主旨，但实际上已经偏离教学目标。这些现象都严重偏离了教学主题，扰乱了学生的思维，降低了课堂提问效率。因此，教师对浅题进行深化时，必须紧扣教学主题，沿着总的教学思路走，以培养学生的思维，引领学生深入知识世界。

(2) 层层递进

层层递进是指教师在引领学生对浅题进行深化的过程中，精心设计一组相互紧扣、一个比一个更深入的问题。教师切记不能把所有问题都设立在同一个层面，而忽略学生的思维发展规律是由浅入深的。如果教师对浅题的设计一直停留在某一个层次上，那么学习有困难的学生就难以解决问题。如果难度过低，没有挑战性，便挫伤了学习水平较高的学生的积极性。因而，教师设计浅题，要注意问题之间的层次性，鼓励学生不断地向深一层次的问题前进，引导学生不断"爬坡"，不断挑战自己，在挑战中加深对知识的理解。

（3）拓展延伸

浅题深问要求教师在对浅题进行深化时，需要有一定的思维深度，对原有知识有一定的延伸，不能只停留在浅题的最初水平上，而应该对浅题进行拓展，以使学生开阔视野。信息时代，知识每时每刻都在更新，如果学生对知识的认识只停留在教材的基础上，将无法在这竞争激烈的社会中立足。这就要求教师通过浅显的问题帮助学生开阔视野，展开知识探究之旅，不断了解除教材知识以外的相关知识，构建知识意义，完善知识结构。

3. 浅题深问的作用

（1）探究教材的深层意义

探究教材的深层意义就是引领学生走进教材深处。教师通过浅题深问，将学生会忽略的问题提高到一个更深的层次上，以这些简单的问题慢慢引导学生走进教材，挖掘教材的内涵。浅题深问能帮助学生循序渐进地理解教材，感受知识的魅力；能按照学生的思维发展规律，由浅入深地进行指导，让学生享受思考的快乐。

（2）激发学生的主动性

教师是无法传递真正的知识的，只能传递信息，知识必须由学生自主构建。这样，学生才能从中感受到学习的乐趣，体会到学习的成就感。浅题深问是由浅入深地进行提问，学生在浅显问题的带动下不断获得成功，不断前进，最终由被动提问转为主动探究。

（3）提高教师的研读能力

浅题深问考验着教师研究教材的能力，要求教师把握教材的逻辑性，并且能够从浅显的问题引出深层次的问题，在课堂上做到随机应变。因此，教师要善于发现浅显的问题背后的含义和延伸点，以此作为出发点，把学生的思维引向更高的层面。

4. 浅题深问的方法

（1）紧抓主旨

紧抓主旨是指教师根据教学目标与学生的具体情况，明确问题是否能够将学生的思维引向更深处。在浅题处，教师可以选择能够体现文本主旨的关键词进行提问，从而逐步将学生引向一个更高的层面。下面以钱梦龙老师教学《一件小事》的片段为例来具体阐述紧抓主旨的方法。

师：本文就是通过这些所谓的"大事"跟小事的对比，更好地突出这件小事的意义的。我再问大家一个问题：这些大事对"我"是不是毫无影响？

生：增长了"我"的坏脾气，使"我"越来越看不起人。

师：对！那么，这里的"人"指什么人？

生1：劳动人民。

师：你这个结论是怎样得出来的？因为袁世凯称帝，所以"我"越来越看不起劳动人民，这前一句话和后一句话有没有联系？你再考虑一下，好不好？

生1：看不起官僚、地主和军阀，因为袁世凯、张勋都是军阀，他们干的这些事都是丑事，所以"我"越来越看不起他们。

师：这倒是说得通的。不过如果"我"看不起的都是这样的坏人，那么这个脾气应该是"好脾气"还是"坏脾气"？

生（齐）：好脾气。

师：但作者说的明明是"坏脾气"，不是矛盾了吗？

生：他看到劳动人民不起来反抗，感到没有希望，所以看不起劳动人民。

师：他又回到了他（指生1）的意见上，认为"我"看不起劳动人民。是否合乎道理？大家一起考虑，这个"人"究竟是指什么？

生2：我认为他看不起所有的人，认为所有的人都是争名夺利的。

师：这又是一个新的观点——看不起所有的人。坐下。你们同意哪一种观点？好，我们先听他说。

生3：我同意××（指生2）的意见。"我"没有把那些上层人物和人民区别开来。

生：他是"一视同仁"。

师：一视同仁？（笑）有道理，可以说是"一视同仁"，看谁都一样。×××，刚才你举手准备说什么？

生4：整个社会都这样。

师：尽管表达得不太清楚，但是他的意思是明白的，当时整个社会都不分这是军阀、那是人民，大家都是中国人。现在看到这些中国人在干坏事，所以连带其他中国人也看不起了。"我"因为有了这个"坏脾气"，所以面对当时国家的前途有点怎样了？

生："我"很消沉。

师：对，很消沉。看不到我们国家的前途和希望。正因为如此，我们对课文最后几句话也就可以理解了。"教我惭愧"，为什么会"教我惭愧"？"催我自新"，为什么能"催我自新"？"增长我的勇气和希望"，增长了什么勇气、什么样的希望？谁能结合文章的背景再说说看。

钱梦龙老师看到了平凡的"人"字背后的非凡意义，紧紧围绕"人"字提出问题，引导学生对"人"字的深层意义进行探究，让学生从浅显的问题起步，了解了深层的意义。

(2) 拓展延伸

有价值的问题应该达到这样的目的：能使问题持续地发展下去，成为学生继续讨论和不断追问的原动力。教材中的例题具有典型性、示范性和迁移性，有的渗透某些方法，有的体现某种思想，有的提供某些重要结论。不少定理以例题的形式出现，教师要充分认识到例题本身所蕴含的价值，通过横向、纵向延伸，达到优化学生认知、开阔学生眼界、活跃学生思维、提高学生能力的目的。下面以"双曲线及其标准方程"教学中的一个探究为例来具体阐述拓展延伸的方法。

点 A,B 的坐标分别是 $(-5,0),(5,0)$，直线 AM,BM 相交于点 M，且它们的斜率之积是 $\dfrac{4}{9}$，试求点 M 的轨迹方程，并由点 M 的轨迹方程判断轨迹的形状。

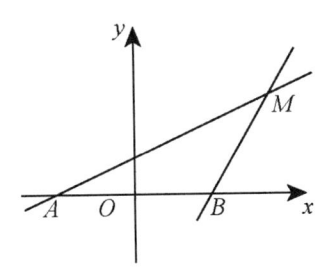

[答案为 $\dfrac{x^2}{25} - \dfrac{y^2}{\frac{100}{9}} = 1 \ (x \neq \pm 5)$。]

变式1：点 A，B 的坐标分别是 $(-5,0)$，$(5,0)$，直线 AM，BM 相交于点 M，且它们的斜率之积是 $-\dfrac{4}{9}$，试求点 M 的轨迹方程。

变式2：点 A，B 的坐标分别是 $(-a,0)$，$(a,0)$，直线 AM，BM 相交于点 M，且它们的斜率之积是 $\dfrac{b^2}{a^2}$，试求点 M 的轨迹方程。

变式3：若点 A，B 的坐标分别是 $(-a,0)$，$(a,0)$，直线 AM，BM 相交于点 M，且它们的斜率之积是 $-\dfrac{b^2}{a^2}$ $(a>b>0)$，试求点 M 的轨迹方程。

变式4：点 A，B 的坐标分别是 $(-a,0)$，$(a,0)$，直线 AM，BM 相交于点 M，且它们的斜率之积是 $k(k\neq 0)$，试求点 M 的轨迹方程。

这是一道教材习题。教师由浅题入手，引导学生参与探究，通过分析、比较，加深对知识、方法的认识和理解，进而形成能力。教师在教学中要从最简单的做起，使学生夯实基础，做到一题多解、举一反三，全面、准确地掌握知识和方法。

第九节　曲题直问，直题曲问

一、曲题直问

1. 曲题直问的内涵

曲题是指问题表层与学生原有的知识有较复杂的关系，学生未能对问题有全面的理解，并且以学生现有的水平难以直接解决的问题。

"直"的本义是不弯曲，与"枉""曲"相对。《尚书·洪范》有道："木曰曲直。"由此可见，"直"是相对于"曲"而言的。在课堂教学中，提问起着穿针引线的作用，能够调动学生的积极性，激发学生的求知欲望及学习兴趣，挖掘学生的潜能，以达到满足学生认知需求的目的。"直"延伸至课堂提问中，则是直问。何谓直问？就是指教师不对提问的形式进行烦琐复杂的设计，而是开门见山、直截了当地提问题。直问直指问题的重点，能够使学生迅速掌握问题的要点并积极地投入对问题的思考中。

2. 曲题直问的原则

（1）忌直白

直白是指教师将较迂回复杂的问题简单化，通过提出一些学生能够快速解决的问题，进而解决曲题。但是部分教师在采用这一方法时，无法掌握问题的难易度，常把问题拆分为远低于学生认知水平的问题，学生不用经过思考就可以回答，或者能够在教材中直接找出答案，这便使得学生的学习积极性大大降低，思维能力无法得到提高。

（2）忌单调

单调是指教师以直截了当的形式进行提问，问题的答案缺少悬念，难以调动学生的兴趣，使得学生丧失了学习的动力。因此，教师不能以过于单调的形式提问，应该随着问题难度的逐步加深改变提问的方式。比如，可以采取小组讨论或随机抽问的形式调动学生的积极性。

（3）忌浅陋

浅陋是指教师提出的问题涉及的知识量少，远远低于学生的现有水平，学生无须思考、查阅资料就可以回答。这类问题往往会导致学生对问题产生厌烦情绪，教师难以把曲题的精髓融进新设置的问题中，因此也就难以达到解决曲题的最终目标。

3. 曲题直问的作用

（1）降低问题的难度

对学生来说，曲题较难理解、解决，因此，教师可以采用直问的形式，通过一些简单的问题帮助学生厘清曲题所涉及的知识点，给学生指明正确的思维方向，让学生在层层挖掘知识的过程中形成完整的知识逻辑框架，让学生的思维沿着问题的道路前进，最后在问题的引导下解决曲题。

（2）集中学生的注意力

曲题是由众多知识交织在一起的，迂回曲折，复杂烦琐，这就使得学生难以直接从曲题的表层看到解决问题的关键或者难以把握解决问题的突破口。学生若长期受到这种问题的困扰,便会对曲题逐渐产生抗拒心理、恐惧心理,并且在课堂上难以集中注意力听讲。因此,教师要把曲题分解成一个个直接的问题,以便于学生理解问题、解决问题,激起学生解决问题的欲望,让学生重拾信心。这样,学生在简单问题的引导下,便会把注意力集中到问题的解决上。

(3) 增强学生的成就感

成就感是指积极的情绪表现,是人们认为自己能够胜任某件事情,并在这件事情上体现了自己的能力、实现了自我价值、获得认可的心理需求得到满足的精神体验。成就感是学生积极向上的重要动力,也是学习的重要动机之一。朱永新教授说:"重视精神,就要让人们不断地感受成功,从而不断地相信自我,不断地挑战自我,从一个成功走向另一个成功。"学生在求学过程中,难免会遇到困难,怎么才能鼓励一个人从失败中总结经验、从困难中获得信心呢?那就是寻找到属于这个过程的快乐——成就感。在提问中,直问能帮助学生看到要点,确立探究方向。学生在解决这些基础性、概念性的问题中,可以感受到成功的快乐,满怀信心地向目标进发。

4. 曲题直问的方法

(1) 直言直问

直言直问是指教师在提问时没有对问题进行过多的修饰,而是直指问题的主旨,开门见山,让学生直接感知问题的实质,引起学生的注意,激起学生的学习兴趣,使学生关注问题内部的矛盾。下面以"物质生活与习俗的变迁"一课的教学片段为例来具体阐述直言直问的方法。

师:现在请大家按照老师出示的新课标把本课题"物质生活与习俗的变迁"分解为几个子课题。

生:物质生活的变迁;习俗的变迁。

师:很好!再细分一下。

生:衣、食、住、行和习俗的变迁。

师:很具体!除了了解变迁的史实,我们还需要做什么呢?

生:探究变迁的原因。

师：我们一起来总结一下本节课需要探究的问题。

教师直接抓住课题"物质生活与习俗的变迁",引导学生对课题进行分析,让学生对教学内容有初步的认知,深入了解教学脉络,从而对学习思路做到心中有数。教师通过直接提问,帮助学生明确了学习目标,使学生能在课堂上有目的地学习。

(2)问此引彼

问此引彼的方法是运用"兴"的修辞手法,也就是通过学生所熟悉、了解的事物,提出与曲题相关的问题,或者给予适当提示,使学生在教师的引导下,深入、全面地理解并分析研究曲题,最终达到解决曲题的目的。下面以高中第一堂信息技术课的教学片段为例来具体阐述问此引彼的方法。

课件出示:某海军陆战队在原始森林进行为期一个月的生存实验,具体要求如下:第一,每个队员除了身上穿的衣服外,随身只能带3件物品,每件物品不能超过2千克;第二,队员都空降到半径为1000千米原始森林的中心地带,要求在一个月内从森林里走出来。可携带的物品有笔记本电脑、钢枪、水、饼干、指南针、打火机、钢刀、火石。问题:队员带哪3件物品合适?请前后桌4位同学自由组合成探究小组,在2分钟内给出一个答案。

学生马上以小组为单位进行激烈的讨论,然后选出一位代表在黑板上写出本组的答案。各组经过一番激烈的辩论后,最后得出一个较为理想的答案:钢刀、火石、指南针。

师:钢刀、火石、指南针,其实代表了人类必须获取的物质、能量、信息这三大要素。对于物质与能量的重要性,同学们能理解,但是对于信息与人类的关系,恐怕就难以理解了。如果只具备物质和能量,而缺乏信息,将会发生什么情况呢?请大家看一个实验。

课件出示:1954年,加拿大麦吉尔大学的心理学家首先进行了"感觉剥夺"实验,实验中给被试者戴上半透明的护目镜,限制其视觉;用空气调节器发出单调的声音,限制其听觉;给其戴上纸筒套袖和手套,将其腿脚用夹板固定,限制其触觉。问题:请同学们大胆猜测一下这个实验的结果是什么。

于是，学生七嘴八舌地猜测起来。

最后教师通过课件出示实验的结果：感到无聊和焦躁不安是最起码的反应。在过后的几天里，被试者还出现了注意力涣散、不能进行清晰的思考、智力测试的成绩不理想等情况。通过对脑电波的分析，发现被试者的全部活动严重失调，甚至出现了幻觉（白日做梦）。

在学生的惊愕声中，课件出示重要结论：信息是人类生存的基本条件与基本需求。

教师讲述信息的重要性，往往采取直接讲授的方式，让学生不需要太多的思考就能够直接获取知识信息，但是，这不利于对学生思维能力的培养。课堂提问是为了培养学生的思维能力，教师如果直接向学生呈现学习的结果，就会挫伤学生自主学习的积极性，学生的思维能力便得不到培养。教师举例说明信息的重要性，比直接讲述信息的重要性更具体生动、更具说服力。

二、直题曲问

1. 直题曲问的内涵

"曲问"是相对于"直问"而创造的一个概念。"曲问"就是运用"迂回战术"变换提问的角度，让思路"拐一个弯"，从问题侧翼寻找思维的切入口。《孙子兵法》介绍了"迂回战术"："先知迂直之计者胜。"在课堂提问中，看似最直接、最简洁的方法未必是最有实效的方法；有时恰恰相反，看似曲折的方法往往能够高效地达到预期的效果。直题曲问是在曲折中求发展，走出原有的问题区域，到一个更广阔的思维空间去寻找答案，再走回原有的轨道进行完善。采用这种另辟蹊径的形式，能够欣赏到异样的风景。换句话说，直题曲问是教师从另一个角度进行提问，把简单的问题转移一个方向，使学生能够在新的方向中获得新的感悟，化被动为主动。

2. 直题曲问的原则

（1）忌难度过大

直题曲问并不是刁难学生，也不是简单地为了让学生解决问题，而是为了将学生的思维引向更广阔的空间。因此，教师不能盲目地给学生设计难度过大的问题。若设计的问题难度远超出学生的知识水平与思维能力，就会打击学生学习的信心，使学生丧失学习的兴趣，降低求知的欲望。一旦信心受到打击，学生就会慢慢失去解决问题的兴趣，无法获得解决问题的愉悦感、成就感，从而逐渐养成不开动脑筋思考问题的学习习惯。

(2) 忌故弄玄虚

在教学中，有些教师为体现课堂教学的深度，向学生提出一些故弄玄虚的问题，导致学生产生困扰，弄不清问题的主旨，更找不到解决问题的突破口。这样不但不能起到启发学生思维的作用，反而会扰乱学生的思维，破坏学生已有的知识结构，无法发挥对教学的促进作用。

3. 直题曲问的作用

(1) 增加问题的深层意义

直题具有浅显的特点，学生能够直接从问题中获取信息，自主探究问题，独立解决问题。如果学生长期处于这种轻易解决问题的状态中，就会形成一种思维惯性，懒于思考，一旦遇到稍难的问题，就会感到无从下手、惊慌失措。因此，教师可以通过曲问，增加问题的难度，引导学生深入思考。另外，曲问的难度能够有效地激起学生探求知识的欲望，使学生的思维从沉睡中醒来，让学生重新进入探求知识的新世界。

(2) 促进学生的主动参与

教师绕道而问，而不是直截了当、开门见山地指出问题的主旨，这样的提问与学生的认知水平有一定的距离。曲问相对于直问而言，具有一定的难度，要求学生全身心投入问题的探究中。过于直白的问题会导致学生处于被动消极的学习状态，如果适当增加问题的难度，就能有效地激起学生的探究欲望，避免走神、注意力不集中等情况的出现。在曲问中，问题的悬念会促使学生主动地解决问题，更加积极地参与学习活动。

(3) 提高教师的应变能力

教师采用曲问的形式时，要注意提问的技巧。曲问不仅考查学生思维的开阔性，对教师的要求也很高。教师必须读透直题的主旨，并通过自身的思维扩展，向学生提出问题；另外，教师要根据学生回答的情况进行更深层次的引导和提问。因此，教师不仅要掌握问题的主旨，还要灵活应变，多维度思考问题。在这个探究过程中，教师的应变能力会有所提高，能够根据实际情况调整提问角度，做到机智应对。

4. 直题曲问的方法

（1）平中求异

由于一个问题由不同的部分组成，因此提问的角度也可不同。提问的角度不同，提问的效果往往就不一样。教师在提问过程中，应该尽量避免提问"喜不喜欢""是不是""对不对"这类问题，而应变换为另一种问法，在直题的平凡中凸显与众不同，使直题得到另一种价值意义。下面以"浮力"教学片段为例来具体阐述平中求异的方法。

师：请看这两个有关浮力的例子（投影图片），这些浮在水面上的物体能受到浮力，那么放入水中下沉的土豆受不受浮力呢？

（学生思考、回答。）

师：下面通过实验来探究（投影）：在弹簧测力计的下面悬挂一个土豆，再把土豆浸入水中，比较前后两次弹簧测力计的示数。

（学生实验、讨论。）

师：（归纳发现）一切浸没在液体或气体中的物体都受到浮力。浮力的方向：竖直向上；浮力的大小：弹簧测力计两次的读数差（获得了一种测量浮力的方法）。

师：如果我们换成其他的物体，浮力的大小会变化吗？下面我们还是用实验来探究一下吧。

① 在水桶中装大半桶水，用手把空的饮料瓶按入水中，体会饮料瓶所受浮力及其变化，同时观察水面高度的变化。

② 将鸡蛋放入清水中，然后不断加盐，观察鸡蛋怎样运动，思考浮力有无变化。

（学生实验、思考，汇报发现。）

师：通过实验我们发现浮力的大小与物体排开液体的体积和液体的密度有关。物体排开液体的体积越大，受到的浮力越大；液体的密度越大，物体受到的浮力越大。

师：我们能不能把影响浮力大小的两个因素归结为一个因素呢？

生：质量。

师：质量越大，什么越大？

生：重力。

教师不断通过实验来引导学生加深对浮力的认识。对于"浮力的大小与物体排开液体的体积和液体的密度有关"这个知识点，教师也可以直接以问题的形式引出，但是教师为了让学生加深对浮力的认识和理解，一改仅以问题的形式向学生展示知识点的方法，而是通过实验与问题结合的方法，让学生在实验中自主获取知识信息，激起了学生的动手欲望，进而激发了学生对知识的渴求。这种间接的问题展示方法，有助于提高学生的动手能力和实验意识。

（2）旁敲侧击

旁敲侧击是指教师围绕直题的主旨，拐弯抹角，不采取一语中的的形式提问，特意让学生从侧面思考问题，换一个角度看问题。这是教师以间接的方式引导学生，让学生在教师含蓄的指引下，渐渐走进问题的深处，理解问题的本质，为有效解决问题打下基础。下面以《陈情表》一课的教学片段[1]为例具体阐述旁敲侧击的方法。

师：李密表达了尽其孝道的意思，为自己"辞不赴命""辞不就职"找到了充足的理由，实际上他是另有隐情的。同学们，你们是怎样看作者这个观点的呢？

生：我认为作者的观点是站不住脚的，因为他在文中说："且臣少仕伪朝，历职郎署，本图宦达，不矜名节。"既然过去能出仕，说明不是供养无主，而是有人供养的。明眼人一看就知道这只不过是不想与司马氏合作的一个借口而已。因此，他这个理由是没有说服力的，事实上他是冒了很大风险的，因为弄不好就会惹来杀身之祸。

师：既然这样，那为什么晋武帝在看了表文之后很受感动？据说还赐奴婢二人侍其祖母，令郡县按月供给其家用，以旌其孝，这是为什么呢？

---

[1] 殷海华，杨丽华. 有效教学的基本功3——新课程下中小学教师课堂提问技能指导[M]. 北京：世界图书出版公司，2008. 引用时有删改。

生：我认为其实晋武帝也看出了李密这个借口是相当脆弱的，是不堪一击的，可是为了自己统治的需要，他不但没有怪罪李密，反而对李密大加赞许，这实在是政治家十分高明的一招，他做了顺水人情，同时又对自己的统治有利。

生：我觉得李密才是高明的政治家和心理学家，他深谙政治家们所玩弄的游戏规则，仔细揣摩了晋武帝的心理，晋武帝不是提倡孝道吗？那么自己侍奉祖母就是尽孝。他采用了"请君入瓮"的手法，非常巧妙，一方面表明自己尽孝的态度，另一方面也为自己不出仕找到理由。晋武帝看到之后，就会想到自己提倡的孝道有人响应，这是大力宣传的机会，所以才违心地做此决定，其实他知道李密出仕不过是时间问题。

师：你讲得非常好，你窥探到李密及晋武帝的内心世界，你更是一位高明的心理学家。因为在当时的处境下，作为弱势群体，李密不得不采取这种方式来保护自己。

教师并没有直接问"你怎么理解李密的理由"，而是从评价李密的角度进行提问："同学们，你们是怎样看作者这个观点的呢？"这样能够让学生从李密的角度看问题，引导学生进行换位思考，表达自己对李密行为的见解。学生从多种角度对李密的做法进行剖析，从剖析中深刻理解人物的性格特点，走进人物的情感世界，从而更好地理解问题的要旨，这实在是难能可贵的。

（3）逆向反问

学生总会习惯性地从正面对已成定论的直题进行思考，形成一种思维定式，那么，教师可以从反方向对学生进行引导，"反其道而思之"，深入挖掘直题的价值。逆向反问是指教师从直题的反方向出发，以反问的形式进行提问。比如，通过实验了解了"向澄清石灰水中不断输送二氧化碳，石灰水先混浊后又澄清"的现象后，教师反方向提问："如果将澄清石灰水逐滴滴入碳酸溶液中，会出现什么现象？你还能说出哪些药品添加顺序不同导致现象不同的实例？"从实验的反方向进行提问，这样就能启发学生从不同的角度思考问题，引起学生探究的兴趣，让学生继续深入挖掘石灰水的性质。教师的反方向提问给予学生一个全新的角度，有利于培养学生的发散性思维。

第十节　整题零问，零题整问

一、整题零问

1. 整题零问的内涵

新课程提倡"以人为本"、以学生为主体的教育思想。但在实际的课堂教学中，不少教师没有真正理解其内涵，忽视了学生的年龄特征和知识水平，提出的某些问题超出了学生的认知水平和理解能力，学生难以回答，只能由教师自己解决，最终课堂成为教师的"一言堂"。这样的提问达不到任何效果。为了提高教学效率，要对复杂的问题进行精心设计——整题零问，可以使问题对学生的思维起到促进作用。《左传·僖公三十年》有云："以乱易整，不武。""整"，本义是整齐。在课堂教学中，整题是指完整的问题。完整的问题在整个课堂的提问环节中具有提纲挈领的作用，其背后蕴含着教学目标。为了帮助学生了解问题深层的含义，应结合学生的认知结构、知识水平，做到整题零问。

整题零问是指教师将整题分解为几个问题，并且这些问题是层层推进，不断引领学生走向整题的主旨的。整题零问能够按照学生的思维发展规律引领学生循序渐进地思考，读懂整题。

2. 整题零问的原则

（1）忌七零八落

在课堂提问中，七零八落是指教师把原本一个整体的问题拆分成了几大块，把原来问题的结构给拆散了，这样就可能导致问题的主旨发生变化，失去整题原有的意思。因此，教师对整题进行拆分时要注意不能把问题分得过于零碎，过于零碎的问题会抹杀学生的兴趣，让学生感到乏味，无法调动学生学习的积极性。

（2）忌杂乱无章

杂乱无章一般是指又多又乱，没有条理。在课堂提问中，部分教师为降低问题的难度，常常把主要问题分散在教学的各个环节中，没有分清各个知识点之间的主次关系，随意把问题肢解为几个小问题抛给学生。这样毫无逻辑关系的提问法，虽然能够让学生进行一些思考，进而解决问题，但是并没有让学生在解决问题的过程中将思维的片段串联起来，因而无法使学生逐步形成逻辑分析能力。缺乏逻辑关系的提问，容易让学生的旧知识与新知识产生抵触，进而使学生丧失继续深入学习的兴趣。

(3) 忌节外生枝

课堂提问必须紧扣教学内容、整题的主旨、教学重点，不可舍本逐末，提出一些教材以外或与教学内容无关的问题。教师将整题分解成几个问题时，必须确保每个问题都紧紧围绕着教学目标进行，与整题的方向一致。

3. 整题零问的方法

(1) 突出整题

教师的提问要抓住教学内容要旨，从一个整题的要点出发，发散中心问题，通过一个个子问题来引导学生理解问题的核心。

(2) 循序渐进

教师在抛出问题之时，要注意把握节奏，切勿急于求成。解决整题对于学生来说，是一个循序渐进、逐步认知的思维过程。教师要注意借助子问题逐步引导学生进入对整题的思考中。当学生在理解问题的过程中遇到困难时，教师只有把握节奏、循序渐进地提问，才能让学生较好地理解整题。

教学"一元一次方程的应用"时教师提出这样一道题：一面粉仓库存放的面粉运出15%后，还剩42500千克，这个仓库原有多少面粉？

教师在黑板上画出简易画，显示具体情景，此举激发了学生的积极性。然后教师围绕这道题设计以下几个问题让学生分组讨论。

① 本题有几个量？哪些是已知量？哪些是未知量？

② 题目给出了哪些条件？

③ 题目中有何相等关系？

④ 设哪个量为未知数？

⑤ 能否列出方程？

这循序渐进、步步深入的整题零问，给学生提供了充足的思考时间和充分的探究空间。学生在探究问题中，创新意识将会逐渐增强，思维能力将会逐步得到提高。在课堂上，教师要有意识地把学生的思维逐步引向新的高度，要善于把一个复杂的、难度较大的问题分解成若干个相互联系的小问题，或把解决某个问题的完整的思维过程分解成几个小阶段。教师设置的问题要坡度适中、排列有序，形成有层次结构的开放性系统，只有这样，学生才能兴趣盎然地接受知识、训练能力、体验情感。

二、零题整问

1. 零题整问的内涵

"零题"中的"零"是指部分的、细碎的，与"整"相对。"零题"就是指零碎的问题。零题整问是指教师对课堂上将会出现的较零碎的问题进行整理，综合各个零碎问题的要点，而后进行提炼、重组，形成一个完整的问题。

需要注意的是，零题整问并不是简单地把零碎的问题相加，而是根据各要素之间的内部联系、相互作用，将它们的共同点进行融合、补充，最终形成一个有机的整体，形成一股"新力量"。零题整问能够使提问的效果达到最优化，有效地帮助学生畅游于思维的海洋。

2. 零题整问的原则

（1）忌笼统架空

教师在将零碎的问题进行整合时，必须明确提问的目的是什么，要了解什么问题，解决什么问题，学生要了解到什么程度。此外，要考虑这一整合的问题是否具有实效性，是否能够对学生的思维起到激发的作用，以及这一问题在实际教学中能否实施。

（2）忌纲目脱离

教师必须把握各个零碎问题的主旨，在将问题进行整合的过程中，注意各个问题之间的顺序，紧抓零碎问题的主轴线，保证整合的问题能够体现零碎问题的思想，紧紧围绕着教学重点，不偏离教学轨道。

(3) 忌层次不明

零碎的问题难免零散，问题与问题之间的逻辑关系不明显，教师往往会忽略其层次关系。因此，教师在整合问题时要注意问题背后的含义、知识之间的逻辑关系，以便在提问过程中更好地引导学生，使学生深入探究问题，加深对问题的理解。

3. 零题整问的方法

(1) 有效整合

有效整合是指教师在课堂教学中引导学生主动发现问题、提出问题，并根据学生提出的零散问题的要点进行有效的整合，形成一个问题，向全体学生发问。这就帮助学生厘清了零散问题之间的逻辑关系，既培养了学生的概括性思维，又降低了学生思考的难度，还可以有效地提高提问的效率，让学生在综合性问题中进行思考，节省时间。

教学"南极"时，教师先展示景观图片《南极冰原与企鹅》，然后提问。

① 图中的动物是什么？图中反映的是什么地方的景观？当地的地理环境特点是什么？

② 我们生活中使用的重要矿产——煤是由什么形成的？大家想一想，南极大陆目前的自然条件能否形成大片的森林？

③ 科学家在南极大陆已经发现了大量的煤炭资源，这又证明了什么呢？这种现象的形成有几种可能性？

教师以简单的小问题引导学生思考大问题。对这些问题，学生很感兴趣。综观本节课，教师精心对问题进行整合，将零散的问题系统化，最后引导学生对整合后的问题进行思考。师生交流互动，课堂气氛活跃，学生学习地理的兴趣被激发了出来。

(2) 紧扣重点

紧扣重点是指教师在整理零碎的问题时要紧扣教学重点，使问题具有思考价值，促进课堂教学的优化，提高教学的实效性。在课堂教学中，教师的提问不是随意的，而要围绕教材内容展开，将问题集中在那些牵一发而动全身的重点环节上，有效地启发和引导学生的思维。因此，教师对零碎问题的整合必须有明确的目的性，既要反映知识的形成过程，又要考虑学生学习知识的思维活动过程。

教学《"精彩极了"和"糟糕透了"》一课时，教师可能预设多个问题，例如，这篇课文是按照什么顺序写的？母亲怎样评价巴迪的诗？父亲怎样评价巴迪的诗？巴迪听了母亲的评价后心情怎么样？巴迪听了父亲的评价后心情怎么样？母亲的表扬让巴迪明白了什么？父亲的批评让巴迪明白了什么？母亲对巴迪的爱是什么样的爱？父亲对巴迪的爱是什么样的爱？……但是，这些零碎的问题未能突出教学重点，教学效率肯定低下。其实，教师应围绕教学重点"有感情地朗读课文，通过描写人物的动作、语言和心理活动的语句，体会作者怎样逐渐理解了父母两种不同评价中饱含的爱，感受爱的不同表达方式"提问。教师可以把零碎问题整合成两个关键问题：①认真读课文，想一想父亲和母亲对巴迪的诗为什么有不同的看法。②作者为什么越来越体会到儿时"多么幸运"？这节课，教师引导学生探究好这两个问题足矣。

在课堂教学中，紧扣教学重点进行提问，可以改变课堂教学重点不突出的现象，充分调动学生学习的积极性，克服"满堂问"的弊病，切实做到"以教师为主导，以学生为主体"。提出的问题要直指要害，这样才有助于学生将思维聚焦到学习重点上来，从而更好地理解学习内容。

第十一节　如何提升提问艺术

一、教学案例

《我的伯父鲁迅先生》教学片段
执教教师：于永正

1. 出示课题，理解课题

……

师：课文预习了没有？

生：预习了。

师：作者周晔是鲁迅先生的什么人？（板书：周晔）

生：周晔是鲁迅先生的侄女。

师：对，因为她喊鲁迅先生为伯父。可见，周晔就是鲁迅先生的侄女。我再问大家，周晔的父亲是鲁迅先生的什么人？

生：是鲁迅先生的兄弟。

师：说具体一点，是兄还是弟？

生：应该是弟弟。

师：不错。周晔喊鲁迅先生为伯父，可见，周晔的父亲是鲁迅先生的弟弟。鲁迅先生有两个弟弟，一个叫周建人，是周晔的父亲；一个叫周作人。

① 初读课文，整体感知。（此略）

② 逐段阅读，理解内容。（此略）

③ 第四部分：救助车夫。

师：还有一件事，这件事发生在一个寒冷冬天的黄昏。好，请打开书。请一个同学来读这个故事。

（一位女生站起来读"一天黄昏……呻吟"。）

师：读得不错，请暂时停一下。（指着"呻吟"）"呻吟"是什么意思？懂了吗？

生：懂了。

师：懂了的同学请举手。（有部分同学没有举手）还有不懂的，请再读这段话。

（学生齐读。）

师：懂了吗？"呻吟"是什么意思？

生："呻吟"就是很难受的意思。

师：因为受伤很疼，嘴里发出一种声音。好，读一读。请你往下读。

师：（指着难读的句子）这一句很难读，大家都练一练，你也练一练。

（学生继续读完。）

师：好，读得不错，请坐。请你们看这一自然段（爸爸跑到伯父家……），我想板书，但是我拿不准哪些词应该板书。请你们读一读，画一画。

（两位学生上台板书：跑、扶、蹲、半跪、夹、拿、洗、敷、扎。）

师：你们为什么要板书这些词？

生：这些词是写爸爸和伯父给拉黄包车的人以帮助，是一些描写动作的词。

师：通过这些描写动作的词可以看出爸爸和伯父怎么样？

生：有一种助人为乐的精神。

师：你来补充。

生：有一颗帮助别人的爱心。

师：有一颗爱心、同情心。请坐下。是的，从这件事中可以看出鲁迅先生和他的弟弟富有同情心。好，一起把这一段再读一遍，一边读一边再仔细体会……

④ 第五部分：关心女佣。（此略）

2. 读写结合，片段练习

……

师：请以"这个车夫才30多岁……"开头，展开想象写一段话。你认为他那"饱经风霜"的脸是一张什么样的脸？请你通过具体的描写，告诉大家这是一张"饱经风霜"的脸，但不能出现"饱经风霜"这个词。

（学生写完，上讲台读。）

……

师：好的，这就叫"饱经风霜"。好，把这段话抄在你的作文本上。

二、教学经验

1. 捕捉教学契机，以问唤醒初步认知

在课堂教学中，教师要用发现的眼光去观察课堂，用专注的心去研读学生，捕捉教学契机进行提问，唤醒学生的初步认知，引领学生步入思维的殿堂，帮助学生成为学习的主人。课堂上的每一分钟都有可能是宝贵的教学契机。特别是上课伊始的2分钟，学生的心理还处于课间与学习的缓冲阶段，往往由于自制力不强而无法集中注意力。此时，教师要善于捕捉契机提问，牢牢地吸引学生的注意力，并为教学做好铺垫。于永正老师正是充分利用这宝贵的2分钟时间，把学生的注意力吸引到《我的伯父鲁迅

先生》上来的。他通过提问达到了预习新课的效果，让学生重新回顾学习内容，从而为接下来的教学做好铺垫，让学生面对新知识时有话可说。

2. 抓住关键细节，以问生成精彩课堂

抓住关键细节进行提问，可以加深学生对教学内容的理解。教师一旦抓住关键细节，就可以通过分析教学内容，轻松把握教学目标。著名教育家陶行知说："发明千千万，起点是一问。禽兽不如人，过在不会问。智者问得巧，愚者问得笨。人力胜天工，只在每事问。"教师善于抓住关键细节进行提问，能够使提问带有较强的目的性与针对性，让学生从细节出发，深入掌握学习内容，并生成精彩课堂。于永正老师指导学生进行朗读，并通过提问来帮助学生理解词句的意思。例如，有一位女生读到"呻吟"一词时，他问："'呻吟'是什么意思？懂了吗？"接着又追问学生"呻吟"的具体意思。教师紧抓关键词对学生进行提问，可以促使学生深入领悟文本内容。于老师懂得如何在课堂上迅速抓住课文的关键细节进行提问，促进了精彩课堂的生成，提升了课堂的魅力。

3. 善于浅题深问，以问巩固深化知识

《学记》有云："善问者如攻坚木，先其易者，后其节目，及其久也，相说以解。不善问者反此。"善于提问是优秀教师必备的技能。在此基础上，教师善于浅题深问，更能体现高超的教学艺术。这样不仅能促进学生巩固所学的知识，还能让学生在问题的引导下延伸思维、扩展知识，逐渐把握学习的本质。结课时，对于"饱经风霜"一词，于永正老师本可以直接让学生自己理解，但他以此词为触发点，运用浅题深问的方法，引领学生更加深入地理解这一词语。学生尝试用自己的语言来阐述"饱经风霜"的含义，提高了理解能力和实践能力。在课堂教学中，于老师善用浅题深问的方法，有效地促进了学生对知识的巩固和深化。

三、教学策略

1. 师生互动，激荡思维

课堂教学本是一个师生互动、多边合作的过程。如果没有师生之间的合作、生生之间的互动，那么教学过程就会停留在形式层面，无法完

成教学任务。师生互动要求教师放下传统教学中的权威地位，不再把学生看作可随意改造的客体。教师应该尊重学生作为课堂主体的独特性，将师生关系看作同一层次的平等关系。课堂提问并不是教师的单方面表演，如果仅仅是教师单方面地传授，学生盲目地接受，那么，这样的课堂便会失去真正的色彩，无法达到发展学生思维能力的目的。因此，课堂提问需要师生合作，即师生在互动中共创知识。师生互动在课堂提问环节中是一个思想交流的过程，师生双方都处于平等的地位，以问题为媒介进行对话。在对话过程中，教师要注重学生对问题的反馈，关注学生的思维变化，进而调整问题，与学生的思维对接，使学生能够对教师的提问做出灵活的反应。这样的师生互动才能为提问注入活力，使课堂教学变得更精彩。

2. 调控节奏，奏响乐章

"节奏"一词，源于美学范畴。心理学研究表明，人的心理活动只有在总的任务不断地转移时才能长期地停留在某一事物上，否则就会发生起伏现象。这是因为优势兴奋中心不能固定地停留在大脑皮质的某一部位上，而一定要不断地从一个区域转移到另一个区域。由此可见，学生在课堂上的注意力是有限的。如果教师不停地向学生提问，或者一直采用没有变化的语调提问，学生就会产生疲劳感。因此，教师要适当调整提问的语速、语调，以改变提问的节奏，吸引学生的注意力，使学生在良好的氛围中积极思考问题。教师调整提问节奏，奏响课堂乐章，使提问过程展现和谐之美，达到美的境界。

3. 以生为本，鼓励提问

以学生为本是新课程的重要理念，其强调在教学中要发挥学生的主体性。学生的主体性并不排斥教师在教学中的主导地位，而是强调教师要充分发挥学生学习的积极性与主动性。教师要想发挥学生的主体性，就要激发学生的问题意识，让学生充分发挥自己的潜能。因此，教师要把提问的权利还给学生，鼓励学生大胆提问，培养学生的质疑精神。美国著名学者布鲁巴克指出："最精湛的教学艺术，遵循的最高准则就是学生自己提出问题。"在课堂提问中，教师要善于发挥学生的主体性，培养学生的问题意识，留足空间让学生进行提问。课堂会因学生的精彩提问而焕发迷人的魅力。

　　精彩的提问是促进学生思维发展的发动机，是打开学生思维的钥匙。叶圣陶先生说："中小学教师若不谙熟发问的艺术，他的教学是不易成功的。"的确，提问影响着教学的效率与质量。名师的课堂之所以能够产生绝佳的效果，使学生入情入境、受益匪浅，重要的原因就是他们精湛的提问艺术。教师要根据实际的教学情况，不断提升课堂提问艺术，为学生的发展提供有力的支撑。

第六章
课堂提问的技巧

苏霍姆林斯基说:"如果教师不想方设法使学生进入情绪高昂和智力振奋的内心状态,就急于传授知识,那么这种知识只能使人产生冷漠的态度,而不动感情的脑力劳动就会带来疲倦。"在教学过程中,我们应艺术地运用提问技巧,激发学生探究的欲望和学习的积极性。

课堂提问需要技巧,其关乎提问的成败,影响教学的得失。高超的课堂提问技巧能够以问促思,以问激情,以问导学。在教学过程中,教师要充分发挥提问的导航作用。

第一节 以问激趣,创造思维亮点

"学习的最好刺激是对所学材料的兴趣。"兴趣是吸引学生的磁铁。在课堂教学中,教师要想让学生积极主动地学习,就要想方设法激发学生的学习兴趣。课堂提问是教师在教学中经常采用的一种激趣方式,它对于引导学生探索新知是十分有益的。

一、以问激趣的内涵

以问激趣是指教师设置充满趣味性的问题,激发学生探究问题的兴趣,使学生产生学习的内驱力,让学生在愉悦的氛围中学习。兴趣是"教"与"学"的动力。我国古人早就提出"教必有趣,以趣促学"的教学方法。南宋朱熹有云:"教人未见意趣,必不乐学。"现代教育更为重视对学生的"激趣"。瑞士著名心理学家皮亚杰说:"所有智力方面的工作都依赖于兴趣。"学习兴趣已成为学生学习动机的核心因素之一。在课堂教学中,以问激趣的技巧让学生由被动学习变为主动学习,较大地提高了学习的效率。

二、以问激趣的原则

1. 密切联系实际

密切联系实际是指以问激趣要针对学生的实际情况,密切联系学生的生活实际，让学生学有所得。在课堂教学中，教师不能为了提问而提问，不能让以问激趣变成一个只注重形式的"空壳"，而应该从学生熟悉的知识内容入手，根据教学需要提出富有价值的问题，使提问真正起到激发学生学习兴趣的作用。

2. 面向全体学生

由于每个学生的智力结构、个性特点、知识积累等存在差异，因而每个学生的学习水平也存在差异。大班制教学模式使教师难以做到因材施教，但是每一个班集体都有其学习特点，这就要求教师提问时面向全体学生，并针对该班学生的学习特点精心设计有层次的问题，注意学生的兴趣点，力求通过提问调动全班学生的积极性，让学生主动参与到问题的探究过程中去。

3. 增加问题趣味性

学生的心理特征是好奇心强，喜欢探究新奇有趣的事物。教师要想通过提问激发学生的学习兴趣，就要增加问题的趣味性，以吸引学生的注意力，激发学生学习的动力，促进问题的解决。有教育专家指出："教无'趣'，课不易'活'，学不易'动'；巧于'激趣'，善于把握，则'寓教于乐'，'寓学于趣'。"在教学中，教师的提问要具有趣味性，才会让学生在学习中感受到快乐，激起求知欲，从而积极思考，在思中享乐，在乐中悟理。

三、以问激趣的作用

1. 促进主动学习

课堂是学生获取知识的主阵地。在传统的"填鸭式"教学中，学生处于被动状态，教师仅仅把知识灌输到学生的头脑中，势必使学生的主观能动性大大削弱，使学生失去求知欲望。即使是在大力提倡"学生是学习的主体"的新课程改革的当今，学生仍然对教师存在较强的依赖性，上课懒得动脑和动口，总是等着教师告知标准答案。而采用以问激趣的课堂提问技巧，教师可通过提出趣味性的问题，逐渐唤醒学生内心深处的求知欲，使学生由被动学习变为主动学习，进而努力探究和解决问题。

2. 点燃思维火花

有趣的问题可以吸引学生的注意力，点燃学生思维的火花，使学生对问题产生兴趣，集中精力思考问题。在课堂提问中，教师创设有趣的问题情境，可以激发学生的学习兴趣，促进学生积极思考、不断探究。兴趣是思维的火花，兴趣伴随着思维的产生而形成。以问激趣不仅激发了学生的学习兴趣，还点燃了学生的思维火花，促进了学生的思维发展。

3. 提高教学质量

在课堂教学中，以问激趣不仅对学生的学习起着举足轻重的作用，还对提高教学质量有很大的帮助。它活跃了课堂气氛，营造了一种快乐的学习氛围，使学生积极参与、主动学习，教学质量得到了较大的提升。

四、以问激趣的方法

1. 悬念式提问法

悬念式提问法是指教师通过设置带有悬念的问题，让学生产生紧张与期待的心情，引起学生的兴趣，促使学生探索知识、激发思维，点燃学生的思维火花。悬念式提问法包括"设悬"和"释悬"两个部分，即教师通过设计带有悬念的问题，通过语言引导学生或让学生通过自主探究解决问题，使学生的探究心理得到满足。

例如，教学《再见了，亲人》一课，教师围绕题目提问："题目中的'亲人'不是指有血缘关系的亲人，而是指朝鲜人民把中国人民当作至亲至爱的亲人，这到底是为什么呢？"

"亲人"在人们心中的定义本是有血缘关系、非常亲近的人，而这个问题中的"亲人"无疑是对学生已有的关于"亲人"认知的思维冲击，学生因此感到疑惑。学生心存疑惑，便会迫不及待地深入文本中去了解为什么朝鲜人民会把中国人民当作至亲至爱的亲人。这就为学生学习课文做了铺垫，促使他们满怀兴趣地探究问题。悬念式问题有助于鼓励学生积极寻找问题的答案，而学生在急于寻找答案的过程中，会主动思考问题，寻找解决问题的有关信息，在信息中解答自身的疑惑。倘若学生能深入解读文本，便会发现文本的有趣之处，这样学生就会更主动地开启学习的探究之旅。

2. 探索式提问法

探索式提问法是指教师根据教学内容、学生的实际情况，选取一些激发学生求异思维的问题。备课时，教师可以选择学生感兴趣的、容易激发求异思维的提问内容。下面以"运动的速度"教学片段来具体阐述探索式提问法。

（教师展示图片：老鹰捕鱼和鲨鱼捕食，都运动5米，但是时间不同。）

师：老鹰和鲨鱼谁更快？

生：老鹰。

师：这和我们刚才判断动车比普通列车快些的方法是一样的吗？你们可以总结一下这种判断快慢的方法吗？

生：走的路程一样，但是用的时间不同。

生：就是一样的路程，看它们的时间。

师：能再简洁点吗？

生：相同路程比时间。

师：对，比较物体运动的快慢，我们可以用相同路程比时间的方法。（板书：相同路程比时间）

教师通过展示图片激起学生探索"老鹰和鲨鱼谁更快"这个问题的兴趣，鼓励学生有依据地猜想、质疑，为接下来的探讨做铺垫。教师通过引导学生对比情境问题与新知识的区别，引导学生进行归纳概括，把具体的问题逐步转为抽象的知识点。这是一种从具体到抽象的探索式方法，让学生在具体的问题中自主探索、自主思考，找出抽象的规律。同时，在回答循序渐进的问题中，学生逐步体验到思考的成就感，进而提高参与课堂学习的兴趣。

3. 开放式提问法

开放式提问法是指教师提出能从多角度解读的问题。这一方式能促使学生从多角度、多方向思考问题，使学生展开想象的翅膀，产生新奇的想法，并积极主动地表达自己的想法。"如果……那么……""你认为应当怎样做""关于这个问题你还有其他看法吗"等开放式提问用语，不仅能激发学生主动思考和探究问题的兴趣，还能培养学生的创造性思维和创新能力。

例如，在教学"我爱我家"一课时，教师可以用开放性问题"你印象中的家是怎样的"导入，让学生根据自己的生活体验与想象力回答这个问题。这个问题没有标准答案，每一个回答都是学生对家的独特理解。这不仅培养了学生的发散性思维，还激发了学生对"我爱我家"一课的兴趣。思想品德课注重从学生的体验出发，由于每个学生的实际生活经历不同，因而他们看待事物的角度也会有所不同。在实际教学中，教师应尊重学生的个体差异，鼓励学生从不同的角度发表见解，开拓自己的视野，开阔自己的思维，在开放性的问题中尽情放飞想象的翅膀，享受学习的乐趣。

第二节　以问过渡，构建知识体系

"让课堂融入生活，让教学回归生活"是新课程强调的理念之一，也是当下教学研究的重要课题。在教学中通过创设问题情境，焕发学生的生命活力，使学生深切地体会到知识来源于生活，从而兴致勃勃地探究知识。这样，我们的课堂也就达到了"随风潜入夜，润物细无声"的境界。

在课堂提问中，教师可以采用"以问过渡"的方式来帮助学生构建知识体系，从而使学生更容易掌握知识。

一、以问过渡的内涵

1. 以问过渡的含义

"过渡"是"教学过程中教师用语言巧妙地把教材中章与章、节与节、此问题与彼问题结合在一起，充分调动学生主动、积极、自觉思维的一种教学手段"[1]。教学像一串完整的珠链，每一个教学环节都是珠链上的珠子；而过渡便是使这一颗颗珠子串成珠链的绳子，把教学环节串联在一

---

[1] 胡惠玲. 略谈历史教学中的过渡技巧 [J]. 教学月刊（中学版），2006（6）.

起，成为一个和谐的整体，从而使教学过程脉络清晰、浑然一体。以问过渡是指教师在教学的过渡环节中，用一句话概括上一环节的内容，再通过提出问题引出下一环节的教学。在课堂教学中，以问过渡可用于由旧知识进入新知识的教学，可用于由浅层次知识进入深层次知识的教学，可用于部分知识进入总体知识的教学，也可用于导入新课、讲授、讨论和结课一系列的教学之中。以问过渡可以贯穿整个课堂教学，让整个教学因过渡而充满艺术性。

2. 以问过渡的特点

(1) 简洁性

简洁性包括两方面，一方面是指教师的语言简洁，另一方面是指问题直接明了。过渡在整个教学环节中并不是重点，无须花太多时间在这一环节上。因此，教师要想在最短时间内引导学生接受自己传递的信息，教学就需要有感染力。另外，教师要精心设计问题，深入研究问题，使问题深入浅出，用简短而优美的语言渲染课堂氛围，使教学内容形象化、通俗化，从而使学生能够轻松地理解问题。

(2) 逻辑性

逻辑性能使教学内容连贯一体，保持教学内容前后的内在联系和逻辑顺序，自然地过渡到下一环节。如果过渡时缺乏逻辑性，那么整个提问环节就会脱轨，整个课堂就会变得混乱；如果教学内容不具有逻辑性，那么教学方向也会随时变化，教学目标便无法实现。因此，教师在运用以问过渡的技巧时，要注意教学内容的前后联系，充分体现以问过渡的逻辑性，使教学环节能够顺畅地过渡。

(3) 流畅性

在过渡环节中，流畅性能使上一环节自然地转入下一环节，不会让人感到突兀、牵强。因此，在运用以问过渡的技巧时要注意问题的流畅性，问题不但要能紧密地与上一环节内容相结合，还要能对下一环节的内容起到引导的作用，使整个教学呈现一种流畅美，让学生的思维在不知不觉中随着教师讲解的变化而变化。

二、以问过渡的作用

1. 构建知识的系统

整个教学如同一座凌空架起的铁索桥，而以问过渡便是铁架，将教学内容连成一个整体。在课堂提问中，教师采用以问过渡的技巧可以使学生通过回答问题整理知识点，主动构建知识体系，并在不断的学习实践中完善知识结构。

2. 巩固学生的记忆

教师采用以问过渡的技巧时，正处于环节与环节的转折时刻，此时，以问过渡起到了温故知新的作用。在教师有目的、有计划的提问中，学生不仅能够对知识进行完善，更能对知识进行巩固。学生的理解能力与联系知识的能力仍不完善，而教师运用以问过渡的技巧，能够帮助学生回忆并巩固先前学习的知识。另外，在提问过程中，教师要提醒学生注意知识的易混淆之处，以便学生有针对性地复习。

三、以问过渡的方法

1. 直接型问题过渡法

直接型问题是指教师为了帮助学生准确掌握知识的基本概念和原理而提出的概念性的问题，旨在训练学生的语言表达能力，检查学生对基本知识的掌握情况。因此，教师可以通过提出"是什么""指什么""有哪些"等能从教材或已有知识中直接找到答案的问题，帮助学生对知识进行过渡，让学生在遇到知识的瓶颈时，能够从教材出发去学习。

例如，在教学"用联系的观点看问题"一课时，教师提问学生"什么是整体，什么是部分"，接着直接过渡到学习"整体与部分的关系"。这一直接提问帮助学生复习了整体与部分的含义，自然而然地让学生过渡到对两者关系的探讨中。这样的提问方法简单明了，能让学生准确把握学习内容。

运用直接型问题过渡法，能让学生在短时间内迅速抓住问题的要点，并且调动已有的知识储备回答问题，这样就能提高教学效率。

2. 质疑型问题过渡法

质疑型问题过渡法是指教师在学生似乎已经掌握知识的时候及时提出疑问，激起学生思考问题的兴趣，引导学生进入下一阶段的探究学习。教师要读透文本，准确抓住文本的精髓，善于发现文本中的疑点，从而引导学生进行思考和质疑，培养学生的创造性思维。

例如，在教学"大气环流与气压带、风带的形成"一课时，可以以问题复习的形式过渡到新知识的学习。"上节课我们学习了风的形成原因：地面受热不均，产生水平气压梯度力，大气在水平气压梯度力作用下形成了风。如果地球不自转，且地面平坦、均匀，高低纬度之间受热不均，那么地球的大气运动状况会如何呢？今天我们就来探讨这一问题。"这是在回顾旧知识"风的形成原因"的基础上，引导学生思考新的问题"如果地球不自转，且地面平坦、均匀，高低纬度之间受热不均，那么地球的大气运动状况会如何呢"，进而过渡到对新知识的学习。

通过假设的形式，从另一个角度激起学生的兴趣，为新知识蒙上一层神秘的色彩，促使学生积极地投入接下来的学习中。这种过渡法不仅使学生巩固了旧知识，还使学生的思维被激活，从新的角度深入探究问题。

3. 引申型问题过渡法

引申型问题过渡法是指在课堂教学中，教师在归纳知识的同时，提出假设性问题，给学生提供一个新的思考维度、新的思维方向。引申型问题过渡法可以让学生在探究问题中深入理解与运用知识，真正做到学以致用。

例如，在教学"从生物圈到细胞"一课时，一位教师以草履虫为例子提问学生："草履虫是一种什么样的生物（单细胞生物还是多细胞生物）？还有哪些生物体的结构与草履虫相似？"然后以草履虫为单细胞生物为引子，提出"与草履虫相比，人是多细胞的高等生物，人的生命是从什么细胞开始"的问题，逐步过渡到多细胞生物的知识讲解中。

该教师通过运用横向联系的方法，引导学生对草履虫的特点进行回顾，同时为引出人的生命特点做铺垫，将单细胞生命引申到多细胞生命的知识讲解中。这就使学生能够有话可说，同时减小了新知识与旧知识之间的跨度，从而使学生的思维得到有效的训练。

4. 重点型问题过渡法

重点是每一节课中最关键的知识。一节课涵盖的知识点较多，如果教师不精心研究教材，就难以抓住教学重点。因此，重点型问题过渡法要求教师必须认真备课，抓住教学重点，从而让学生能够在重点问题的探究中较快地厘清思路，从而有效突破重点。下面以一位教师教学"三民主义的形成和发展"一课为例来具体阐述重点型问题过渡法。

师：哪组先来比较一下旧三民主义与新三民主义的不同？

（学生回答。）

（课件出示：①明确反帝，民族平等；②强调为一般平民共有；③节制资本，扶助农工，实行"耕者有其田"。）

师：这些不同就是新三民主义的发展，请问最大的发展是什么？

生：明确反帝。

师：很好。这些新的发展同时又是新的奋斗目标，在当时的国内外形势下如何实现这些新目标？

生：团结人民。

教师以"旧三民主义与新三民主义的不同"这个重点型问题作为铺垫，然后过渡到"新三民主义的发展之处与进步之处"这个知识点。新三民主义是从旧三民主义的基础上发展起来的，旧三民主义是新三民主义的基石。学生因为对旧三民主义有一定的认识，所以能通过旧三民主义与新三民主义的对比，理解新三民主义的内涵。教师要善于抓住重点，并善于运用重点型问题过渡法来提高课堂教学效率。

第三节　以问互动，激发思维活力

有人说课堂是"知识的超市、生命的狂欢"。教师应选择学生关注的话题创设问题情境，激起学生分析、解决问题的欲望，点燃学生思维的火花，促进生生、师生的互动。

一、以问互动的内涵

1. 以问互动的含义

"互动"在《心理学大辞典》中的解释是相互作用,社会成员间通过交往而导致彼此在行为上促进或促退的社会心理现象;在《教育大辞典》中的解释是互动式,人与人或群体与群体之间发生的交互动作或反应的过程,也包括个人与自我的交互过程。建构主义认为,学生是知识意义的主动建构者,教师只对学生的意义构建起帮助和促进的作用,要注重发挥学生的创新精神,重视教学中教师与学生以及学生与学生之间的相互作用,倡导协作学习与交互式教学。建构主义全方位地诠释了课堂教学中的互动,包括师生的互动、生生的互动,强调了课堂教学的主要对象是学生,肯定了师生在课堂教学中的地位。根据这些论述,我们可以把以问互动理解为教师通过对学生提出问题来实现师生的交流,达到师生的互动,从而激发学生的思维活力的提问技巧。

2. 以问互动的特点

（1）双边性

双边性是指教师要注重与学生交流与互动,通过对话、表演等形式与学生进行心灵对话,培养学生的语言组织能力与表达能力,让学生在回答问题中提高思维能力与应变能力。教师在教学过程中应与学生积极互动,共同发展,要处理好传授与培养能力的关系。课堂教学是一个师生共同分享知识、理解生命的动态过程。教师通过提问的形式,既要让自己达到"教"的目的,又要让学生实现"学"的目的,从而体现真正的双边性。

（2）普遍性

教师是互动提问的主导者,必须认识到学生是教学的主体。师生互动意味着教师与全体学生之间平等对话,共同构建和谐课堂。这就要求教师要充分理解以问互动技巧的特点——普遍性,也就是说,教师提问要充分关注问题的普遍性,结合全体学生的实际生活经历,切合教学内容,让学生能够通过积极主动的思考回答问题,从而实现师生互动的目标。

（3）活跃性

以问互动突出了互动性，而互动性使课堂教学具有了活跃性。新课程理念下的课堂教学不再是教师的单向活动，而是教师与学生共同学习、共同进步的双向活动。师生之间交流各自的想法，在思维碰撞中产生新的理解。同时，以问互动是尊重学生的体现。学生在自由的环境中感受到教师的尊重，就会更加积极地参与互动的过程，课堂也会因此变得十分活跃。

二、以问互动的作用

1. 促进师生之间的友好关系

以问互动强调教师与学生之间的交流，因此教师在提问过程中应当承认学生在课堂上的主体地位，摆脱传统的"以师为尊"的观念。教师要让学生在平等的教学环境中接受知识，这能拉近教师与学生的距离，让学生感受到学习的快乐，从而促进教师与学生友好关系的形成。互动讲究的是互动双方的平等关系。在互动过程中，教师与学生处于相同的层次，都是为共同进步而互动与交流的。这样，学生便会逐渐把教师当作学习的伙伴。

2. 引起师生之间的情感共鸣

教师与学生的生活经历、兴趣爱好有所不同，在互动过程中，教师通过提问了解了学生的兴趣，从而能从学生的兴趣出发，引导学生孜孜不倦地探究问题。在教学中，教师需要在学生的兴趣中寻找共鸣点，并以此作为话题，引发学生的共鸣，然后联系教学内容展开互动对话。共鸣点不仅是教师与学生在知识方面的共同点，还是情感上的共生点。课堂教学不但传授知识，更是一种思想的熏陶与情感的交流。以问互动能帮助教师寻找到与学生的情感共鸣点，激发学生内心深处的感悟，让学生深入理解知识。

3. 激发学生思维的活跃度

在充满活力的氛围中，学生可以开动脑筋思考问题、畅所欲言。相反，如果课堂气氛非常压抑，学生的情绪就会低落、郁闷，思维就会受到束缚，无法进行积极思考。通过师生互动，可以营造一种自由平等的氛围，学生不会出现害怕说错话，或者担心自己会出丑而不敢表达意愿的现象。因为在这样的氛围中，师生的地位是平等的，没有绝对的对与错，每个人都有自己的想法，每个学生的思维都能在相互交流、碰撞中被激活，从而积极地去思考问题。学生在这样的互动中，思维会逐渐得到发展。

4. 促进学生活动的参与度

以问互动不是教师的独角戏，而是教师与学生的互动，学生可以自由地向教师提出问题，表达自己的见解。教师在互动过程中，最主要的任务是调动学生的积极性，鼓励学生参与到教学活动中去，全身心地投入课堂学习中。互动强调的是双边性，教师与学生双方都必须参与到课堂活动中去。互动不是指一整节课都是教师提问学生，学生也能向教师提出问题，二者的地位是平等的。教师通过以问互动，提高了学生课堂学习的参与度。

三、以问互动的方法

1. 单向问答法

单向问答法是教师根据教学的实际情况指定学生进行提问的一种方法。教师在运用此方法前，应该明确教学的重难点，了解学生的认知水平，做到提问有针对性，让提问能够开启学生的思维之门，激活学生的学习潜能。下面是一位教师教学《看云识天气》一课的片段。

师：好，现在每位同学都找到了自己的好朋友，也组成了一个学习小组，在接下来的学习中大家要相互配合。下面我分配一下任务：请1，2，3号同学代表小组发言；4号同学是学习小组的组长，负责组织组员学习；5号同学是记录员，要记录下小组讨论的内容，给发言的同学做参考；6号同学负责计时，督促小组活动，使小组活动在老师规定的时间内完成。现在每个同学都有了自己的任务，请认真完成。

师：我们看到古人是那么聪明，已经能将天气情况编成简单的谚语。我们当然也不甘示弱，今天我们也来看云识天气。（出示课题）我们虽然没有古人那么多的实践经验，但我们有最好的老师。是什么？

生：书。

师：好，那我们就来看看书中介绍了哪几种云？（请学生抢答）

生：卷层云、卷云、卷积云、积云、积雨云、高积云、高层云、雨层云。

师：哦，一共有八种。那它们各自有什么特征呢？请找出文中相关的语句并用第一人称描述出来，然后找一个关键词来概括它们的主要特征。我们先请小组长把云家族的八位成员分别带回去。

（学生争先恐后地上台挑选云。）

师：现在可以进行小组活动了，五分钟内完成。

师：（击掌以示时间到）准备好了吗？让我们来听一听云家族的自我介绍。哪一个小组先来？

生：我是"雨层云"，我又矮又胖，穿着暗灰色的外衣，太阳、月亮见了我都要躲藏起来，我在天空出现时就表示连绵不断的雨雪就要来临了。

师：原来你会带来雨雪，难怪是灰蒙蒙的。你有什么主要特征呢？请2号同学回答。

生：连绵不断的雨雪就要来临。

师：可以用一两个词概括，如暗灰色、密布。我们再来听听另一种云的介绍。

生：当积云迅速向上凸起，形成高大的云山时就变成了我，我是积雨云，然后我越长越高，慢慢变黑，最后我崩塌了，这时乌云弥漫，雷声隆隆、电光闪闪，马上下起了暴雨，有时还伴有冰雹或者龙卷风。

师：原来你是这样形成的。下面请2号同学概括一下积雨云的主要特征，像什么？

生：山。

师：下面谁来介绍？

生：我是卷层云，是在连绵的雨雪来临之前出现在天空的一层薄云，看到我，请大家出门前带上雨具。

师：谢谢卷层云的提醒。那你的主要特征是什么？

生：像毛玻璃。

师：好像有人提反对意见了，到底是像毛玻璃还是别的什么？

生：应该是绸幕。

师：哦。那我们马上请急着要说的"毛玻璃"来介绍一下自己。

生：我的绰号叫"毛玻璃"，是由卷层云积聚而成的，透过我看天会觉得模糊不清，我的真名叫"高层云"。雨雪都是我的好伙伴，常常和我形影不离。

师：我想这么一介绍，大家对它的主要特征已经很清楚了，就是"毛玻璃"，不需要2号同学补充了。还有几位云家族的成员没有介绍自己，我们也来听一听。

生：我是……

在讨论问题之前，教师先明确了学习任务；在小组汇报成果时，教师单问小组代表。小组代表为了更好地完成任务，需要用心地参与讨论，吸纳其他成员的观点。在这里，指定学生的回答是一个团队的智慧结晶，体现了团队成员之间的合作精神，学生们在共同合作中提高了自己的学习能力。

2. 生生互动法

生生互动法是在课堂中学生与学生之间互相提问的一种方法。由于学生对学习重难点的把握能力仍然不足，教师可以根据学生的实际学习情况，放手让学生在一定的知识范围内互相提出问题。当然，在这个过程中，教师要给予学生细心而有效的指导和点拨。

在课堂教学中，教师要解放学生，让学生自主探究。这种放手是一种信任学生的表现。教师只有充分信任学生，让学生互动合作，学生才能逐渐在学习中独立起来，形成自己的学习方法。

3. 角色转换法

角色转换是指教师与学生转换角色，学生既是问题的提出者，又是问题的解决者，而教师只是解决问题的指导者。师生转换角色，两者都有所获益，不仅提高了教学效率，而且很好地促进了学生的自主学习，激发了学生更深层次的思考。

例如，在《鱼游到了纸上》一课的教学导入中，教师可以这样设计问题："同学们看到题目，有什么疑问吗？"学生会对"鱼游到了纸上"这样的事感到很不理解，可能问："鱼为什么会游到纸上？""它是怎么游到纸上的？"这种角色转换法能引导学生提出问题，激起学生对文本的兴趣，鼓励学生积极参与到学习活动中去。

建构主义强调，学生并不是空着脑袋走进教室的，教师不应无视学生的经验，要重视学生对各种现象的理解，并引导学生完善自己的理解。在课堂提问中，角色转换法的成功运用，无疑为教师提升课堂教学效率提供了有力的保障，更为学生的自主探究创造了广阔的空间，使学生的创造思维和质疑精神得到了有效的培养。

第四节　以问引导，铺设思维梯度

有效的课堂教学离不开能够吸引学生的具体情境。小情境中往往蕴含着大道理，有助于学生学习知识、感知社会。因此，教师可以呈现给学生有价值的情境，以问引导，铺设思维梯度，实现高效教学。

一、以问引导的内涵

1. 以问引导的含义

以问引导是指教师根据实际的教学情况，通过提问这一方式将学生引导到正确的思路上，以达到为学生铺设思维阶梯的目的，最终帮助学生解决问题。这一提问技巧是引导式教学法的体现。"引导式教学法是指教师在课堂上利用言语或行为等循序渐进地启发、引导学生深入思考，领会和掌握相关学习内容，最终达到教学目标的教学方法。"[1] 也就是教师发挥自己的专长，为学生铺设思维阶梯，帮助他们顺利达成学习目标。

思维的发展过程包括分析、综合、比较、分类、抽象、概括、具体、系统化等。这是一个循序渐进的过程，需要思维阶梯帮助。思维阶梯是指在课堂教学中，从一般问题到特殊问题、从较易解决的问题到较难解决的问题依次思考的思维方式。教师要关注学生思维的渐进性，通过提问帮助

---

[1] 李娓. 小学语文课运用问题引导式教学法的初步尝试 [J]. 中小学教学研究，2010（5）.

学生铺设思考问题的阶梯，以便帮助他们解决问题。

2. 以问引导的特点

（1）需要性

在课堂教学中，部分教师为了提问而提问，常常不假思索地随口乱问，以营造一种"积极民主"的课堂氛围，但是，这不是真正的民主教学。民主教学不是教师随口乱问，而是根据教学需要进行提问。提问应该根据时机、要求和目的进行，这就是以问引导的需要性。

（2）阶梯性

以问引导运用于一个知识点转接到另一个知识的过渡处，这就体现了其阶梯性。在帮助学生进行知识转接时，所提的问题既要承接前面的知识，又要为后面的知识做铺垫，并且要"更上一层楼"，进行更高层次的思考。以问引导的阶梯性符合从简单到复杂、从浅显到深刻的认识规律。

（3）简洁性

以问引导最直接的目的是帮助学生理解知识、解决问题，因此，提问要简洁。简洁性不仅是指教师提问的语言要通通简洁、易懂，更是指教师提出的问题要相对简单易懂，能让学生从中寻找到熟悉点，并从熟悉点出发，把新问题纳入现有的思维框架，从而更有信心地进入深层次的学习中。

二、以问引导的作用

1. 有利于铺设思维的阶梯

学生思考问题时就像走阶梯，一级一级往上爬，但是，在这一过程中难免会有些阶梯是学生难以踏上的，这就需要一块垫板来帮助学生向高处攀登。而以问引导就是这块垫板，在帮助学生巩固已有知识的同时，还能提高学生挑战问题的能力。这样的学习过程可以让学生掌握知识，提高学习能力。

2. 有利于知识结构条理化

提问不仅是对思维方向的引导，更是对知识结构的梳理。问题是教师根据教学重点精心设计的，可以帮助学生构建知识框架，理顺知识点，固化原有的知识结构，让学生已有的思路更清晰、明了，富有条理性。

3. 有利于提高课堂教学效率

以问引导是指教师把相关教学内容以问题的形式提出，以增强学生的求知欲与好奇心，促使他们带着问题深入思考，其实质就是将知识问题化，引导学生加以理解和掌握。学生在这一过程中，调动了原有的知识经验，形成了属于自己的知识与能力，从而促进了教学效率的提高。

三、以问引导的类型

1. 直接提问型

直接提问型是指教师根据问题的实际情况，直接抓住问题的关键点进行提问，引导学生理解问题，是教师直接运用问题的现有信息进行发问。

2. 重复提问型

重复提问型是指教师不断重复提问学生同一个问题，以使学生意识到先前的回答是错的，从而进行反思，进而进行再思考，直到得出正确答案。例如，"你觉得对吗？再想一想。""你觉得这样是对的吗？为什么？""你确定吗？好好想想。"提问意图明确，旨在加以强调。

3. 确认提问型

确认提问型是指教师提出的问题旨在引导学生支持某种观点。例如，"同学们，青蛙对人类有益吗？"这样的问题直接唤醒学生的认识，从而引导学生要保护动物。

4. 有限提问型

有限提问型是指教师提供有限的选项，让学生直接从选项中选出答案，旨在把学生引到教学重点上来，使学生的思维回归正确轨道。

四、以问引导的方法

1. 联系实际提问法

这一方法是指教师从学生的实际生活体验出发提问学生，让学生从熟悉的生活中获得理解问题的经验，从而解决问题。

例如，一位教师以"妈妈"为主题进行作文教学，以《世上只有妈妈好》的歌曲导入，提问学生："妈妈对你们好不好？""好在哪里？"逐步引导学生回忆与妈妈相处的情景，然后让学生把这些情景描写下来。通过联系生活，让学生从熟悉的生活中理解妈妈的爱与付出，从而触动学生的心灵，让学生有感而发，有话可写。

2. 紧抓时机提问法

孔子有云："不愤不启，不悱不发。"学生有疑问时，教师应该抓住时机进行提问引导。这种方法需要教师读懂学生的心理、观察学生的表情，学生一颔首一蹙眉或许就是一个提问的好时机。因此，教师要因势利导，根据实际教学情况对学生提出相应的问题。

例如，一位物理教师教学"磁铁"一课，出示一根条形磁铁，提问："磁铁能吸铁，是不是磁铁的每一处都能吸铁？"接着拿一根铁钉放在磁铁的正中间，学生惊奇地发现磁铁竟不吸铁钉，教师马上抓住时机问："这说明了什么？"

教师细心观察学生的表情，及时抓住时机引导学生进行思考，帮助学生逐步认识了磁铁的属性。

3. 错中寻因提问法

对于学生的错误回答，教师在给予鼓励的同时，更应指出不足，促使其进行反思，加以纠正，并通过问题引导学生寻找错误的原因，从而找出正确解决问题的方法。

例如，教学"百分数"应用题，"服装厂共要生产3000件衣服，还剩总数的60%没完成，还需完成多少件？"学生演算的时候，把公式列成"3000－（1－60%）"，这时教师应该问学生："（1－60%）表示什么？剩下百分之多少？"经过教师的提问学生便会恍然大悟，认识到错误。

当学生出现知识性错误时，教师不能一味地指责学生，而应引导学生发现自己的错误所在，并寻找解决的方法。学生通过错中寻因，明白了出错的原因，提高了对问题的认识，从而能有效避免再次出现类似错误。这既帮助学生纠正了错误，又拓宽了学生的思维。

第五节　如何提高课堂提问技巧

一、教学案例

《二泉映月》教学片段

执教教师：薛法根

【精彩片段一：以问引思】

师：说到《二泉映月》这首曲子，你们有什么问题吗？

生：这首曲子是在哪里创作的？

师：等一下通过认真读课文，相信你自己就能够解决。

生：为什么他一定要在这个地方创作这样一首曲子？

生：这首曲子为什么要叫《二泉映月》？

师：等一下我们一起来寻找答案。

师：人们都说"曲为心声"，歌曲也好，乐曲也罢，往往都是用来表达自己的感受的。说到这里，你们还有什么问题？

生：这首曲子表达了阿炳怎样的感情？

生：阿炳创作这首曲子的时候是不是遇到什么困难了？心里是怎么想的？

（略）

【精彩片段二：旁敲侧击】

师：既然《二泉映月》是一首曲子，那么，哪些自然段讲了曲子的创作过程？

生：第4，5自然段。

师：课文中有两个词语"月光似水""静影沉璧"，谁能给大家讲一下什么叫"月光似水"？（板书：月光似水）

（学生回答。）

师：哪个字表示"像"的意思呢？

生：似。

师：月光就像流水一样柔和，这温柔的、温和的月光就叫——

生：月光似水。

师：读这个词语！

（学生读词语。）

师：读得好！词语也是有感情的。看，这就是"月光似水"！（出示"月光似水"的画面）

师：什么叫"静影沉璧"？（板书：静影沉璧）谁能把意思讲给大家听？

生：影子静得像石壁。

（有的学生说静得像墙壁，有的学生说静得像玉璧，教师引导学生观察"璧"字）

师：影子像玉璧，谁能说得更确切一点儿？

生：月亮的影子像玉璧。

师："静"是什么意思？

（学生回答。）

师：月亮的影子照在水面上。那"沉"呢？

师：月亮的影子倒映在水里，就像一块圆润的碧玉一样，这样沉静、美妙的情景就叫——

生：静影沉璧。

师：老师奖励一下，看！（出示"静影沉璧"的画面）

师：无锡的惠山，树木葱茏，藤萝摇曳；中秋之夜，月光似水，静影沉璧，假如你置身在这样的景色当中，你会有什么样的感觉呢？

生：平静、凄美、柔美、心情舒畅等。

师：然而，阿炳双目失明，我们感受到的这番美景、这份恬静，对于阿炳来说却只能是梦境。他什么也看不到，眼前只有无尽的黑暗。他想到了什么呢？

（学生回答。）

师：可以概括成两个方面：师父说过的话、他坎坷的经历。师父究竟跟他说过什么？他坎坷的经历又是什么？用笔画出来。

（学生说，齐读。）

250

二、教学经验

教师是引航者，引领学生在知识的海洋中奋勇航行，战胜风暴，避开暗礁，抵达彼岸。在知识之海中航行，教师的任务就是通过提出问题引导学生步步前进，直到达成学习目标。教师适时的提问、巧妙的点拨，能够指导学生思考的方向，帮助学生通过思考获取知识、掌握技能。

1. 以问激疑，铺垫思考之路

以问激疑是指教师提问学生，让学生根据问题，提出自己的疑问，请他人解答。"学贵有疑，小疑则小进，大疑则大进。疑者，觉悟之机也。"质疑是获取新知识的途径。教师通过问题来鼓励学生质疑，旨在促使学生主动求知，发现问题，为更深层次的思考做铺垫。

薛法根老师在上课伊始，就提问学生："说到《二泉映月》这首曲子，你们有什么问题吗？""人们都说'曲为心声'，歌曲也好，乐曲也罢，往往都是用来表达自己的感受的。说到这里，你们还有什么问题？"因怀疑而思索，因思索而辨别是非。引导学生经过认真思考提出疑问，有利于学生深入探究问题。

2. 明确关键，深入教材内涵

关键是事物最紧要的部分，是对情况起决定作用的因素。相对教学而言，关键往往是教材或隐或现的牵扯到教学重点的地方。教师若能抓住关键提出问题，便能找到深入教材内涵的有效路径，问题自然就会迎刃而解。

在本课教学中，"静影沉璧"是理解文本的关键。薛法根老师紧抓"静影沉璧"进行发问，先引导学生辨析"静影沉璧"的本义，后顺势出示"静影沉璧"的美景。学生在问题引领下，逐步了解了"静影沉璧"的特点——沉静、美妙。教师准确把握文本的关键，并以此作为发散点进行提问，最后又回到出发点，理解"静影沉璧"的内涵。

3. 结合经验，获取新的知识

建构主义理论认为，教学不能无视学生的已有知识经验，不能简单强硬地从外部对学生进行知识的"填灌"，而应当把学生原有的知识经验作为新知识的生长点，引导学生从原有的知识经验中生长出新的知识经验。学生具有一定的认知水平与生活经验，教师若能结合学生的生活经验提出问题，让学生从生活经验中寻找熟悉的支撑点，学生便会凭借已有的知识经验获得新的知识经验。

阿炳到底经历了些什么呢？他所生活的时代距离我们似乎太遥远了，但是我们可以通过一个画面，通过我们自己的生活积累，借助影视资料、图片等了解当时的情景。薛老师先让学生感受"静影沉璧"的平静和凄美，然后让学生通过自己的生活积累体会阿炳的体会、感受阿炳的感受，与人物进行心灵对话，理解阿炳的凄怆和孤独。

教师是意义构建的帮助者、促进者，而不是知识的提供者和灌输者；学生是学习的主体，是知识的主动构建者，而不是知识的被动接受者。教师要通过提问对学生进行引导、启发、点拨，帮助学生运用旧知识获取新知识，最终使学生能够独立学习。

三、教学策略

1. 促进思维的发展

教师提问的对象是学生，若想使提问为教学锦上添花，就要让学生的思维得到提高、获得创新。学生思维发展的总趋势是从具体到抽象、从不完善到完善、从低级到高级。学生因已有知识经验的不同、智力活动水平的不同、所要认识掌握的对象不同，在掌握概念的过程中，概括水平表现出相当大的差异。在理解能力的发展方面，学生是从直接理解逐步过渡到间接理解的。

（1）探究问题

教师是学生自主学习的引导者、促进者，要引领学生走进知识世界、探索知识世界。学生是知识世界的探究者、发现者。当学生遇到学习障碍时，教师应及时给予指导；当学生遇到学习困难时，教师应及时给予鼓励；当学生迷失学习方向时，教师应相机指点……让学生从知识的被动接受者变为知识的主动获取者，从知识接受者成为知识创新者。

（2）激荡思维

思者无涯，行者无疆，创新永无止境，激荡思维是发展的源泉和动力。中小学生的好胜心强，教师可以利用这一心理特征，组织学生围绕主题进行辩论，借以激荡学生的思维，激发学生的潜能，为学生成为变革者、创新者、发现者打下基础。学生通过辩论，思路得以开阔，方向得以调整，思维肆意驰骋，想象无阻放飞。

(3) 鼓励尝试

学生只有亲历尝试，才能获得深刻的体验，并在体验中自主发现问题、获得真知。尝试是以问题为学习载体进行的实践活动，强调"知行合一"，侧重"在做中学"。教师依据教学目标与教学进程，指导学生通过提出问题、分析问题和解决问题进行探究学习；学生以问题为学习契机，参与实践，对活动所涉及的学习环境、学习情感、学习信念等进行审视、反思和改进，主动地获取知识、应用知识、实现知识意义的构建。尝试以实践为基础，回归学习的本质，从而克服了重理论轻实践、重知识轻能力的学习弊端。

2. 明确提问的目的

提问的目的是培养学生的创新思维能力。传统教学的提问基本是直问直答，而不是以问题为载体引导学生进行思考，学生难以充分地获得思维锻炼的机会，也难以形成思维能力。课堂提问将知识讲授与能力培养相结合，学生不再是简单地依靠教师的给予，而是基于问题思考累积知识，提升高层次的思维能力。学生基于问题，以开放的视野去探究，采用"以问题为本"的学习法进行思考，抽象出解决问题的方法。同时，教师在参与过程中以问题来启迪学生的思维，鼓励学生在思考过程中发现问题，并引导学生从中获得解决问题的方法，从而使学生由被动学习转变为主动学习，既锻炼了学生解决问题的能力，又训练了他们的分析能力，切实落实了基于问题的创新思维能力培养。

3. 寻找提问出发点

课堂提问以解决问题为出发点。传统教学中的提问主要以寻找答案为训练目标，而不是通过师生间的教学对话来促进学生理解能力和思维能力的发展，这很难适应现代社会的要求。现代教学倡导的提问，需要整合教学的环境条件、技术条件、信息条件、人员条件，以问题为取向，进行"头脑风暴",多种资源交互流通,大大地拓展了学生的学习时空,活跃了学生的学习氛围,同时激活了学生已掌握的知识、经验,使学习活动实现创造性质变。

后 记

为落实《国家中长期教育改革和发展规划纲要（2010—2020年）》，深化教师教育改革，规范和引导教师的教育教学，打造高素质、专业化教师队伍，2011年10月，教育部颁布了《教师教育课程标准（试行）》，要求改进教学方法和手段，强化教育实践环节等。为了适应新的教育形势，我们编写了这本《教师课堂提问的技巧与策略》。

在课堂教学中，教师要想获得良好的教学效果，充分展现课堂的生命活力，课堂提问尤为重要。实际上，课堂提问是实现教师多元互动、培养学生的独立思考能力和语言表达能力的重要手段，也是衡量教师的教学水平、知识结构、教学机智、心理素质等多方面能力的标准之一。随着新课改的不断深入，课堂提问被赋予了更深层次的意义——体现新的教育理念。如何在新课改下提高课堂提问效率？这给众多教师带来了严峻的挑战。我们基于多年来对课堂提问的研究，汇集多方智慧，编写了本书，旨在为一线教师及相关研究者提供有益的启示，并为一线教师提高课堂提问能力提供良策。

本书力图站在时代的高度，用一种全新的视角去审视和阐述课堂提问，使之焕发新的生命力，以更好地适应当今新课改的发展。为了达到这一目的，我们在写作时突出了以下几个特色。

一是反映新颖性。全书贯彻新课改精神，彰显新课改理念，内容注重创新。我们注重解决课堂提问的实际问题，注重借鉴先进的研究成果，并与新课改的理念相结合，体现课堂提问理念、方法的新颖性，为教师提供多样的课堂提问方法，帮助教师从多方面提高课堂提问效率。

二是体现典范性。本书引用的案例大多出自优秀教师的课堂。优秀教师如何提高课堂提问的效率？如何激发学生的思维？他们有什么秘诀？本书结合优秀教师的典型案例，一一为您解读，揭示课堂提问的奥秘。

三是强调综合性。我们不仅着眼于新课改的理念，还涉及教育学、心理学等科学理论，覆盖多个学科的知识。本书从理论的高度对课堂提问的规律进行归纳，着重于对课堂提问过程的剖析、理性的分析、理论的提炼，帮助教师从理论高度寻找课堂提问的秘诀。

为保证本书的质量，我们做了充分的准备工作。首先，在确定"课堂提问"这一选题后，我们结合新课改的教育理念、课堂提问的实际情况进行多方位、多视野的思考、探讨和调研，列出全书的提纲，明确全书的基本框架，设立相应的专题，明确撰写的思路。其次，多方邀请作者，组成优秀的编写团队，本书作者多来自一线，有着丰富的教学经验和较高的教学能力，并在课堂提问方面颇有研究经验。最后，注重文献资料的收集工作。我们收集了丰富多样的文献资料，并不拘泥于一种形式，如纸质文献、网络资源、教学录像等，为编写工作打下坚定的基础。在撰写过程中，大家相互合作，相互交流，取长补短，力求使研究结果更具科学性、全面性、实用性。

在编写本书的过程中，我们参阅了诸多专家的研究成果，并引用了大量优秀教师的教学案例，在此对他们表示衷心的感谢！我们殚精竭虑，精益求精，力图让本书具有更高的质量和品位。不过，受时间、资料、水平等因素的限制，本书的疏漏错失在所难免，如有发现，敬请广大热心读者谅解，并提出宝贵的建议，以期再版时加以勘正。

最后，感谢您阅读了本书！

西南师范大学出版社
《名师工程》系列丛书目录

系列	序号	书　　　名	主编	定价
名课解码系列	1	《教师课堂提问的技巧与策略》	邓胜兴　姚凤娟　王林发	35.00
	2	《绘本教学策略的探索与实践》	邹小丽　范雪贞　王林发	35.00
	3	《教师必备的课堂掌控艺术》	张　旭　豆海湛	35.00
	4	《教师课堂观察的智慧与策略》	谭永焕　郑月桃　王林发	35.00
名师解码系列	5	《教育需要播种温暖——谢文东与儒雅教育》	余　香　陈柔羽　王林发	35.00
	6	《为了未来设计教育——梁哲与探究教育》	冼柳欣　肖东阳　王林发	35.00
	7	《真心是教育的底色——谭永焕与真心教育》	谭永焕　温静瑶　王林发	35.00
	8	《做超越自我的教师——刘海涛与创新教育》	王林发　陈晓凤　欧诗停	35.00
	9	《打造灵动的教育场——张旭与情感教育》	范雪贞　邹小丽　王林发	35.00
陕派名师系列	10	《中小学教师师德素养提升80讲》	张军学　曹永川　国晓华	30.00
	11	《让教育走进灵魂深处——一位优秀教师的教育心语》	刘跃红	30.00
	12	《教育与梦想同行——宝鸡"国培计划"项目成果精选》	李春杰	30.00
	13	《轻松突破作文瓶颈——构建范畴思想下的作文思维》	李旭山	35.00
	14	《爱在人生伊始——幼儿教师培训指导手册》	张　昭	35.00
	15	《为儿童终身发展奠基——幼儿教师必备的幼教技能》	靳存安	30.00
	16	《如何成为一名专家型教师》	孙铁龙　党　纳	35.00
教研提升系列	17	《语文教师必备的音韵学素养》	李明孝	30.00
	18	《校本教研的7个关键点》	孙瑞欣	30.00
	19	《教师怎样做小课题研究——高效助力教师专业化成长》	徐世贵　刘恒贺	30.00
	20	《今天我们应怎样评课》	张文质　陈海滨	30.00
	21	《今天我们应怎样进行教学反思》	张文质　刘永席	30.00
	22	《一节好课需要的教育智慧》	张文质　姚春杰	30.00
鲁派教育探索者系列·	23	《追问历史教学之道》	钟红军	36.00
	24	《灵动英语课——高效外语教学氛围创设艺术》	邵淑红	30.00
	25	《校园，幸福教育的栖居》	武际金	30.00
	26	《复调语文——尊重生命自我成长的语文教学》	孙云霄	30.00
	27	《智趣数学课——在情感深处激发学生的数学智能》	王冬梅	30.00

系列	序号	书　　名	主编	定价
鲁派名师系列·教育探索者	28	《高品位"悦读"——让情感与心灵更愉悦的阅读教学》	马彩清	30.00
	29	《品诵教学——感悟母语神韵的阅读教学》	侯忠彦	30.00
	30	《智趣化学课——在快乐中提升学生的科学素养》	张利平	30.00
高效课堂系列	31	《让数学课堂更高效——教研员眼中的教学得失》	朱志明	30.00
	32	《从教会到教慧——小学生数学学习能力的培养艺术》	滕　云	30.00
	33	《用什么提高课堂效率——有效数学课必须关注的10大要素》	赵红婷	30.00
	34	《让作文更轻松——小学作文高效教学36锦囊》	李素环	30.00
	35	《让研究性学习更高效——研究性学习施教指导策略》	欧阳仁宣	30.00
	36	《让母语融入学生心灵——提升学生语文素养的高效施教艺术》	黄桂林	30.00
创新课堂系列	37	《重塑课堂生命力——小学新课堂教改成功之路》	陈华顺	30.00
	38	《小学语文"三环节"阅读教学法——自学、读讲、实践》	薛发武	30.00
	39	《个性化课堂教学艺术：小学语文》	商德远	30.00
	40	《如何实现三维目标——让学生与文本共鸣的诵读教学》	张连元	30.00
	41	《想说　会说　有话可说——突破作文瓶颈的三维教学法》	杨和平	30.00
	42	《综合课的整合创新教学》	周辉兵	30.00
	43	《如何打造学生喜欢的音乐课堂》	张　娟	30.00
	44	《理想课堂的构建与实施——一个教研员眼中的理想课堂》	张玉彬	30.00
	45	《小学语文：决定教学质量的关键策略》	李　楠	30.00
	46	《用〈论语〉思想提升数学教育智慧》	胡爱民	30.00
	47	《童化作文——浸润儿童心灵的作文教学》	吴　勇	30.00
名校系列	48	《人本与生本：管理与德育的双重根基》	广州市广外附设外语学校	30.00
	49	《生本与生成：高效教学的两轮驱动》	广州市广外附设外语学校	30.00
	50	《世界视野与现代意识：校本课程开发的二元思维》	广州市广外附设外语学校	30.00
	51	《让每个生命都精彩——生命教育校本实践策略》	王鹏飞	30.00
	52	《好学校，从关注每个学生开始——石梅小学优质教育多元感悟》	顾　泳　张文质	30.00
思想者系列	53	《回归教育的本色》	马恩来	30.00
	54	《守护教育的本真》	陈道龙	30.00
	55	《教育，倾听心灵的声音》	李荣灿	30.00
	56	《心根课堂——让教育随学生心灵起舞》	刘云生	30.00
	57	《做一个纯粹的教师》	许丽芬	26.00
	58	《率性教书》	夏　昆	26.00
	59	《为爱教书》	马一舜	26.00
	60	《课堂，诗意还在》	赵赵（赵克芳）	26.00
	61	《今日教育之民间立场》	子虚（扈永进）	30.00
	62	《教育，细节的深度反思》	许传利	30.00
	63	《追寻教育的真谛——许锡良教育思考录》	许锡良	30.00
	64	《做爱思考的教师》	杨守菊	30.00

系列	序号	书　　名	主编	定价
鲁派名校教育探索者系列	65	《让生命异彩纷呈——差异教育的构建与实施》	张晓琳	30.00
	66	《博弈中的追求——一位中学校长的"零"作业抉择》	李志欣	30.00
	67	《大教育视野下的特色课程构建——海洋教育的开发实施》	白刚勋	30.00
名师教学手记系列	68	《唤醒生命的对话——孙建锋语文教学手记》	孙建锋	30.00
	69	《让作文教学更高效——王学东写作教学手记》	王学东	30.00
名校长核心思想系列	70	《智圆行方——智慧校长的50项管理策略》	胡美山　李绵军	30.0
	71	《做一个智慧的校长》	孙世杰	30.00
	72	《成为有思想的校长》	赵艳然	30.00
创新班主任系列	73	《班主任专业化成长策略》	杨连山	30.00
	74	《班级活动创新与问题应对》	杨连山　杨照　张国良	30.00
	75	《班集体建设与创新人才培养》	李国汉	30.00
	76	《神奇的教育场——打造特色班级文化创新艺术》	李德善	30.00
创新语文教学系列	77	《曹洪彪新概念快速作文》	曹洪彪	30.00
	78	《小学语文：享受对话教学》	孙建锋	30.00
	79	《小学语文：名师教学目标落实艺术》	刘海涛　王林发	30.00
	80	《小学语文：名师魅力教学设计艺术》	刘海涛　王林发	30.00
	81	《小学语文：名师魅力课堂激趣艺术》	刘海涛　豆海湛	30.00
	82	《小学语文：单元整体教学构建艺术》	李怀源	30.00
	83	《小学作文：名师情趣课堂创设艺术》	张化万	30.00
优学教系列	84	《高效教学组织的优化策略》	赵雪霞	30.00
	85	《高效教学方法的优化策略》	任辉	30.00
	86	《高效教学过程的优化策略》	韩锋	30.00
	87	《让教学更生动——激发兴趣让学生快乐认知》	朱良才	30.00
	88	《让教学更高效——策略创新让教学事半功倍》	孙朝仁	30.00
	89	《让教学更开放——拓展延伸让学生触类旁通》	焦祖卿　吕勤	30.00
	90	《让教学更生活——体验运用让学生内化知识》	强光峰	30.00
	91	《让知识更系统——整合与概括让学生建构体系》	杨向谊	30.00
	92	《让思维更创新——思辨与发散让学生思维活跃》	朱良才	30.00
名师名课系列	93	《名师如何炼就名课》（美术卷）	李力加	35.00
教师成长系列	94	《做会研究的教师》	姚小明	30.00
	95	《学学名师那些事》	孙志毅	30.00
	96	《给新教师的建议》	李镇西	30.00
	97	《教师心灵读本：成为有思想的教师》	肖川	30.00
	98	《教师心灵读本：教师，做反思的实践者》	肖川	30.00
幼师提升系列	99	《全国优秀幼儿健康教育活动课例评析》	教育部教育管理信息中心	30.00
	100	《全国优秀幼儿艺术教育活动课例评析》	教育部教育管理信息中心	30.00
	101	《全国优秀幼儿社会教育活动课例评析》	教育部教育管理信息中心	30.00
	102	《全国优秀幼儿语言教育活动课例评析》	教育部教育管理信息中心	30.00
	103	《全国优秀幼儿科学教育活动课例评析》	教育部教育管理信息中心	30.00

系列	序号	书　　名	主编	定价
教师修炼系列	104	《班主任工作行为八项修炼》	杨连山	30.00
	105	《教师心理健康六项修炼》	李慧生	30.00
	106	《教师专业化五项修炼》	杨连山　田福安	30.00
	107	《课堂教学素养五项修炼》	刘金生　霍克林	30.00
	108	《高效教学技能十项修炼》	欧阳芬　诸葛彪	30.00
	109	《教师新师德六项修炼》	王毓珣　王颖	30.00
创新数学教学系列	110	《小学数学：名师教学目标落实艺术》	余文森	30.00
	111	《小学数学：名师高效教学设计艺术》	余文森	30.00
	112	《小学数学：名师易错问题针对教学》	余文森	30.00
	113	《小学数学：名师魅力课堂激趣艺术》	余文森	30.00
	114	《小学数学：名师同课异教》	林高明　陈燕香	30.00
	115	《小学数学：名师抽象问题艺术教学》	余文森	30.00
教育心理系列	116	《做最好的心理导师——中学生心理健康咨询手册》	杨东	30.00
	117	《每天学点教育心理学》	石国兴　白晋荣	30.00
	118	《学生心理拓展训练与指导》	徐岳敏	30.00
	119	《好心态成就好学生——学生心理问题剖析与对症教育》	李韦遴	30.00
教学新突破系列	120	《把教学目标落实到位——名师优质课堂的效率管理》	冯增俊	30.00
	121	《拿什么调动学生——名师生态课堂的情绪管理》	胡涛	30.00
	122	《零距离施教——名师和谐师生关系的构建艺术》	贺斌	30.00
	123	《一个都不能落——名师提升学困生的针对教学》	侯一波	30.00
	124	《让学习变得更轻松——名师最能吸引学生的情境设计》	施建平	30.00
	125	《让知识变得更易学——名师改造难学知识的优化艺术》	周维强	30.00
教育通识系列	126	《用心做教师——青年教师快速成长的十大定律》	王福强	30.00
	127	《做最受学生欢迎的老师》	赵馨　许俊仪	30.00
	128	《做有策略的校长——经典寓言与学校管理智慧》	宋运来	30.00
	129	《做有策略的教师——经典故事中的教育启示》	孙志毅	30.00
	130	《从学生那里学教书》	严育洪	30.00
	131	《突破平庸——提升教育质量的31个跳板》	严育洪	30.00
	132	《教育，诗意地栖居》	朱华忠	30.00
	133	《好班规打造好班级》	赵凯	30.00
	134	《做学生成长的引领者——学生终身成长的素质培养》	田祥珍	30.00
	135	《如何管出好班级——突破班级管理的四大瓶颈》	刘令军	30.00
	136	《青春期性教育教师实用手册》	闵乐夫	30.00
高中新课程系列	137	《高中新课程：教师角色转变细节》	缪水娟	30.00
	138	《高中新课程：班主任新兵法细节》	李国汉　杨连山	30.00
	139	《高中新课程：教学管理创新细节》	陈文	30.00
	140	《高中新课程：更有效的评价细节》	李淑华	30.00
名师讲述系列	141	《施教先施爱——名师讲述班主任的核心教导力》	杨连山　魏永田	30.00
	142	《在欢乐中成长——名师讲述最具活力的课堂愉快教学》	王斌兴	30.00

系列	序号	书　名	主编	定价
名师讲述系列	143	《让学生做自己的老师——名师讲述如何提升学生自主学习能力》	徐学福　房慧	30.00
	144	《引领学生高效学习——名师讲述如何提高学生课堂学习效率》	刘世斌	30.00
	145	《教育从心灵开始——名师讲述最能感动学生的心灵教育》	张文质	30.00
教育管理力系列	146	《名校激励管理促进力》	周兵	30.00
	147	《名校安全管理执行力》	袁先潋	30.00
	148	《名校师资团队建设力》	赵圣华	30.00
	149	《名校危机管理应对力》	李明汉	30.00
	150	《名校校本研究创新力》	李春华	30.00
	151	《学校文化力建设策略》	袁先潋	30.00
	152	《名校长核心教育力》	陶继新	30.00
	153	《名校长高绩效领导力》	周辉兵	30.00
教育管理力系列	154	《名校行政管理细节力》	杨少春	30.00
	155	《名校教学管理提升力》	张韬　戴诗银	30.00
	156	《名校学生管理教导力》	田福安	30.00
	157	《名校校园文化构建力》	岳春峰	30.00
大师讲坛系列	158	《大师谈教育心理》	肖川	30.00
	159	《大师谈教育激励》	肖川	30.00
	160	《大师谈教育沟通》	王斌兴　吴杰明	30.00
	161	《大师谈启蒙教育》	周宏	30.00
	162	《大师谈教育管理》	樊雁	30.00
	163	《大师谈儿童人格塑造》	齐欣	30.00
	164	《大师谈儿童习惯培养》	唐西胜	30.00
	165	《大师谈儿童能力培养》	张启福	30.00
	166	《大师谈早恋与性教育》	闫乐夫	30.00
	167	《大师谈儿童情感教育》	张光林　张静	30.00
教育细节系列	168	《名师最具渲染力的口才细节》	高万祥	30.00
	169	《名师最有效的沟通细节》	李燕　徐波	30.00
	170	《名师最有效的激励细节》	张利　李波	30.00
	171	《名师培养学生好习惯的高效细节》	李文娟　郭香萍	30.00
	172	《名师人格教育的经典细节》	齐欣	30.00
	173	《名师营造课堂氛围的经典细节》	高帆　李秀华	30.00
	174	《名师最有效的赏识教育细节》	李慧军	30.00
	175	《名师最有效的批评细节》	沈旎	30.00
教学提升系列	176	《方法总比问题多——名师转变棘手学生的施教艺术》	杨志军	30.00
	177	《用特色吸引学生——名师最受欢迎的特色教学艺术》	卞金祥	30.00
	178	《让学生爱上课堂——名师高效课堂的引导艺术》	邓涛	30.00
	179	《拿什么打开思路——名师最吸引学生的课堂切入点》	马友文	30.00
	180	《没有记不牢的知识——名师最能提升学生记忆效果的秘诀》	谢定兰	30.00
	181	《让学生的思维活起来——名师最激发潜能的课堂提问艺术》	严永金	30.00
国际视野系列	182	《行走在日本基础教育第一线》	李润华	26.00
	183	《润物细无声——品鉴国外德育智慧》	赵荣荣　张静	30.00
	184	《不让一个学生掉队——国际视野下的教育均衡实践》	乔鹤	28.00
	185	《从白桦林到克里姆林宫——俄罗斯中小学教育纪实》	赵伟	30.00